普通高等教育"十二五"规划教材
全国高职高专规划教材•财务会计系列

成本会计实务

主 编 潘 敏

北京大学出版社
PEKING UNIVERSITY PRESS

内 容 简 介

本书为满足高职高专财经类专业人才培养需要，根据现行企业会计准则编写的融“教、学、做”为一体的教材，充分体现以素质教育为基础，以能力培养为核心的教学理念。

成本会计是一门实践性和技能性要求较强的课程，要求学生既掌握成本核算和分析的基本程序和方法，又会正确运用所学方法完成成本核算岗位的相关工作任务。基于此，本书将课程内容整合后划分为 5 个模块，每一个模块都设置若干项典型工作任务，通过任务导入—任务分析—知识导航—任务实施等步骤，将理论教学融入任务实施过程，学生可以边学边做；然后通过能力训练进一步强化所学知识，学生可以在做中学。

本书既可以作为高职高专财经类专业的教学用书，也可以作为成人自学和企业培训的参考用书。

图书在版编目(CIP)数据

成本会计实务/潘敏主编. —北京：北京大学出版社，2012.8
(全国高职高专规划教材·财务会计系列)
ISBN 978-7-301-20795-6

Ⅰ. ①成…　Ⅱ. ①潘…　Ⅲ. ①成本会计—会计实务—高等职业教育—教材　Ⅳ. ①F234.2

中国版本图书馆 CIP 数据核字（2012）第 127634 号

书　　名：成本会计实务
著作责任者：潘　敏　主编
策 划 编 辑：温丹丹
责 任 编 辑：温丹丹
标 准 书 号：ISBN 978-7-301-20795-6/F · 3211
出　版　者：北京大学出版社
地　　址：北京市海淀区成府路 205 号　100871
网　　址：http://www.pup.cn
电　　话：邮购部 62752015　发行部 62750672　编辑部 62765126　出版部 62754962
电 子 信 箱：zyjy@pup.cn
印　刷　者：北京鑫海金澳胶印有限公司
发　行　者：北京大学出版社
经　销　者：新华书店
787 毫米×1092 毫米　16 开本　13.75 印张　331 千字
2012 年 8 月第 1 版　2012 年 8 月第 1 次印刷
定　　价：30.00 元

前　言

《教育部关于推进高等职业教育改革创新引领职业教育科学发展的若干意见》（教职成〔2011〕12 号）中明确指出："高等职业教育具有高等教育和职业教育双重属性，以培养生产、建设、服务、管理第一线的高端技能型专门人才为主要任务。"为此，我们经过科学论证，以生产过程最为典型的制造企业为例，精心组织编写了本书。

本书根据国家相关职业资格标准和专业岗位需求，以最新的企业会计法律、法规、准则、制度为依据，按照"教、学、做一体"的思路，采用模块化的设计，每一个模块设定相应的任务，通过对任务的导入和分析，使学生明确完成设定任务所需知识点并完成相关任务。

本书力求在形式、内容、结构、方法等方面有所突破，形成自己的特色。具体来说，本书具有以下特点。

1．适用性。充分体现高职教育特色，充分考虑了高等职业教育的类型特点，以素质教育为基础，以能力培养为核心，融"教、学、做"为一体，在强化学生能力培养的同时，注意通过教学活动逐步塑造学生的职业素质，树立良好的职业道德和工作作风。

2．适度性。本书在内容结构上针对高等职业教育财会专业的培养目标、岗位群对人才知识结构和能力要求来合理安排内容，理论以够用为度，重点阐述制造业产品成本核算的程序和方法，以及成本报表的编制和分析方法等。

3．衔接性。一方面，正确处理成本会计和财务会计的内容交叉，以保证课程之间的合理衔接；另一方面，本书每一个模块都设置了引导案例，自然过渡到一个新模块的学习，以激发学生兴趣，启发学生思考。

4．可操作性。本书在每一个模块的相关任务中，都科学地设计了情境任务，学生可以边学边做。为了巩固和强化学习效果，在每一个模块后面都提供了职业判断能力训练和应用能力训练项目，用以提高学生的职业判断能力和实际应用能力。

5．配套性。为了便于教师有效开展教学，并满足学生自主学习需要，编者结合自身教学实践，配备了与本书相配套的教学课件。

本书由辽宁装备制造职业技术学院潘敏主编，负责设计教材一体化建设方案，拟定编写提纲，并经相关企业专家进行了一体化方案的论证后，完成了全书 5 个模块共 20 项任务内容的编写工作。

本书在编写过程中，得到了一些企业专家的大力协助和支持，并对本书的一体化方案进行了审定，提出了宝贵的修改意见。同时，编者也参考了大量的教材和著作，借鉴了其中的部分精髓，在此谨向他们致以诚挚的谢意！

本书是一次对会计类教材进行改革的积极探索，尽管编者在本书特色建设方面做了诸多努力，但受时间和水平所限，书中难免会有不足之处，恳请广大读者批评指正，以便修订时完善。

编　者

2012 年 8 月

目　录

模块1

认识成本会计

学习目标

1. 知识目标

- 掌握支出、费用、成本之间的关系；
- 了解成本会计及其内容；
- 明确成本核算的基本要求。

2. 技能目标

- 能够分清成本、费用和支出；
- 能够根据给定的经济业务确定生产费用和期间费用的数额；
- 能够划分产品成本开支范围。

引导案例

2011年1月，老张辞去工作，租用一个十几平方米的店面，与妻子着手经营一个糕点店，支付店面年租金为24 000元，购入制作糕点的设备支出6 000元，根据经验，该设备可以使用5年。购入生产原料支出5 000元，另外支付水电费200元，当月实际投入原料4 000元，当月取得收入9 000元。

一个月之后，老张夫妇对于是否继续经营下去产生分歧，老张妻子认为，糕点店费用太高，不适于继续经营下去，否则只能做赔本买卖，其结论依据如下计算：

9 000－（24 000＋6 000＋5 000＋200）＝－26 200（元）

9 000×12－[24 000＋6 000＋（5000＋200）×12] ＝15 600（元）

也就是说，头一个月经营下来亏了27 000元，即使按一年考虑，全年的盈利也只有15 600元，平均一个月1 300元，两个人分摊一下，相当于每人只有650元。

而老张的观点正好相反，他认为糕点店的前景乐观，第一个月就有了收入，其结论依据如下计算：

9 000－[24 000÷12＋6 000÷（5×12）＋4 000＋200]＝2 700（元）

老张认为，以后熟悉流程后，进原料的费用会降低。由于两人意见不统一，因此，他们让在某财经大学读书的儿子帮着参谋。儿子小张认为父母的计算方法都不对，两人的分歧主要产生于对成本、费用和支出的界定不明确，而且两人都没有考虑人工费用。那么到底应该如何确定一个月的费用？如何计算盈利？同学们，请帮助老张夫妇算一下吧。如果老张不辞掉工作的话，每月的工资收入为2 000元，老张妻子每月从事家政服务的收入为1 000元。

任务1.1　区分成本、费用和支出

任务导入

大华公司是一家制造企业，2011 年 12 月，大华公司发生的部分经济业务如下所示。

（1）生产产品领用材料 150 000 元，车间领用材料 2 000 元，管理部门领用材料 3 000 元。

（2）企业用现金 600 元购买办公用品。

（3）企业用银行存款购买一项专利权 500 000 元。

（4）企业用银行存款支付广告费 200 000 元。

（5）企业以 500 000 元购买三年期公司债券，准备持有至到期。

（6）企业由于拖延纳税，被税务部门罚款 80 000 元，以银行存款支付。

（7）用银行存款支付生产车间的水电费 1 400 元。

（8）企业结算工资费用 250 000 元，其中，生产人员工资 180 000 元，车间人员工资 30 000 元，管理部门人员工资 40 000 元。

（9）企业计提固定资产折旧，其中，车间设备计提折旧 50 000 元，管理部门办公用房屋及设备计提折旧 24 000 元。

（10）企业用银行存款支付本年第 4 季度的短期借款利息共计 3 900 元，其中前两个月已预提。

（11）企业计算本年应交的所得税 100 000 元，并用银行存款缴纳所得税。

（12）企业向投资者分配现金股利 160 000 元。

请分析和讨论如下问题。

（1）大华公司在 2011 年 12 月发生的各项支出，分别属于什么性质的支出？

（2）上述经济业务，都是大华公司在 2011 年 12 月份的费用吗？请分别确认该公司在 2011 年 12 月的生产费用和期间费用。

（3）在上述各项业务中，大华公司应计入产品成本的数额是多少？

任务分析

以上任务的完成需要借助于对一些基本术语的概念界定，即明确支出、费用、生产费用、期间费用、成本等专业术语及其相互关系。企业在经营过程中要发生各种耗费，企业的生产经营过程也是劳动对象、劳动手段和活劳动的耗费过程，企业发生的各种开支和耗费，与企业产品（或劳务）的成本确定之间到底有什么关系，直接关系到产品成本的确定。因此，我们首先必须理解支出、费用和成本之间的关系，了解成本会计的主要内容，进而掌握成本核算的基本要求。

知识导航

一、支出、费用与成本之间的关系

（一）支出

支出是指企业在经济活动中发生的一切开支与耗费。按照支出与企业业务经营的关系不同，可以划分为资本性支出、收益性支出、投资支出、营业外支出、所得税支出、利润分配支出五类。

1. 资本性支出

资本性支出是指支出的效益与若干个会计年度相关的支出，如购置固定资产、无形资产等，这些支出的受益期超过一年或一个营业周期，在取得这些资产时，要先将其资本化，形成固定资产、无形资产等；而后随着它们为企业提供的效益，在各个会计期间通过计提固定资产折旧和进行无形资产摊销等形式转销为费用。

2. 收益性支出

收益性支出是指支出的效益只与本会计年度相关的支出。收益性支出的受益期不超过一年或一个营业周期，即发生该项支出仅仅是为了取得本期收益，如企业生产经营中发生的材料费、工资支出、办公费、水电费和其他开支等。

可见，资本性支出和收益性支出的区别就在于收益的期限，资本性支出的收益是远期、长期的，收益性支出的收益是即期的。凡支出的效益涉及几个会计年度的，应作为资本性支出；凡支出的效益涉及本年度的，应作为收益性支出。

3. 投资支出

投资是指让渡本企业资产的支出。投资支出的目的是通过分配来增加财富，或谋取其他利益而取得的其他企业资产，如购买交易性金融资产的支出、长期股权投资支出、长期债权投资支出等。

4. 营业外支出

营业外支出是指与企业生产经营业务没有直接关系的各项支出，如企业支付的罚款、违约金、赞助支出以及非常损失等。

5. 所得税支出

所得税支出是指按国家税法规定，根据企业应纳税所得额计算缴纳的税金。

6. 利润分配支出

利润分配支出是指对企业实现的利润进行分配所发生的支出，如现金股利支出等。

（二）费用

费用是指企业在日常活动中发生的、会导致所有者权益减少的，与向所有者分配利润无关的经济利益的总流出。

为了科学进行成本费用管理，正确计算产品成本和期间费用，需要对种类繁多的费用进行合理划分，费用可以按不同的标准分类。

1. 费用按照经济内容分类

费用按照经济内容分类，可以划分为劳动对象方面的费用、劳动手段方面的费用和活劳动方面的费用。这三类可以称为费用的三要素，在会计上称为生产费用要素。为了具体地反映企业各种费用的构成和水平，还应在此基础上，将其进一步划分为以下 8 个费用要素。

（1）外购材料。指企业为进行生产而耗用的从外购入的原材料及主要材料、半成品、辅助材料、包装物、修理用备件和低值易耗品等。

（2）外购燃料。指企业为进行生产而耗用的从外部购入的各种燃料，包括固体燃料、液体燃料和气体燃料。

（3）外购动力。指企业为进行生产而耗用的从外部购入的各种动力，包括热力、电力和蒸汽等。

（4）薪酬。指企业所有应计入产品成本和期间费用的职工工资等薪酬。

（5）折旧费。指企业按照规定的固定资产折旧方法计提的固定资产折旧。

（6）利息支出。指企业计入期间费用等的负债利息净支出（即利息支出减利息收入后的余额）。

（7）税金。指计入企业成本费用的各种税金，如印花税、房产税、车船使用税和土地使用税等。

（8）其他费用。指不属于以上各费用要素的费用，如差旅费、办公费、租赁费、保险费、邮电通信费等。

费用按照经济内容进行分类，可以反映企业在一定时期内发生了哪些生产费用；金额分别是多少，以便于分析企业在各个时期中的各种费用占整个费用的比重；进而分析企业在各个时期中的各种要素费用支出的水平，有利于考核费用计划的执行情况。

2. 费用按经济用途分类

费用按照经济用途进行分类，分为生产费用和期间费用。

（1）生产费用。生产费用是企业在一定期间为生产产品而发生的各种耗费，是应计入产品成本、劳务成本的费用。生产费用在生产过程中的用途也不尽相同，因此，又将生产费用分为直接费用和间接费用。其中，直接费用是直接为生产产品所发生的费用，包括直接材料、直接人工和其他直接费用，直接费用应当根据实际发生数进行核算，并按照成本计算对象进行归集，直接计入产品的生产成本；间接费用指车间为组织管理生产所发生的费用，即制造费用。

为了具体反映计入生产成本的生产费用的各种用途，提供产品构成情况的资料，还应将生产费用进一步划分为若干个项目，即产品生产成本项目，简称成本项目。工业企业一般应设置如下几个成本项目。

①直接材料。指企业在生产产品和提供劳务过程中所消耗的，直接用于产品生产，构成产品实体的原料及主要材料、外购半成品（外购件）、修理用备件（备品配件）、包装物、有助于产品形成的辅助材料以及其他直接材料。

②直接人工。指企业在生产产品和提供劳务过程中，直接从事产品生产的工人工资以及按生产工人工资总额和规定的比例计算提取的职工福利费。

③燃料和动力。燃料和动力是指直接用于产品生产的外购和自制的燃料及动力费用。

动力的购进与材料的购进类似，但不存在实物形态，动力费用可以和燃料费用合并单设“燃料及动力”成本项目；若不单设“燃料及动力”成本项目，则发生的燃料费用通常被列入“直接材料”成本项目，发生的动力费用通常被列入“制造费用”成本项目。

④制造费用。指企业为生产产品和提供劳务而发生的各项间接费用，包括工资和福利费、折旧费、修理费、办公费、水电费、机物料消耗、劳动保护费、季节性和修理期间的停工损失等；但不包括企业行政管理部门为组织和管理生产经营活动而发生的管理费用。

在上述成本项目中，直接材料、直接人工、制造费用是主要的产品生产成本项目，企业还可以根据生产特点和管理要求对上述成本项目进行适当的调整或增加一些成本项目，如“燃料及动力”、“废品损失”、“停工损失”等。

（2）期间费用。期间费用是指企业当期发生的必须从当期收入得到补偿的费用。由于期间费用仅与当期实现的收入相关，必须计入当期损益，所以称其期间费用。期间费用主要包括：行政管理部门为组织和管理生产经营活动而发生的管理费用，为筹集资金而发生的财务费用，为销售商品而发生的销售费用。

费用按经济用途进行分类，能够明确地反映出直接用于产品生产上的材料费用是多少、工人工资是多少，耗用于组织和管理生产经营活动上的各项支出是多少。从而，有助于企业了解费用计划、定额、预算等的执行情况，控制成本费用支出，加强成本管理和成本分析。

（三）成本

成本是一个价值范畴，是商品经济发展到一定阶段的产物。从理论上说，成本是企业生产经营过程中，为取得一定收入或达到一定目的所耗费的生产资料转移的价值和劳动者为自己劳动所创造价值的货币表现，是企业在生产经营过程中所耗费资金的总和。

成本有广义、狭义之分。广义的成本是指企业发生的全部费用，包括生产费用和期间费用。狭义的成本，仅指产品的生产成本，即企业为生产一定种类、一定数量的产品所发生的各种支出，是生产费用的对象化。

（四）支出、费用、成本之间的关系

1. 费用与支出的关系

费用是企业支出的构成部分。在企业支出中，凡是与企业生产经营有关的部分，即可表现或转化为费用，如企业购买材料、购置固定资产、无形资产、其他资产等与经济活动有关的支出，就能表现或转化为费用；而像投资支出、利润分配支出和营业外支出等与企业的生产经营活动没有直接关系的支出，就不能被视为费用。支出和费用之间的关系可以表述为：收益性支出形成费用，资本性支出形成资产。

如果企业不能正确区分收益性支出和资本性支出，将本应作为收益性支出的而作为资本性支出，就会虚增企业的资产和利润；相反，将本应作为资本性支出的而作为收益性支出，就会虚减企业的资产和利润。这两种现象都会影响企业提供的会计信息质量，从而误导会计信息使用者的决策。

2. 费用与成本的关系

费用与成本的关系表现在两者在性质上相同，均为生产经营活动中发生的必然耗费，只不过费用强调一定利益主体的耗费，要求按会计期间来归集，遵循权责发生制原则，而

成本强调某一特定目的的耗费，要求按对象归集，遵循配比原则和受益原则。费用是计算成本的前提和基础，成本则是对象化的费用。

综上所述，企业的支出、费用和成本之间的关系可用图1-1表示。

- 支出
  - 资本性支出
  - 收益性支出
    - 生产性支出（直接材料、直接人工、制造费用）→ 生产费用
    - 销售过程支出、管理过程支出、筹资支出 → 期间费用
  - 投资性支出：对外投资
  - 营业外支出：与生产经营无关的各项支出
  - 所得税支出：所得税费用
  - 利润分配指出：股利分配支出

图1-1　企业支出、费用和成本之间的关系

二、成本会计的对象、职能、任务

（一）成本会计的对象

成本会计是现代会计的一个重要分支，是以成本为对象的一种专业会计。它是随着商品经济的形成而产生的。成本会计有广义和狭义之分，狭义的成本会计是指进行成本核算与分析的成本会计；广义的成本会计则指进行成本预测、决策、计划、控制、核算、考核及分析的成本会计，即成本管理。现代成本会计可以做如下表述：成本会计是运用会计的基本原理和一般原则，采用专门的技术方法，对企业生产经营过程中发生的各项费用或产品（劳务）成本进行连续、系统、全面、综合地核算和监督的一种管理活动。

成本会计的对象是指成本会计反映和监督的内容。根据成本会计的概念界定，成本会计对象是企业生产经营过程中发生的各项费用和产品（或劳务）的成本。因此，成本会计实际上是成本、费用会计。

明确成本会计的对象，对于确定成本会计的任务，研究和运用成本会计的方法，更好地发挥成本会计在经济管理中的作用，有着重要的意义。

成本会计的内容是成本会计对象的具体化。在不同企业中，成本会计包含的内容有所不同。就制造企业而言，成本会计的具体内容主要包括：

（1）供应过程中材料成本的归集、分配、计算与核算；

（2）生产过程中生产费用的归集与分配，产品成本的计算与核算；

（3）销售过程中产品销售成本的计算与核算；

（4）企业在生产经营过程中发生的期间费用；

（5）成本报表的编制与分析。

一般来说，供应过程中对材料成本的核算，销售过程中对产品销售成本的核算以及期间费用的核算通常在财务会计中讲述，因此，本教材主要解决的是产品生产过程中的成本核算和成本报表的编制及分析。

（二）成本会计的职能

成本会计的职能是成本会计所具有的内在功能。在不同的历史时期，成本会计的职能具有不同的内容。由于现代成本会计与管理紧密结合，因此，它实际上包括了成本管理的各个环节，其职能在最初的成本核算职能的基础上不断发展。现代成本会计的主要职能有：成本预测、成本决策、成本计划、成本控制、成本核算、成本分析和成本考核。

1. 成本预测

成本预测是指在分析企业现有经济技术、市场状况和发展趋势的基础上，根据与成本有关的数据，采用定量分析和定性分析方法，对未来的成本水平及其变化趋势做出科学的估算。

成本预测是企业进行经营决策和编制成本计划的基础。通过成本预测，可以减少企业生产经营管理的盲目性，充分挖掘降低成本的潜力，提高成本管理水平。

2. 成本决策

成本决策是指在成本预测的基础上，结合其他有关资料，在备选的各种预测方案中选择最优方案、确定企业目标成本的过程。成本决策是编制成本计划的前提，也是实现成本的事前控制、提高经济效益的重要途径。

3. 成本计划

成本计划是指根据成本决策所确定的目标成本，具体规定在计划期内为完成生产经营任务所支出的成本、费用，并提出为达到规定的成本、费用水平所采取的各项措施。成本计划是降低成本、费用的具体目标，也是进行成本控制、成本考核和成本分析的依据。成本计划的编制过程，也是进一步挖掘降低成本、费用潜力的过程。

4. 成本控制

成本控制是指以预先确定的成本标准（如材料消耗定额、工时消耗定额、材料计划单价、计划工资率、制造费用计划分配率等）作为企业生产经营过程中所发生的各项费用的限额，在费用发生时，严格审核各项费用是否符合标准，并计算出实际费用与标准费用之间的差异，同时对产生差异的原因进行分析，采取各种有效方法，将各项费用的发生限制在计划控制范围之内，以保证成本计划的顺利执行。成本控制对于最大限度地挖掘降低成本、费用的潜力，提高经济效益有着重要的现实意义。

5. 成本核算

成本核算是指对生产经营过程中实际发生的成本、费用进行归集和分配，并进行相应的账务处理。成本核算是成本会计工作的基础。通过成本核算资料，可以反映计划成本的完成情况，为编制下期成本计划、进行成本预测和决策提供依据。

6. 成本分析

成本分析是根据成本核算和考核提供的成本数据和其他有关资料，与本期计划成本、上年同期实际成本、本企业历史先进的成本水平，以及国内外先进企业的成本等进行比较，确定成本差异，并且分析差异的原因、查明成本超支的责任，以便采取措施，改进生产经营管理，降低成本、费用，提高经济效益。通过成本分析，还可以为未来成本的预测和决策，以及编制新的成本计划提供资料。

7. 成本考核

成本考核是指在成本核算的基础上，定期地对成本计划的执行结果进行评定和考核。成本考核应该与奖惩制度相结合，根据成本考核的结果进行奖惩，以便充分调动企业员工执行成本计划、提高经济效益的积极性。

成本会计的各项职能是相互联系、相互依存的。其中，成本核算是基础，没有成本核算，其他各项职能都无法发挥；成本预测是成本决策的前提，成本决策是成本预测的结果；成本计划是成本决策所确定目标的具体化；成本控制是对成本计划的执行情况进行监督；成本核算和成本计划资料是成本分析的依据。成本核算七项职能的关系可用图 1-2 表示。

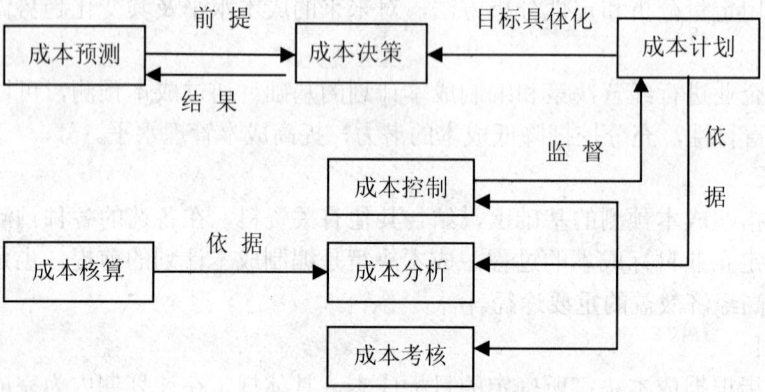

图 1-2 成本会计职能之间的关系

（三）成本会计的任务

成本会计的任务是人们期望成本会计应达到的目的和对会计的要求。根据企业成本管理的要求，成本会计的任务主要有以下几个方面。

（1）进行成本预测，参与经营决策，编制成本计划和费用预算，为企业有计划地进行成本管理提供基本依据。

（2）严格审核和控制企业各项费用支出，努力节约开支，保证成本费用计划的完成。

（3）核算生产费用和经营管理费用，正确计算产品成本，为企业的经营管理提供真实、有用的成本信息。

（4）定期进行成本分析，考核成本计划的完成情况。

三、成本核算的基本要求

成本核算是成本会计的基本任务，也是企业经营管理活动的重要组成部分。因此，在成本核算工作中，应遵循以下各项要求。

（一）算管结合，算为管用

“算管结合，算为管用”就是指成本核算应当与加强企业经营管理密切结合，所提供的成本信息应当满足企业经营管理和决策的需要。这就要求企业不仅要根据国家有关的法规和制度对各项费用支出进行事后的核算，还要根据企业的成本计划和相应的消耗定额对企业的各项费用进行事前、事中的审核和控制，并及时进行信息反馈，使得成本计算和核算工作所提供的信息能够满足企业经营管理及决策的需要。

（二）正确划分各种费用的界限

企业发生的费用，有些可以计入产品成本，有些不能计入产品成本。为了正确计算产品成本，客观反映企业的盈利水平，必须正确划分以下五个方面的费用界限。

1. 正确划分资本性支出和收益性支出的界限

企业所从事的经济活动多种多样，企业发生的支出也是多方面的，会计核算应合理划分收益性支出和资本性支出。资本性支出是指支出的效益与几个会计年度相关的支出，例如，企业购置和建造固定资产的支出、购买土地使用权等无形资产的支出都属于资本性支出；收益性支出是指支出的效益与本会计年度相关的支出，例如，企业在生产经营中发生的各项耗费，则属于收益性支出。

在成本核算中，要严格执行国家规定的成本开支范围，遵守划分资本性支出和收益性支出的原则，分清应计入生产费用、期间费用和不应计入生产费用和期间费用的界限。

企业的下列支出，不得列入成本、费用：为购置和建造固定资产、无形资产的支出；对外投资的支出；被没收的财物；支付的滞纳金、罚款、违约金、赔偿金，以及企业赞助、捐赠支出；国家法律、法规规定以外的各种费用；国家规定不得列入成本费用的其他支出。

区分收益性支出和资本性支出是为了正确计算各期的损益，正确反映资产的价值。如果把资本性支出列为收益性支出，则少计了资产，而多计了当期费用；反之，如果把收益性支出列为资本性支出，则少计了当期费用，而多计了资产的价值。

2. 正确划分产品的生产费用和期间费用的界限

企业发生的费用，并不都是构成产品成本的费用，只有为生产一定种类和数量的产品而发生的材料耗费和人工费用等才能计入产品成本，并通过产品取得的收入得补偿。企业为销售产品而发生的销售费用，为组织管理生产经营活动而发生的管理费用，以及为筹集资金而发生的财务费用均是在经营过程中发生的，与产品生产无直接关系，而与特定的会计期间相联系，因而作为期间费用直接计入当期损益，从当期利润中扣除。

为正确计算产品成本，必须划分清楚生产费用和期间费用的界限，防止混淆两者的界限，避免将某些期间费用计入产品成本，或者将产品的制造成本计入期间费用，借以调节各期的产品成本和损益的错误做法。

3. 正确划分不同会计期间的产品成本的界限

企业发生的应计入产品成本的费用，并不都是应计入当期的产品成本，有些是应计入以后各期的产品成本。如预付一年的固定资产大修理费用，根据权责发生制原则，应在 12 个月内分期平均分摊计入成本。对于那些本期尚未支付，而应由本期负担的费用，按权责发生制原则，应预提计入本期产品成本。只有划分清楚各个会计期间的产品成本费用界限，才能防止任意摊提费用，人为调节各个期间的成本费用和损益的错误做法。

4. 正确划分各种产品成本的界限

企业生产的产品多种多样，为了便于分析和考核不同产品的成本计划执行情况，对于计入产品成本的生产费用，必须划分清楚各种产品应负担的费用界限。属于某种产品单独耗用的材料、工资等费用，直接计入该产品成本；属于多种产品共同负担的成本费用，应选择合理的分配方法进行分配后，分别计入各种产品成本，以正确反映各种产品的成本水平。

同时，还应注意划清盈利产品与亏损产品、可比产品与不可比产品之间的费用界限，防止在不同种类产品中人为调节成本费用的错误做法。

5. 正确划分完工产品和在产品的生产费用界限

会计期末，如果某种产品已完工，其各项成本费用之和，就是这种产品的完工产品成本；如果某种产品全部未完工，其各项成本费用之和，就是这种产品的月末在产品成本；如果某种产品一部分完工，另一部分未完工，其各项成本费用之和，需要采用适当的方法在完工产品和月末在产品之间进行分配，分别计算完工产品和月末在产品成本。而分配方法的选择直接影响到完工成本和月末在产品成本的分配金额，企业应根据实际情况采用科学合理的费用分配方法，应注意防止任意提高、降低在产品成本，人为调节完工产品成本的错误做法。

以上五个方面费用界限的划分过程，也就是产品生产成本的计算和各项期间费用的归集过程。在这一过程中，应贯彻受益原则，即谁受益谁来负担费用，何时受益何时负担费用；负担费用的多少应与受益程度的大小成正比。

（三）正确确定财产物资的计价和价值结转方法

工业企业的生产经营过程，同时也是材料物资、劳务等的耗费过程。在这一耗费过程中，财产物资的耗费，占了较大的比重。因此，财产物资计价和价值结转方法直接影响到产品成本的计算，如固定资产原值的计算方法、折旧计算方法、存货发出计价方法、周转材料的摊销方法等。为了正确计算产品成本，对于各种财产物资的计价和价值的结转，都应采取既合理又简单的方法，如国家有统一规定的，应采用国家统一规定的方法。各种方法一经确定，应保持相对稳定，不能随意改变，以保证成本信息的可比性。

（四）做好各项基础工作

1. 建立和健全原始记录工作

原始记录是指按照规定的格式，对企业的生产、技术经济活动的具体事实所做的最初书面记载，它是进行各项核算的依据。与成本会计有关的原始记录主要包括以下内容：

（1）反映生产经营过程中物化劳动消耗的原始记录；

（2）反映活劳动消耗的原始记录；

（3）反映在生产经营过程中发生的各种费用支出的原始记录；

（4）其他原始记录。

原始记录是一切核算的基础，成本核算更是如此。因此，原始记录必须真实正确、内容完整、手续齐全、要素完备，以便为成本计算、控制、预测和决策提供客观的依据。

2. 做好定额的制定和修订工作

定额是企业在生产经营活动中，对人力、物力、财力的配备、利用和消耗以及获得成果等方面所应遵循的标准和应达到的水平。制定先进可行的各种消耗定额，并按制定的各项费用定额编制各车间、部门的成本计划和费用预算，用以控制各项实际消耗，是促进企业增产节约、降低成本的重要措施。

企业制定的主要定额有：

（1）物资消耗定额；

（2）设备利用定额；

（3）劳动定额；

（4）费用支出定额。

定额的制定应先进合理，可望可即，有利于调动职工执行定额的积极性。

3. 建立健全计量验收制度

完善材料物资的计量、收发、领退、盘存和检验等制度，是正确进行成本核算的保证。

企业各项财产物资在各车间、各部门的转移，都要办理必要的手续，经过计量、验收或交接，填制有关的原始凭证，以明确责任，保证成本计算的真实性、准确性。

4. 建立健全成本责任考核制度

成本责任考核制度是适应经济责任制的要求，以成本责任单位为对象，以责任成本为内容的一种内部控制考核评价制度。通过责任成本考核制度的建立，可以明确各内部单位的经济责任，合理分配和归集生产费用，计算产品成本。同时，将成本控制与职工个人的切身利益相结合，调动职工的成本管理积极性。

（五）适应企业生产特点和成本管理要求，采用适当的成本计算方法

产品成本是在生产过程中形成的，产品的生产特点和成本管理要求的不同是影响产品成本计算方法的重要因素。而成本计算方法选择是否合理，将直接影响产品成本计算的准确性。因此，企业只有按照产品的生产特点和成本管理要求，选用适当的成本计算方法，才能准确及时地计算出产品成本，为成本管理提供有用的成本信息。

任务实施

根据以上相关知识的介绍，完成规定任务。

1. 任务实施方式

课堂分组讨论。

2. 任务完成成果展示

（1）各小组讨论确定本任务中大华公司 2011 年 12 月份发生的各项支出的性质及金额、生产费用、期间费用数额，确定哪些费用应计入产品成本。

（2）根据课堂讨论结果，完成表 1-1。

表 1-1　支出、费用关系

业务号	支出		费用	
	支出性质	金额	生产费用金额	期间费用金额
1				
2				
3				

续表

业务号	支出		费用	
	支出性质	金额	生产费用金额	期间费用金额
4				
5				
6				
7				
8				
9				
10				
11				
12				
合计				

任务 1.2 成本费用核算岗位的设置

任务导入

大学生刘芳 2011 年 7 月大学毕业后应聘到黄河机械制造公司，拟接任该公司即将退休的老王担任成本会计员。公司财务部成本科赵科长向刘芳介绍了公司的有关情况。黄河机械制造公司的基本情况如下。

（1）产品情况。黄河机械制造公司主要生产大型重型机械设备，用于矿山等企业，是国内矿山机械的龙头企业。

（2）车间设置情况。黄河机械制造公司设有 6 个基本生产车间，分别生产矿山机械的各种零部件以及零部件的组装；另外，还设有 3 个辅助生产车间，为基本生产车间及其他部门提供劳务。

（3）成本核算的现状。该公司现有会计人员 30 人，其中成本会计人员 7 人（不包括各个生产车间的成本会计人员）。由于该公司规模较大，现在实行两级成本核算体制，厂部和车间分别设置有关的成本费用明细账进行核算。

要求：赵科长让刘芳在了解企业成本核算及其他方面的情况后书面回答以下几个问题。

（1）根据本公司的具体情况应采用什么核算体制（一级还是两级）？

（2）车间和厂部应设置哪些成本会计核算的岗位?

（3）车间和厂部应设置哪些成本总账和明细账?

（4）成本费用应按什么程序进行归集和分配?

（5）对企业现在成本核算模式提出进一步改进的意见。

任务分析

通过任务 1.1 相关知识的学习和任务的实施，我们已经明确了支出、费用及成本之间的关系，同时，明确了成本会计的对象和内容以及成本会计核算的基本要求，那么，一个企业的成本会计工作应如何组织开展才能保证成本会计工作的质量？这就需要结合不同企业的具体情况来合理设置成本会计机构和人员，同时明确成本费用核算岗位及其职责，利用规定的核算账户科学开展成本费用核算工作。

知识导航

一、成本会计工作组织

（一）成本会计机构及人员

成本会计机构是企业中直接从事成本会计工作的职能部门，是企业会计机构的重要组成部分。由于成本会计工作是会计工作的一部分，因而企业的成本会计机构一般是企业会计机构的一部分。设置成本会计机构应明确企业内部对成本会计应承担的职责和义务，坚持分工与协作相结合、统一与分散相结合、专业与群众相结合的原则，使成本会计机构的设置与企业规模大小、业务繁简、管理要求相适应。在大中型企业，厂部的企业会计机构一般设在厂部会计部门中，是厂部会计处的一个成本核算科室。在小型企业，通常在会计部门中设置成本核算组或专职成本核算人员负责成本会计工作。

厂部成本会计机构是全厂成本会计的综合部门，负责组织全厂成本的集中统一管理，为企业管理当局提供必要的成本信息；进行成本预测和成本决策；编制成本计划，并将成本计划分解下达给各责任部门；实行日常成本控制，监督生产费用的支出；正确地核算企业产品成本及有关费用；检查各项成本计划的执行结果，分析成本变动的原因；考核各责任部门和个人的成本责任完成情况，实行物资利益分配；组织车间成本核算和管理，加强对班组成本核算的指导和帮助；制定全厂的成本会计制度，配备必要的成本会计人员。

（二）成本会计机构的组织分工

企业内部各级成本会计机构之间的组织分工，有集中工作和分散工作两种方式。

（1）集中工作方式，是指成本会计工作中的核算、分析等各方面工作，主要由厂部成本会计机构集中进行，车间等其他单位中的成本会计机构和人员只负责登记原始记录和填置原始凭证，对它们进行初步的审核、整理和汇总，为厂部进一步工作提供资料。

集中工作方式不仅可以减少成本会计机构的层次和成本会计人员的数量，而且有利于厂部成本会计机构集中使用计算机对成本数据进行处理，及时掌握整个企业与成本有关的全部信息，并对所有的成本费用进行监督和控制。但这种集中工作方式不利于充分调动广大职工参与成本管理的积极性，并影响成本管理经济责任制的有效实施。

（2）分散工作方式，亦称非集中工作方式，是指成本会计工作中的核算和分析等方面工作，分散由车间等其他单位的成本会计机构或人员分别进行。厂部成本会计机构负责对各下级成本会计机构或人员进行业务上的指导和监督，并对整个企业成本进行综合的核算、分析等工作。

分散工作方式有利于成本费用的分级管理和责任成本的核算，同时，有利于调动全体职工增产节约、降低成本的积极性。但这种分散工作方式增加了成本会计工作的费用和时间。

企业应根据自身生产经营的特点、生产规模的大小和成本管理的要求，确定企业内部各级成本会计机构的分工，组织成本会计工作。一般来说，大中型企业宜采用分散工作方式，小型企业宜采用集中工作方式。

（三）成本会计制度

成本会计制度是开展成本会计工作的依据和行为规范，是会计法规和制度的重要组成部分。与成本会计有关的法律、规章、制度包括三个层次：《中华人民共和国会计法》、国家统一的会计制度、企业内部的会计制度和成本核算办法。

成本会计制度的基本内容包括：

（1）关于成本会计工作的组织分工及职责权限；

（2）关于成本定额、成本预算和计划的编制方法；

（3）关于成本核算规程的制度，包括成本计算对象和成本计算方法的确定，成本核算账户和成本项目的设置，生产费用归集与分配的方法，在产品计价方法等；

（4）关于成本预测的制度，包括预测的资料收集要求、一般方法与必要程序等；

（5）关于成本控制的制度，包括有关原始凭证的审核办法，有关成本费用的开支标准和审批权限，成本差异的计算与分析，差异信息的反馈程序与时间限制，控制成本业绩的考核与奖惩办法等；

（6）关于责任成本的制度；

（7）关于企业内部劳务、半成品、材料转移价格的制定和转账结算的方法；

（8）关于成本报表的制度，包括成本报表的种类、格式、编制方法、传递程序、报送日期等；

（9）关于成本分析的制度，包括成本的一般方法、指标种类及计算口径等。

企业作为会计主体，为规范会计工作，应结合企业生产特点和成本管理要求，制定适合本企业的内部成本会计制度和成本核算办法，作为企业进行成本会计工作的直接依据。

二、成本费用核算的账户设置

为了按照用途正确归集各项成本费用，划清生产费用和期间费用的界限，正确计算产品成本，企业应设置“生产成本”、“制造费用”、“销售费用”、“管理费用”、“财务费用”、“长期待摊费用”等账户。如果需要单独核算废品损失、停工损失等，还应设置“废品损失”、“停工损失”等账户。

（一）“生产成本”账户

“生产成本”账户属于成本类账户，核算企业进行生产活动所发生的各项产品成本，包括生产各种产成品、自制半成品、提供劳务、自制材料、自制工具以及自制设备等所发生的各项生产费用。本账户下设“基本生产成本”和“辅助生产成本”两个二级账户。

（1）基本生产是指为完成主要生产目的而进行的商品产品生产。为了归集基本生产所发生的各项生产费用，计算基本生产成本，应设置“生产成本——基本生产成本”账户。该账户借方登记企业为进行基本生产而发生的各项生产费用，贷方登记结转完工入库的产品成本；期末余额在借方，表示基本生产的在产品成本。“基本生产成本”二级账户应按产品品种、产品批别或生产步骤等成本计算对象设置产品成本明细账（或称基本生产明细账或产品成本计算单），账内按成本项目分设专栏，其具体格式如表 1-2 所示。

表 1-2　产品成本明细账

车间名称：第一车间

产品名称：A 产品　　　　年　月　　　　单位：元

项　目	直接材料	直接人工	制造费用	合　计
月初在产品成本				
本月费用				
生产费用合计				
完工产品成本				
月末在产品成本				

（2）辅助生产是指为基本生产服务而进行的产品生产和劳务供应。辅助生产所提供的产品或劳务，有时也对外销售，但这不是它的主要目的。为了汇集辅助生产所发生的各项生产费用，计算辅助生产所提供的产品或劳务的成本，应设置“生产成本——辅助生产成本”账户，该账户借方登记企业为进行辅助生产而发生的各种费用，贷方登记完工入库产品的成本或分配转出的劳务成本；期末余额在借方，表示辅助生产在产品成本。“生产成本——辅助生产成本”二级科账户应按辅助生产车间和生产的产品或提供的劳务分设明细账，账中按辅助生产的成本项目或费用项目分设专栏进行明细登记。

企业发生的直接材料和直接人工费用，直接计入“生产成本——基本生产成本”和“生产成本——辅助生产成本”两个二级账户及其所属明细账户的借方；发生的其他间接成本先在“制造费用”账户归集，月终分配计入“生产成本”账户及所属二级账户和明细账户的借方；属于企业辅助生产车间为基本生产车间生产产品提供的动力等直接成本，先在“生产成本”账户所属二级账户“辅助生产成本”中核算后，再分配转入本账户所属二级账户“基本生产成本”及其所属明细账户的借方。

企业已经生产完工并验收入库的产成品以及自制半成品的实际成本，计入本账户及所属二级账户“基本生产成本”及其所属明细账的贷方；辅助生产车间为基本生产车间、管理部门和其他部门提供的劳务和产品，月终应按照一定的分配标准分配给各受益对象，按实际成本计入本账户及“辅助生产成本”二级账户及其所属明细账的贷方。本账户的借方期末余额反映尚未完工的在产品的成本。

（二）“制造费用”账户

“制造费用”账户属于成本类账户，核算企业为生产产品和提供劳务而发生的各项间接费用。该账户应按不同的车间、部门设置明细账，账内按制造费用的内容设专栏，进行明细核算。发生的各项间接费用计入本账户及所属明细账的借方；月终将制造费用分配到有关的成本计算对象时，计入本账户及所属明细账的贷方。除季节性的生产性企业外，本账户月末应无余额。

（三）“销售费用”账户

为了核算企业在产品销售过程中所发生的各项费用以及为销售本企业产品而专设的销售机构的各项经费，应设置“销售费用”账户。“销售费用”账户属于损益类账户，该账户的借方登记实际发生的各项产品销售费用；贷方登记期末转入“本年利润”账户的产品销售费用；期末结转后该账户应无余额。“销售费用”账户的明细账，应按费用项目设置专栏，进行明细登记。

（四）“管理费用”账户

为了核算企业行政管理部门为组织和管理生产经营活动而发生的各项管理费用，应设置“管理费用”账户。“管理费用”账户属于损益类账户，该账户的借方登记发生的各项管理费用；贷方登记期末转入“本年利润”账户的管理费用；期末结转后该账户应无余额。“管理费用”账户的明细账，应按费用项目设置专栏，进行明细登记。

（五）“财务费用”账户

为了核算企业为筹集生产经营所需资金而发生的各项费用，应设置“财务费用”账户。“财务费用”账户属于损益类账户，该账户的借方登记发生的各项财务费用；贷方登记应冲减财务费用的利息收入、汇兑收益以及期末转入“本年利润”账户的财务费用；期末结转后该账户应无余额。“财务费用”账户的明细账，应按费用项目设置专栏，进行明细登记。

（六）“长期待摊费用”账户

为了核算企业已经支出，但摊销期限在一年以上（不含一年）的各项费用，设置“长期待摊费用”账户。“长期待摊费用”账户属于资产类账户，该账户的借方登记实际支付的各项长期待摊费用；贷方登记分期摊销的长期待摊费用；该账户的余额在借方，表示企业尚未摊销的各项长期待摊费用的摊余价值。“长期待摊费用“账户应按费用种类设置明细账，进行明细核算。

（七）“废品损失”账户

如果企业需要单独核算废品损失，则应设置“废品损失”账户。该账户的借方登记不可修复废品的生产成本和可修复废品的修复费用；贷方登记废品残料回收的价值、应收的赔款以及转出的废品净损失；该账户月末应无余额。“废品损失”账户应按车间设置明细账，账内按产品品种分设专户，并按成本项目设置专栏或专行进行明细登记。

（八）“停工损失”账户

如果企业需要单独核算停工损失，则应设置“废品损失”账户。该账户的借方登记停工期间发生的各项费用；贷方登记应由过失人、保险公司赔偿的款项以及分配转出的应由营业外支出或本月产品成本负担的停工损失；该账户月末应无余额。“停工损失”账户应按车间和成本项目进行明细核算。

三、成本费用核算岗位职责及业务核算流程

（一）成本费用岗位职责

成本会计岗位是所有会计岗位中至关重要的岗位，成本核算的正确性直接关系到产品价格的合理制定，成本也是企业进行决策的重要依据，因此，成本会计岗位对会计人员的要求很高，具体说来，成本费用核算岗位的职责包括以下内容。

（1）负责本企业的成本费用核算工作，严格控制成本开支范围和开支标准。

（2）加强成本管理基础工作，协助有关部门建立健全各项原始记录，开展部门和班组经济核算。

（3）负责成本费用的管理与控制，对公司的成本费用计划的执行情况进行监督、检查，找出成本费用升降原因并提出降低成本费用的意见或建议。

（4）严格划分公司资本性支出和收益性支出的核算，确保成本费用核算的准确。

（5）严格审核成本费用支出的原始凭证，对成本费用支出的合理性、合法性和完备性进行确认。

（6）正确编制会计凭证，登记各种费用、成本明细账，做好记账、对账、报账工作。

（二）成本核算的一般程序

成本核算的一般程序是指对企业在生产经营过程中发生的各项费用，按照成本核算的要求，逐步进行归集和分配，最后计算出各种产品的成本和各项期间费用的过程，也称为成本费用岗位核算流程。

根据成本核算要求及费用分类，可将成本核算的一般程序归纳如下。

1. 审核生产费用

对企业的各项支出进行严格的审核，确定其合理性和合法性，并按照国家有关规定确定其是否应计入产品成本、期间费用，做好前述任务 1.1 中关于费用界限划分的前两项工作。

2. 确定成本计算对象

成本计算对象是生产费用的承担者，它是设置产品成本计算单和计算产品成本的前提。由于企业生产特点、规模大小、管理要求、管理水平不同，成本计算对象也不相同。对制造企业来说，产品成本计算对象主要有产品品种、产品批别、产品生产步骤等。企业应根据自身生产特点以及成本管理要求，选择合适的成本计算对象。

3. 确定成本项目

产品成本项目是生产费用按经济用途划分成的若干项目，通过产品成本项目，可以反映成本的经济构成和产品生产过程中不同的资金耗费情况。因此，企业为了满足成本计算和成本管理的需要，可在直接材料、直接人工和制造费用三个成本项目的基础上进行必要的调整或增加一些成本项目，如“燃料及动力”、“废品损失”、“停工损失”等。

4. 确定成本计算期

成本计算期是指成本计算的间隔期，即以多长时间计算一次成本，产品成本计算期的确定，主要取决于企业生产组织的特点。通常在大量、大批生产的情况下，产品成本的计算期与会计期间相一致。在单件、小批生产的情况下，产品成本的计算期则与产品的生产

周期相一致。

5. 归集和分配生产费用

归集和分配生产费用是将应计入本月产品成本的各种要素费用在各有关产品之间，按照成本项目进行归集和分配。生产费用的归集和分配的原则是：产品生产过程中直接发生的生产费用直接计入产品成本；为生产产品服务发生的间接费用，可先按照发生的地点和用途进行归集和汇总，然后按受益对象分配计入产品成本。产品成本计算过程也就是生产费用的归集和分配过程。

6. 计算完工产品成本和月末在产品成本

期末，企业应根据产品完工情况，确定完工产品成本和月末在产品成本。具体做法是：根据企业的具体情况，如在产品成本的大小、在产品完工程度、各种费用所占比重、定额资料是否完整等，确定在产品的成本计算方法，将该产品的生产费用（月初在产品成本与本月发生的生产费用之和）在完工产品和月末在产品之间进行分配，计算出本月完工产品成本和月末在产品成本。

（三）成本费用岗位业务核算流程

综合前述的成本费用核算账户及成本费用核算的一般程序，下面以图 1-3 为例说明成本费用岗位业务核算流程，通过该图示，可以对成本费用岗位核算有一个概括的了解，并从账务处理角度进一步理解成本核算的一般程序。

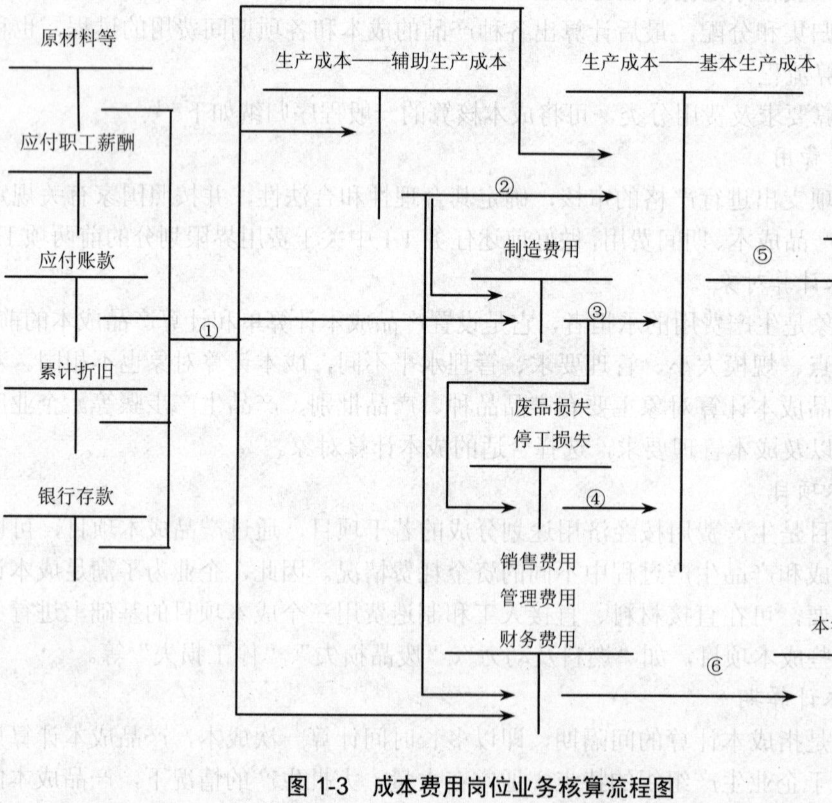

图 1-3　成本费用岗位业务核算流程图

说明：

（1）为各项要素费用的分配；

（2）为辅助生产费用的分配；

（3）为制造费用的分配；

（4）为废品损失、停工损失的分配；

（5）为期末结转完工产品成本；

（6）为期末结转各项期间费用。

任务实施

根据以上相关知识的介绍，按要求完成规定任务。

1. 任务实施方式

课堂分组讨论。

2. 任务完成成果展示

（1）各小组讨论结果汇总；

（2）各小组互相点评任务完成情况；

（3）教师对完成工作任务的结果的评价。

模块小结

成本有广义、狭义之分，为了进一步明确成本的含义及内容，必须正确理解支出、费用和成本及其三者的关系。

成本会计是运用会计的基本原理和一般原则，采用专门的技术方法，对企业生产经营过程中发生的各项费用或产品（劳务）成本进行连续、系统、全面、综合地核算和监督的一种管理活动。

成本会计的对象是指成本会计反映和监督的内容。成本会计的内容是成本会计对象的具体化。在不同企业中，成本会计包含的内容有所不同。

成本会计的职能是成本会计所具有的内在功能。现代成本会计的主要职能有：成本预测、成本决策、成本计划、成本控制、成本核算、成本分析和成本考核。其中，成本核算是成本会计的基本职能，成本核算是成本会计的基本任务，也是企业经营管理活动的重要组成部分。因此，在成本核算工作中，应遵循以下各项要求："算管结合，算为管用"；正确划分各种费用的界限；正确确定财产物资的计价和价值结转方法；做好各项基础工作；采用适当的成本计算方法。

为了正确计算产品成本，必须正确划分以下五个方面的费用界限：正确划分资本性支出和收益性支出的界限；正确划分产品的生产费用和期间费用的界限；正确划分不同会计期间的产品成本的界限；正确划分各种产品成本的界限；正确划分完工产品和在产品的生产费用界限。

企业应根据自身生产经营的特点和成本管理的要求，确定企业内部各级成本会计机构的分工。一般来说，大中型企业宜采用分散工作方式，小型企业宜采用集中工作方式。

为了按照用途正确核算各项成本费用，企业应设置“生产成本”、“制造费用”、“销售费用”、“管理费用”、“财务费用”、“长期待摊费用”等账户。如果需要单独核算废品损失、停工损失等，还应设置“废品损失”、“停工损失”等账户。

根据成本核算要求及费用分类，可将成本核算的一般程序归纳如下：审核生产费用；确定成本计算对象；确定成本项目；确定成本计算期；归集和分配生产费用；计算完工产品成本和月末在产品成本。制造企业的产品成本核算的过程也是生产费用的归集和分配过程。

能力训练

【职业判断能力训练】

一、单项选择题

1．下列属于收益性支出的是（　　）。

A．购买无形资产的支出　　B．购买设备的支出

C．购买办公用品的支出　　D．购建厂房的支出

2．下列费用项目中，应计入产品成本的是（　　）。

A．财务费用　　B．生产费用

C．销售费用　　D．管理费用

3．产品成本是指企业生产一定种类、一定数量的产品所支出的各项（　　）。

A．生产费用之和　　B．生产经营管理费用总和

C．经营管理费用总和　　D．料、工、费及经营费用总和

4．下列各项中，属于产品成本项目的是（　　）。

A．人工费用　　B．制造费用

C．销售费用　　D．管理费用

5．下列各项不表现或转化为费用的是（　　）。

A．为生产产品购进的材料　　B．企业购建的办公楼

C．自然灾害造成的非常损失　　D．购买的生产设备

6．下列不计入产品成本的费用是（　　）。

A．生产人员工资　　B．车间管理人员工资

C．燃料及动力费　　D．采购人员差旅费

7．成本分析一般在（　　）进行。

A．事前　　B．事后　　C．事中　　D．事前、事中、事后

8．成本会计是会计的一个分支，是以（　　）为对象的一种专业会计。

A．企业　　B．成本　　C．会计主体　　D．奖金

9．大中型企业的成本会计工作一般采取（　　）。

A．集中工作方式　　B．统一领导方式

C．分散工作方式　　D．会计岗位责任制

10. 产品成本项目由（ ）。
A. 国家统一规定
B. 根据财政部发布的规定确定
C. 企业主管部门分别统一确定
D. 企业自行确定

二、多项选择题

1. 下列各项中属于产品成本项目的是（ ）。
A. 直接材料
B. 燃料及动力
C. 直接人工
D. 折旧费用
E. 制造费用
2. 一般来说，企业应根据本单位（ ）等具体情况来组织成本会计工作。
A. 生产规模的大小
B. 生产经营业务的特点
C. 产品品种多少
D. 成本计算方法
E. 成本管理的要求
3. 期间费用是指（ ）。
A. 销售费用
B. 制造费用
C. 管理费用
D. 财务费用
E. 长期待摊费用
4. 下列各项中属于成本会计职能的有（ ）。
A. 成本预测
B. 成本决策
C. 成本核算
D. 成本计划
E. 成本控制
5. 下列各项支出中，应明确计入产品成本的支出有（ ）。
A. 购买三年期国债的支出
B. 购买土地使用权
C. 生产工人的工资
D. 生产产品的材料费用
E. 车间管理部门的工资
6. 下列项目属于收益性支出的是（ ）。
A. 广告费支出
B. 购买材料的支出
C. 管理部门办公费支出
D. 短期借款利息支出
E. 车间修理费用支出
7. 下列支出，应计入产品成本的有（ ）。
A. 生产车间管理人员工资
B. 产品生产用材料
C. 生产工人工资
D. 工程人员工资
E. 车间生产设备折旧
8. 把应计入资本性支出的项目作为收益性支出，可能会导致当期（ ）。
A. 资产少记
B. 资产多记
C. 费用少记
D. 费用多记
E. 利润少记

三、判断题

1．在成本会计的诸多职能中，成本核算是基础。（　　）
2．产品的各种制造费用之和，形成产品的制造成本。（　　）
3．成本会计实际上是成本、费用会计。（　　）
4．产品的生产成本也称制造成本。（　　）
5．基本生产车间发生的费用应直接借记“生产成本——基本生产成本”。（　　）
6．产品成本项目包括“销售费用”项目。（　　）
7．成本会计的对象，概括来说，就是产品的生产成本。（　　）
8．产品成本一定包括直接生产费用和间接生产费用。（　　）
9．企业本期发生的生产费用全部计入本期产品成本。（　　）
10．一般情况下，本期发生的生产费用与本期产品成本在量上基本相等。（　　）

【应用能力训练】

实训一：区分成本、费用和支出

【资料】某公司 2012 年 1 月发生的经济业务情况如表 1-3 所示。

表 1-3　经济业务中的费用和支出分类

经济业务	生产费用	期间费用	资本性支出	投资支出	所得税支出	营业外支出	利润分配支出
1.用现金 600 元购买办公用品。							
2.产品生产领用材料 70 000 元。							
3.工程部门领用材料 4 500 元。							
4.职工李丽报销差旅费 800 元。							
5.用银行存款 500 000 元购买专利权。							
6.计算应付生产人员的工资 300 000 元，企业管理人员工资 85 000 元。							
7.购买 3 年期的国债 100 000 元。							
8.购买 10 台办公用电脑 40 000 元。							
9.用银行存款付广告费 200 000 元。							
10.发生捐赠支出 50 000 元。							
11.预提本月短期借款利息 3 200 元。							
12.计提车间固定资产折旧 5 500 元。							
13.支付销售机构办公费 1 900 元。							
14.用现金支付印花税 60 元。							
15.购买专用机床，价值 9 000 元。							
16.企业计算交纳所得税 330 000 元。							
17.向投资者分配现金股利 450 000 元。							
合　计							

【要求】根据所给资料区分成本、费用和支出，并完成填表，计算出合计数。

实训二：区分生产费用和期间费用

【资料】 2011 年 12 月，W 公司发生的部分业务如下所示。

1．本月共耗用 A 材料 150 000 元，其中生产产品领用 100 000 元，车间领用 30 000 元，管理部门领用 20 000 元。

2．本月共计提固定资产折旧 25 000 元，其中车间设备计提折旧 20 000 元，厂部办公设备计提折旧 5 000 元。

3．计算分配本月职工薪酬 300 000 元，其中生产人员 160 000 元，车间人员 60 000 元，厂部管理人员 80 000 元。

4．支付本年第 4 季度的短期借款利息 3 600 元，其中有两个月已预提。

5．企业支付下年度的广告费 800 000 元。

【要求】

1．根据以上经济业务编制会计分录。

2．分别计算确定 2011 年 12 月份的费用数额、生产费用数额、期间费用数额。

归集和分配要素费用

学习目标

1. 知识目标

- 掌握各种要素费用分配的方法；
- 了解要素费用核算的内容；
- 熟悉各要素费用归集和分配所使用的账户。

2. 技能目标

- 能够编制各项要素费用分配表；
- 能够进行要素费用的归集和分配。

引导案例

2011 年 7 月，小刘从某财经大学毕业后，应聘到凌河机械设备制造公司成为一名成本会计员。第一个月，小刘的主要任务是跟即将退休的李会计熟悉公司的基本情况。经过了解，该公司设有一个基本生产车间，该车间利用甲材料和乙材料，生产 M、N 两种产品。同时，公司设有供电和供气两个辅助生产车间，主要为基本生产车间和管理部门提供供电和供气服务，各个辅助生产车间内部相互提供的劳务不多。小刘进一步了解到该公司定额管理基础较好，工资核算采用计时工资制，间接费用按工时比例分配。

经过一段时间的学习，老李要求小刘说一说本公司成本费用的核算需要依次归集和分配哪些费用？分别采用什么方法？

任务 2.1 归集和分配材料费用

任务导入

宏华公司设有一个基本生产车间，同时设有供气、机修两个辅助生产车间。基本生产车间生产甲、乙两种产品，2011 年 6 月，两种产品共同消耗 A 材料 7 560 千克，本月共生产甲产品 500 件，乙产品 200 件，单位产品原材料消耗定额分别为 8 千克、16 千克。编制的“发出材料明细表”如表 2-1 所示。

表 2-1 宏华公司发出材料明细表

附领料单×张

2011 年 6 月　　　　金额单位：元

材料类别	材料名称	发出数量	单位成本	金　额	用　途
原材料	A 材料	7 560 千克	20	151 200	甲、乙产品耗用
原材料	B 材料	7 000 千克	25	175 000	甲产品耗用

续表

材料类别	材料名称	发出数量	单位成本	金　额	用　途
原材料	B 材料	6 000 千克	25	150 000	乙产品耗用
原材料	C 材料	500 千克	11	5 500	管理部门领用
燃料	煤炭	40 000 千克	0.65	26 000	供气车间领用
辅助材料	润滑剂	20 千克	40	800	机修车间领用
修理用备件	齿轮	6 只	100	600	基本生产车间修理领用
修理用备件	三角皮带	10 条	12	120	基本生产车间修理领用
合计				509 220	

仓库负责人：肖强　　　　复核：李丽　　　　制单：杨明

任务要求如下。

（1）请根据宏华公司发出材料明细表及相关定额资料完成宏华公司原材料费用分配表（如表 2-2 所示）的编制，其中，原材料费用按定额消耗量比例分配。

（2）根据原材料费用分配表编制相应的会计分录。

表 2-2　宏华公司原材料费用分配表

2011 年 6 月　　　　金额单位：元

应借账户			成本或费用项目	共同耗用原材料费用			直接材料费用	合计
总账账户	二级账户	明细账户		定额消耗量	分配率	分配额		
生产成本	基本生产成本	甲产品	直接材料					
		乙产品	直接材料					
		小计						
生产成本	辅助生产成本	供气车间	直接材料					
		机修车间	直接材料					
		小计						
制造费用		基本生产车间	修理费					
管理费用			物料消耗					
合计								

任务分析

在企业的生产活动中，需要消耗各种材料，如各种原料、主要材料、辅助材料、燃料等。一般来说，材料费用在企业产品成本构成中占有较大比重，因此，正确地计算、汇集和分配材料费用，直接影响到产品成本计算的正确性。

产品在制造过程中耗用的材料，根据其用途不同可分为直接材料和间接材料。产品在制造过程中耗用的直接材料和间接材料都应计入产品制造成本。直接材料可计入某一对象成本计算单中的“直接材料”或“原材料”成本项目，称为直接材料成本；间接材料计入某一对象成本计算单中的“制造费用”成本项目，称为间接材料成本。直接材料成本和间接材料成本在计入产品制造成本时，按程序和方式可以直接计入也可以间接计入。直接计入产品制造成本的材料费用属于直接计入费用，对于发生的直接计入费用，可以在该生产费用发生时就应该明确由哪种产品承担。例如，某种产品直接领用原材料。间接计入产品制造成本的材料费用属于间接计入费用。对于发生的间接计入费用，在发生时不能直接确定由哪种产品承担，如几种产品共同消耗同一种材料，需要采用适当的分配方法进行分配。因此，完成本任务的关键是如何正确分配间接计入的材料费用。

知识导航

一、材料费用的归集与分配概述

材料费用的归集主要是指材料采购成本的核算。材料费用的归集就是汇集各种材料在采购过程中发生的各项支出，从而计算出各种材料的总成本和单位成本。材料费用的归集是为了对材料存货进行计价，从而为计算发出材料成本提供依据。材料费用的归集是正确进行材料分配的前提和基础。

材料费用的分配，就是按照材料的用途分配计入各受益对象。

(一) 材料费用的内容

材料是指企业在生产经营过程中耗用的原料及主要材料、辅助材料、包装材料、燃料、外购零部件、修理用备件、周转材料等。企业耗用的材料，应按照发生的部门及用途分别计入产品成本和当期损益。

1. 原料及主要材料

原料及主要材料是指加工后构成产品实体的各种原料和材料。例如，纺织企业纺纱用的棉花、机械制造企业生产用的钢材等。

2. 辅助材料

辅助材料是指直接用于产品生产，有助于产品形成或便于生产，但不构成产品主要实体的各种材料。例如，维修机器设备用的润滑油、防锈剂，印染用的漂白粉等。

3. 包装材料

包装材料是指包装用的纸、绳、铁皮、铁丝等。

4. 燃料

燃料是指可以产生热能的各种物品，包括固体燃料、液体燃料和气体燃料。例如，煤炭、汽油、柴油、天然气等。

5. 外购零部件

外购零部件是指从外部购入的，经过加工和装配，构成产品主要实体的半成品及配套件。例如，生产汽车使用的轮胎、装配在洗衣机上的微型电动机等。

6. 修理用备件

修理用备件是指为修理机器设备和运输设备等而购入的各种备件。例如，齿轮、螺丝、螺帽、阀门等。

7. 周转材料

周转材料是指企业能够多次使用、逐渐转移其价值但仍保持其原有形态，不被确认为固定资产的材料。周转材料包括包装物和低值易耗品，前者如箱、桶、瓶等，后者如玻璃器皿、管理用具等。

（二）材料实际成本的确定

材料应当以其实际成本入账。材料成本包括采购成本、加工成本和其他成本。

1. 材料采购成本

材料采购成本主要包括：买价；运杂费（包括运输费、装卸费、保险费、包装费、仓储费等，不包括按规定根据运输费的一定比例计算的可抵扣的增值税额）；运输途中的合理损耗；入库前的挑选整理费用（包括挑选整理中发生的工费支出和必要的损耗，并减去回收的下脚废料价值）；购入材料物资负担的税金（如关税等）和其他费用。

2. 材料加工成本

材料加工成本是指在材料的加工过程中发生的追加费用，包括直接人工以及按照一定分配标准分配的制造费用。

3. 材料其他成本

材料其他成本是指除采购成本、加工成本以外的，使材料达到目前场所和状态所发生的其他支出。

（三）材料消耗的计量与计价

1. 材料消耗量的计算

（1）永续盘存制

永续盘存制，也叫账面盘存制，它是指每次材料的收入、发出均根据有关材料收发的原始凭证逐笔登计入账。采用这种盘存制度，平时对各种材料物资的增加数和减少数，都要根据会计凭证连续登记到有关账簿，并可以随时根据账簿记录结出账面结存数。永续盘存制能够正确计算生产过程中材料的消耗数量。

（2）实地盘存制

实地盘存制，也叫定期盘存制，它是指每次发出材料时不入账，当期材料消耗量通过期末实地盘点后倒轧算出。

本期材料耗用量=期初结存量＋本期收入量－期末结存量

采用这种方法计算出的材料消耗量是不准确的。如果材料发生盗窃、损坏、丢失等情况，也将会计算在材料消耗量中，不利于加强管理。因此，企业一般不采用此方法。

2. 材料发出的计价

在实际工作中，材料发出的日常核算可以按实际成本计价，也可以按计划成本计价。

（1）材料按实际成本计价。材料按实际成本计价，是指每一种材料的收发结存，都按其在取得时所发生的实际成本进行计价。当企业采用实际成本进行材料的日常核算时，材料发出可采用先进先出法、全月一次加权平均法、移动加权平均法、个别计价法。

（2）材料按计划成本计价。企业采用计划成本进行材料的日常核算时，消耗材料的成本仍应当是实际成本。这时，应当单独核算材料实际成本与计划成本之间的差异，正确计算发出材料应负担的成本差异，将消耗材料的计划成本调整为实际成本。其计算公式如下：

$$发出材料实际成本＝发出材料计划成本±发出材料负担的成本差异额$$

$$发出材料负担的成本差异额＝发出材料计划成本×材料成本差异率$$

$$材料成本差异率＝\frac{月初结存材料成本差异额+本月收入材料成本差异额}{月初结存材料计划成本+本月收入材料计划成本}×100\%$$

【例 2-1】某企业的材料采用计划成本核算，6 月初原材料账户借方余额为 15 000 元，材料成本差异账户借方余额为 540 元；6 月份企业购入材料计划成本为 120 000 元，其实际成本为 117 840 元；6 月份企业发出材料的计划成本为 100 000 元。计算本月发出材料的实际成本。

$$材料成本差异率＝\frac{540+(117\ 840-120\ 000)}{15\ 000+120\ 000}×100\%=-1.2\%$$

$$发出材料应负担的成本差异额＝100\ 000×（-1.2\%）＝-1200（元）$$

$$发出材料的实际成本＝100\ 000－1200＝98\ 800（元）$$

如果本月发出材料全部或绝大部分是以前月份购入的材料，则可以根据 5 月末、6 月初结存材料的成本差异率计算本月发出材料的成本差异。其计算公式为：

$$上月材料成本差异率＝\frac{月初结存材料成本差异额}{月初结存材料计划成本}×100\%$$

3. *材料消耗的原始记录*

为了正确核算生产成本，有效进行成本控制，企业在领用材料时，必须按规定办理有关材料的领取和退库手续，做好相关的原始记录。企业记录生产过程中材料消耗情况的原始凭证通常包括领料单、限额领料单、领料登记表和退料单等。期末，企业仓库保管人员应当根据全部领退料凭证汇总编制“发出材料明细表”；财会部门根据仓库部门提供的“发出材料明细表，结合产量记录、定额资料、投料记录分配原材料费用，编制“材料费用分配表”；根据”“材料费用分配表”和“发出材料明细表等”原始凭证编制记账凭证，登记有关账簿。

（四）材料费用的分配

材料费用的分配，就是按照材料的用途分别计入各受益对象。直接用于产品生产的原料及主要材料、辅助材料、包装材料等，属于直接生产费用，一般可根据“发出材料汇总表”计入相应产品成本明细账的“直接材料”成本项目中。如果在同一会计期间企业某一生产车间同时生产两种以上产品，而领用同一种材料，这时材料费用就属于间接计入费用，需要采用一定的分配标准分配计算后，才能计入有关产品成本明细账中。

二、原材料费用的归集与分配

（一）原材料费用的归集

正确计算采购材料的成本，是正确计算发出材料成本和产品成本的前提。材料应当按实际成本入账，材料的实际采购成本包括买价、运杂费、运输途中的合理损耗、入库前的挑选整理费用、相关税费等。

企业应设置“原材料”账户核算库存各种原材料的实际成本或计划成本。借方登记因外购、自制、委托加工、盘盈等增加的原材料的实际成本或计划成本；贷方登记因领用、对外销售、盘亏等减少的原材料的实际成本或计划成本。期末余额在借方，表示期末库存原材料的实际成本或计划成本。

（二）原材料费用的分配

1. *原材料费用的分配方法*

原材料费用的分配标准有多种，一般可按产品的产量、体积、重量进行分配，在材料消耗定额比较准确的情况下，也可以按产品的材料定额消耗量或定额费用比例进行分配。

（1）定额消耗量比例分配法

原材料定额消耗量比例分配法是按照生产各种产品的材料定额消耗量为分配标准进行材料费用分配的方法。它适用于材料消耗定额比较健全而且相对准确的材料费用的分配。定额消耗量比例分配法计算公式如下：

$$\text{某种产品原材料定额消耗量}=\text{该种产品的实际产量}\times\text{单位产品原材料消耗定额}$$

$$\text{原材料费用分配率}=\frac{\text{待分配的原材料费用总额}}{\text{各种产品原材料定额消耗量之和}}$$

$$\text{某种产品应分配的原材料费用}=\text{该种产品原材料定额消耗量}\times\text{原材料费用分配率}$$

其中，消耗定额是单位产品可以消耗的数量限额。定额消耗量是指一定产量下按照消耗定额计算的可以消耗的数量。

【例2-2】某企业基本生产车间生产A、B两种产品，共同耗用甲材料12 000千克，材料单价4元，共48 000元。本月共生产A产品150件，生产B产品200件。A产品的材料消耗定额为100千克，B产品的材料消耗定额为25千克。采用定额消耗量比例分配法计算A、B两种产品各自应负担的原材料费用。

A产品定额消耗量＝150×100＝15 000（千克）

B产品定额消耗量＝200×25＝5 000（千克）

原材料费用分配率＝48 000/（15 000+5 000）＝2.4（元/千克）

A产品应分配的原材料费用＝15 000×2.4＝36 000（元）

B产品应分配的原材料费用＝5 000×2.4＝12 000（元）

根据领、退料凭证和有关资料，编制原材料费用分配表如表2-3所示。

表2-3　原材料费用分配表

产品名称	产量（件）	单位消耗定额（千克/件）	定额消耗量（千克）	分配率	分配金额（元）
A产品	150	100	15 000		36 000
B产品	200	25	5 000		12 000
合　计			20 000	2.4	48 000

（2）定额费用比例分配法

原材料定额费用比例分配法是按照生产各种产品的原材料定额费用为分配标准进行材料费用分配的方法。其计算公式如下：

$$某种产品原材料定额费用=该种产品的实际产量\times 单位产品原材料费用定额$$

$$单位产品原材料费用定额=该种产品原材料消耗定额\times 材料计划单价$$

$$原材料费用分配率=\frac{待分配的原材料费用总额}{各种产品原材料定额费用之和}$$

$$某种产品应分配的原材料费用=该种产品原材料定额费用\times 原材料费用分配率$$

其中，费用定额和定额费用是消耗定额和定额消耗量的货币表现。

【例 2-3】某企业生产甲、乙两种产品，耗用原材料费用共计 96 000 元。本月投产甲产品 100 件，乙产品 200 件。单件原材料费用定额：甲产品 120 元，乙产品 100 元。采用原材料定额费用比例分配甲、乙产品实际耗用原材料费用。

$$甲产品原材料定额费用=100\times 120=12\ 000（元）$$

$$乙产品原材料定额费用=200\times 100=20\ 000（元）$$

$$原材料费用分配率=96\ 000\div（12\ 000+20\ 000）=3$$

$$甲产品分配的原材料费用=3\times 12\ 000=36\ 000（元）$$

$$乙产品分配的原材料费用=3\times 20\ 000=60\ 000（元）$$

2. *原材料费用分配表的编制和账务处理*

企业在生产经营活动中耗用的原材料费用，是根据领退料凭证，按照材料的具体用途进行分配的。对于应计入产品成本的生产用材料，应按照产品品种和成本项目予以归集和分配，其中，构成产品实体的原料及主要材料和有助于产品形成的辅助材料，计入“生产成本”账户及所属明细账的“直接材料”项目；用于生产的燃料，计入“生产成本”账户及其所属明细账“燃料和动力”项目。用于维护生产设备和管理生产的各种材料，先在“制造费用”账户予以归集，然后分配转入“生产成本”账户及其所属明细账的“制造费用”项目。对于不应计入产品成本而属于期间费用的材料费用，应计入“管理费用”、“销售费用”等账户。用于购建固定资产、其他资产方面的材料费用，应计入有关的资产价值，不得列入产品成本或期间费用。

在实际工作中，材料费用的分配一般是通过“原材料费用分配表”进行的，这种分配表应该按照材料的用途和材料的类别，根据归类后的凭证编制。如果材料按计划成本核算，还应分配材料成本差异。

【例 2-4】某企业设有一个基本生产车间，生产 A、B 两种产品。另设有供水、供电两个辅助生产车间，以及企业管理部门若干。2012 年 3 月，该企业根据审核归类后的领、退料凭证及有关资料，编制原材料费用分配表，如表 2-4 所示。

表 2-4　原材料费用分配表

应借账户			成本或费用项目	直接计入费用（元）	间接计入费用		合　计/元
总账账户	二级账户	明细账户			定额消耗量/千克	分配金额/元	
生产成本	基本生产成本	A 产品	直接材料	50 000	15 000	36 000	86 000
		B 产品	直接材料	20 000	5 000	12 000	32 000
		小计		70 000	20 000	48 000	118 000
生产成本	辅助生产成本	供水车间	直接材料	3 000			3 000
		供电车间	直接材料	2 000			2 000
		小计		5 000			5 000
制造费用	基本生产车间	机物料消耗		1 500			1 500
管理费用		物料消耗		1 300			1 300
合　计				77 800		48 000	125 800

根据表 2-4 的结果，编制如下会计分录。

借：生产成本——基本生产成本——A 产品　　86 000
　　　　　　　　　　　　　——B 产品　　32 000
　　生产成本——辅助生产成本——供水车间　　3 000
　　　　　　　　　　　　　——供电车间　　2 000
　　制造费用　　1 500
　　管理费用　　1 300
　　贷：原材料　　125 800

三、燃料费用的归集与分配

燃料费用的分配程序与方法和原材料相同，可参照上述原材料费用分配来进行。通常情况下，燃料费用可以并入原材料费用统一核算。如果燃料费用在产品成本中比重较大时，可以增设“燃料”一级账户，将燃料费用单独进行核算，并把发生的燃料费用与动力费用一起专设“燃料和动力”成本项目予以反映。

直接用于产品生产的燃料，在只生产一种产品或者是按照产品品种（或成本计算对象）分别领用，属于直接计入费用，可以直接计入各种产品成本明细账的“燃料和动力”成本项目；如果不能按产品品种分别领用，而是几种产品共同耗用的燃料，属于间接计入费用，则应采用适当的分配方法，在各种产品之间进行分配，然后再计入各种产品成本明细账的“燃料和动力”成本项目。分配的标准可以是产品的产量、体积、重量，也可以是燃料的定额消耗量或定额费用比例。

直接用于辅助生产、专设成本项目的燃料费用，用于基本生产和辅助生产但没有专设成本项目的燃料费用，应计入“生产成本——辅助生产成本”、“制造费用”等科目的借方及其所属明细账有关项目。

用于产品销售以及组织和管理生产经营活动的燃料费用则应计入“销售费用”、“管理费用”总账账户的借方及所属明细账有关项目。

已领用的燃料费用总额，则应计入“燃料”账户的贷方；不设“燃料”账户的，则计入“原材料——燃料”账户的贷方。

四、周转材料的归集与分配

周转材料主要包括企业能够多次使用、逐渐转移其价值但仍保持原有形态且不确认为固定资产的包装物和低值易耗品等。

（一）低值易耗品的归集与分配

1. 低值易耗品的内容

低值易耗品是指单位价值较低、使用年限较短，不符合固定资产确认条件的各种用具物品，如工具、管理用具、玻璃器皿、劳动保护用品以及在经营过程中周转使用的容器等。低值易耗品跟固定资产有相似的地方，在生产过程中可以多次使用而不改变其实物形态，在使用时也需要维修，报废时可能也有残值。由于低值易耗品价值低，使用期限短，因此采用简便的方法，将其价值摊入产品成本和费用中。

2. 低值易耗品的归集与分配

低值易耗品的归集与分配是通过“周转材料——低值易耗品”账户进行的，其借方登记由于购入和其他原因增加的低值易耗品，贷方登记售出、废弃或其他原因减少的低值易耗品；如果余额在借方，表示低值易耗品的实有数。本账户下可设置“在用”、“在库”、“摊销”三个明细账户，进行明细核算。

低值易耗品购入核算同原材料，此处不再赘述。

低值易耗品的领用及其价值摊销方法通常有一次摊销法和五五摊销法。

（1）一次摊销法。是指领用低值易耗品时，将其全部价值一次计入有关成本费用账户。即借记“制造费用”、“管理费用”、“其他业务成本”等账户，贷记“周转材料——低值易耗品”账户。报废时，将其残料价值冲减有关的成本、费用，作为当月摊销的减少，借记“原材料”等账户，贷记“制造费用”、“管理费用”或“其他业务成本”等账户。这种方法适用于价值低、使用期限短，或易于破损的物品如玻璃器皿等。

当低值易耗品采用按计划成本进行日常核算时，领用低值易耗品按计划成本入账；在月度终了时，要结转当月领用低值易耗品应分摊的成本差异，借记有关成本费用账户，贷记“材料成本差异”账户（节约差异用红字）。

【例 2-5】某企业基本生产车间本月领用生产工具一批，计划成本为 800 元，本月材料成本差异率为 4%。另有一批生产工具在该月报废，残料入库作价 40 元。

要求：做出必要的会计分录。

①领用生产工具。

借：制造费用　　800

　　贷：周转材料——低值易耗品　　800

②结转周转材料成本差异 32 元（800×4%）。

借：制造费用　　32

　贷：材料成本差异——低值易耗品成本差异　　32

③报废生产工具残料入库。

借：原材料　　40

　贷：制造费用　　40

（2）五五摊销法。就是在低值易耗品领用时先将其价值的 50%摊销计入有关成本费用，报废时再将其价值的另外 50%（扣除残值）摊销计入有关成本费用的方法。采用这种方法，低值易耗品报废以前在账面上始终保留其价值的一半，表明在使用中的低值易耗品占用着一部分资金，有利于对实物的使用进行管理，防止出现大量的账外物资。这一方法适用于每月领用数量与报废数量比较均衡的低值易耗品。

采用五五摊销法，领用时按其账面价值，借记“周转材料——低值易耗品——在用”账户，贷记“周转材料——低值易耗品——在库”账户；同时，按其价值的 50%计算摊销额，借记“制造费用”、“管理费用”、“生产成本——基本生产成本”、“销售费用”、“其他业务成本”等账户，贷记“周转材料——低值易耗品——摊销”账户。周转材料报废时按报废低值易耗品价值的 50%减去残值后的差额，借记“原材料”、“管理费用”、“生产成本——基本生产成本”、“销售费用”、“其他业务成本”等账户，贷记“周转材料——低值易耗品——摊销”账户；并转销全部已提摊销额，借记“周转材料——低值易耗品——摊销”账户，贷记“周转材料——低值易耗品——在用”账户。

如果低值易耗品按计划成本进行日常核算，则月末也要调整分配所领低值易耗品的计划成本来分配成本差异。

【例 2-6】某公司基本生产车间 5 月 10 日领用专用工具一批，计划成本为 60 000 元。8 月 31 日该批工具全部报废，报废时的残料价值为 500 元，作为原材料入库。材料成本差异率为 1%。该批工具采用五五摊销法进行摊销。要求：做出相关的会计分录。

企业应做如下会计处理：

① 5 月 10 日，领用专用工具。

借：周转材料——低值易耗品——在用　　60 000

　贷：周转材料——低值易耗品——在库　　60 000

② 领用时摊销其价值的 50%。

借：制造费用　　30 000

　贷：周转材料——低值易耗品——摊销　　30 000

③ 5 月末，结转材料成本差异。

借：制造费用　　600

　贷：材料成本差异　　600

④ 8 月 31 日，报废时摊销其价值的另外 50%。

借：原材料　　500

　　制造费用　　29 500

　贷：周转材料——低值易耗品——摊销　　30 000

⑤ 注销账面价值：

借：周转材料——低值易耗品——摊销　　60 000

　　贷：周转材料——低值易耗品——在用　　60 000

企业可以根据实际情况自主选择低值易耗品的摊销方法，但一经选定，则不能随意变动。

（二）包装物的归集与分配

1. 包装物的内容

包装物是指为包装企业产品而储备、随同产品出售、出租或出借的各种包装容器，如箱、瓶、桶、坛、袋等。按包装物的用途可分为：

（1）生产过程中用于包装产品作为产品组成部分的包装物；

（2）随同产品出售不单独计价的包装物；

（3）随同产品出售而单独计价的包装物；

（4）出租或出借给购买单位使用的包装物。

2. 包装物的归集与分配

企业应该设置“周转材料——包装物”账户进行核算。包装物日常核算的计价可以按计划成本进行，也可以按实际成本进行。按计划成本核算包装物，在发出时，应同时结转应负担的材料成本差异。

（1）包装物的采购、自制和验收入库的核算，与原材料等的采购、自制和验收入库的核算相同。

（2）包装物发出。发出包装物的用途不同，账务处理也不尽相同。

①生产领用的包装物，为产品组成部分，属于直接用于产品生产、构成产品实体、专设成本项目的主要材料费用，应借记“生产成本——基本生产成本”账户；

②随同产品出售但不单独计价的包装物，属于产品销售费用，借记“销售费用”账户；

③随同产品出售且单独计价的包装物，属于企业的其他经营业务费用，应借记“其他业务成本”账户；

④出租给购买单位使用的包装物，属于企业经营业务中的一种非主营业务，即其他销售业务，收取的租金作为“其他业务收入”，因此，出租包装物的价值摊销和修理费等，借记“其他业务成本”账户。

⑤出借给购买单位使用的包装物，是为产品销售提供必要条件，因此，出借包装物的价值摊销和修理费用等，作为产品销售的费用处理，借记“销售费用”账户。

企业根据发出包装物的实际成本或计划成本总额，贷记“周转材料——包装物”账户。如果是按计划成本进行包装物核算的企业，还要计算调整分配发出包装物的成本差异。

需要注意的是，包装物在出借、出租过程中损耗的价值，应该采用适当的方法进行摊销，摊销方法同低值易耗品。

【例 2-7】 某企业有关包装物收发的经济业务如下。

要求：做出必要的会计处理。

①企业购进一批包装物，价值 100 000 元，增值税税率为 17%，企业按实际成本计价，货款用银行存款支付，包装物已验收入库。

借：周转材料——包装物　　100 000
　　应交税费——应交增值税（进项税额）　　17 000
　　贷：银行存款　　117 000

②生产领用包装物一批，实际成本 1 000 元。

借：生产成本——基本生产成本　　1 000
　　贷：周转材料——包装物　　1 000

③企业销售产品领用单独计价的包装物，其实际成本为 1 500 元。

借：其他业务成本　　1 500
　　贷：周转材料——包装物　　1 500

④企业销售产品领用不单独计价的包装物，其实际成本为 700 元。

借：销售费用　　700
　　贷：周转材料——包装物　　700

⑤仓库发出新包装物一批，出租给购货单位，实际成本为 6 000 元，收到租金 7 200 元，存入银行。采用一次摊销法摊销包装物成本。

借：银行存款　　7 200
　　贷：其他业务收入　　6 153.85
　　　　应交税费——应交增值税（销项税额）　　1 046.15
借：其他业务成本　　6 000
　　贷：周转材料——包装物　　6 000

⑥企业出借新包装物一批，实际成本为 3 000 元，收到押金 2 000 元，存入银行。采用一次摊销法摊销包装物成本。

借：销售费用　　3 000
　　贷：周转材料——包装物　　3 000
同时，收到押金：
借：银行存款　　2 000
　　贷：其他应付款　　2 000

⑦出借包装物逾期未退，按规定没收其押金 2 000 元。

借：其他应付款　　2 000
　　贷：其他业务收入　　1 709.40
　　应交税费——应交增值税（销项税额）　　290.60

任务实施

根据以上相关知识的介绍，完成规定任务。

1. 任务实施方式

个人操作与小组讨论相结合。

2. 任务完成成果展示

（1）根据课堂讨论结果，完成宏华公司原材料费用分配表（如表 2-2 所示）的编制。

（2）根据原材料费用分配表编制相应的会计分录。

任务 2.2 归集和分配动力费用

任务导入

宏远公司是一家机械制造企业，有一个基本生产车间和一个辅助生产车间——修理车间。基本生产车间生产甲、乙两种产品。2011 年 8 月，甲产品的实际生产工时为 6 000 小时，乙产品的实际生产工时为 4 000 小时。该公司 8 月份总电表记录耗电量为 91 200 度，每度电的单价为 0.6 元，在各部门分电表所记录的耗电量情况如表 2-5 所示。

表 2-5 各部门电表度数

部 门	用 途	耗电数量/度
基本生产车间	动力用电	54 000
	照明用电	6 500
修理车间	动力用电	25 500
行政管理部门	照明用电	4 000
合计		90 000

请问：宏远公司的外购电费应如何进行分配？基本生产车间的电费如何进行分配？试设计编制外购动力费用分配表，并进行正确的账务处理。

任务分析

企业在进行产品生产过程中，除了要借助于机器设备、厂房设施，利用原材料进行生产外，在生产过程中还会耗用燃料、电力、热力等费用。作为产品成本的一部分，这些要素费用的正确计算将直接影响到产品成本计算的正确性。

动力费用是在生产经营过程中消耗电力、热力等而形成的费用。企业消耗的动力可以通过外购取得，也可以通过辅助生产车间提供。通过辅助生产车间提供动力费用的分配与核算将在任务 2.5 中说明，本部分讲述的动力费用核算仅指外购动力费用的归集和分配的核算。要想完成前述任务，必须明确外购动力费用归集和分配的方法和要求。

知识导航

一、外购动力费用的归集

外购动力费用是指企业从外部单位购入的电力、蒸汽、热力等所支付的费用，应按照发生的部门（或地点）以及用途进行归集。

动力的购进与材料的购进类似，但不存在实物形态。当动力费用在产品成本中所占比重较大时，为了体现重要性原则，便于对成本构成的考核，一般应单独设置“燃料及动力”成本项目；当动力费用在产品成本中所占比重不大时，则不单设“燃料及动力”成本项目，为了简化核算，发生的动力费用通常被列入“制造费用”成本项目。

二、外购动力费用的分配

（一）动力费用分配的特殊性

外购动力的性质类似于原材料的购进，不同之处在于动务没有实物形态，因而，动力费用分配与原材料费用分配相比较，具有其特殊性，主要表现在以下几方面。

（1）核算比较简单，不存在收、付、存业务，没有领发料过程。

（2）动力消耗通常采用仪表记录，分配标准明确。

（3）动力费用的分配期与外购动力的付款期不一致。

在实际工作中，由于动力费用分配在月末进行，但外购动力费用一般不是在每月末支付，而是在每月下旬的某日支付。支付时一般是借记“应付账款”账户，贷记“银行存款”账户，到月末时再借记各成本、费用类账户，贷记“应付账款”账户。这是为什么呢?因为支付日计入的动力费用并不完全是当月动力费用，而是上月付款日到本月付款日的动力费用。因此，为了正确地计算当月动力费用，不仅要计算、扣除上月付款日到上月末的已付动力费用，而且还要分配、补记当月付款日到当月末的应付而未付动力费用，核算工作量太大。因此，支付动力费用时一般都通过“应付账款”账户，只在每月的月末分配登记一次动力费用。这样核算“应付账款”账户，借方所记本月已付动力费用与贷方所记本月应付动力费用，往往不相等，从而会出现月末余额。如果余额在借方，则表示本月实际支付款大于应付款，多付了动力费用，可以抵冲下月应付费用；如果余额在贷方，则表示本月应付款大于实际支付款，形成应付动力费用，可以在下月支付。

如果每月支付动力费用的日期基本固定，而且每月付款日到月末的应付动力费用相差不多时，各月付款日到月末的应付动力费用可以互相抵消。如果不影响各月动力费用核算的正确性，也可以不通过“应付账款”账户，而直接借记有关成本、费用类账户，贷记银行存款账户。

（4）动力费用的分配率通常高于外购动力的单价。因为分配动力费用是依据分仪表记录，而支付动力款则依据总仪表记录，由于正常损耗或其他消耗，因此分仪表记录的数量之和通常会小于总仪表记录的数量。

（二）外购动力费用的分配方法

外购动力费用的分配，应由企业根据所支付的外购动力费用额及各部门耗用外购动力的数量进行分配。

（1）在有计量仪器、仪表记录的情况下，应根据仪表所示数量及单价计算应分配的外购动力费用，其计算公式为：

某车间、部门耗用的动力费用＝该车间、部门耗用的动力数量×动力单价

（2）在没有计量仪器、仪表的情况下，要按照一定的标准，在各产品之间进行分配。分配动力费用的标准通常有：生产工时、机器工时、机器功率时数和定额耗电量等。若以生产工时为分配标准，则其计算公式为：

$$\text{某车间动力费用分配率}=\frac{\text{该车间动力费用总额}}{\text{该车间各种产品的生产工时之和}}$$

某产品耗用的动力费用＝该产品生产工时×该车间动力费用分配率

（三）外购动力费用分配的账务处理

外购动力有的直接用于产品生产，如生产工艺用电；有的间接用于产品生产，如生产车间的照明用电；有的则用于经营管理，如企业行政管理部门照明及取暖用电。因此，会计期末，企业应编制外购动力费用分配表，按照受益对象进行外购动力费用的分配，计入如下账户的借方：

（1）直接用于产品生产的动力费用，应计入“生产成本——基本生产成本”和相应产品明细账的“燃料及动力”成本项目；

（2）基本生产车间的动力费用，则计入“制造费用”总账和所属明细账，月末分配计入“生产成本——基本生产成本”和相应产品明细账的“制造费用”成本项目；

（3）直接用于辅助产品生产的动力费用，应计入“生产成本——辅助生产成本”和相应产品或劳务明细账户的“燃料及动力”成本项目；

（4）销售机构、行政管理部门耗用的动力，分别计入“管理费用”、“销售费用”总账及所属明细账。

【例 2-8】某企业 2011 年 10 月共耗电 40 000 度，每度电 0.5 元，共发生电费 20 000 元。该企业各部门均安装有电表，电表显示各部门的用电情况如下：基本生产车间生产产品用电 28 000 度，照明用电 2 000 度，辅助生产车间用电 6 000 度，企业管理部门用电 4 000 度。基本生产车间生产 A、B 两种产品，本月 A 产品的生产工时为 2 500 小时，B 产品的生产工时为 4 500 小时。该企业采用生产工时比例分配法分配动力费用，企业设有“燃料及动力”成本项目。

A、B 产品动力费用分配计算如下：

$$\text{基本生产车间动力费用分配率}=\frac{0.5\times 28\,000}{2\,500+4\,500}=2$$

A 产品负担电费：2 500×2＝5 000（元）

B 产品负担电费：4 500×2＝9 000（元）

外购动力费用的分配是通过编制外购动力费用分配表进行的，外购动力费用分配表的格式如表 2-6。

表 2-6　外购动力费用分配表

2011 年 10 月

应借账户		成本或费用项目	动力费用分配			电费分配		
			生产工时	分配率	分配金额/元	用电度数	单价/元	金额/元
生产成本——基本生产成本	A 产品	燃料及动力	2 500		5 000			
	B 产品	燃料及动力	4 500		9 000			
	小计		7 000	2	14 000	28 000	0.5	14 000

续表

应借账户		成本或费用项目	动力费用分配			电费分配		
			生产工时	分配率	分配金额/元	用电度数	单价/元	金额/元
生产成本——辅助生产成本	机修车间	制造费用				6 000	0.5	3 000
制造费用	一车间	电费				2 000	0.5	1 000
管理费用		电费				4 000	0.5	2 000
合　计						40 000		20 000

根据表 2-6 编制的会计分录如下：

借：生产成本——基本生产成本——A 产品　　5 000
　　　　　　　　　　　　　　——B 产品　　9 000
　　生产成本——辅助生产成本——机修车间　　3 000
　　制造费用——一车间　　1 000
　　管理费用　　2 000
　　贷：应付账款（或银行存款）　　20 000

任务实施

根据以上相关知识的介绍，完成规定任务。

1. 任务实施方式

课堂分组讨论与实际操作相结合。

2. 任务完成成果展示

（1）各小组讨论外购动力费在各部门应分配的金额，并讨论甲、乙产品应负担的动力费用如何计算。

（2）各小组讨论设计编制外购动力费用分配表，并进行账务处理。

任务 2.3　归集和分配人工费用

任务导入

丁远是华强设备制造公司一车间的技术工人，月标准工资 3 780 元，本月请事假 5 天（其中 2 天为双休日），病假 3 天（其中 1 天为节假日），工龄满 6 年，病假扣发工资比例为 10%。本月日历天数 31 天，其中有 8 天双休日和 1 天节假日。根据考勤记录，丁远实际出勤天数 17 天。

请问：丁远的应付工资应如何计算？

任务分析

工资是企业支付给职工的劳动报酬，是企业对职工在工作中使用知识、技能，消耗时间、精力等给予的一种补偿。正确计算和核算工资，是正确计算产品成本的一个重要前提。以上任务的实施，需要借助于工资的计算方法。

知识导航

一、职工薪酬概述

（一）职工薪酬及其内容

人工费用有广义和狭义之分，狭义的人工费用仅指计入成本和列入费用的职工工资，广义的人工费用则是指职工薪酬。

职工薪酬是指企业为获得职工提供的服务而给予各种形式的报酬及其他相关支出，包括工资总额和其他职工薪酬两部分。它是企业对职工在工作中使用知识、技能，消耗时间、精力等的一种补偿。

根据我国《企业会计准则第 9 号——职工薪酬》的规定，职工薪酬主要包括以下内容。

1. 职工工资、奖金、津贴和补贴

职工工资、奖金、津贴和补贴是指按照国家统计局的规定构成工资总额的计时工资、计件工资、支付给职工的超额劳动报酬和增收节支的劳动报酬，为了补偿职工特殊或额外的劳动消耗和因其他特殊原因支付给职工的津贴，以及为了保证职工工资水平不受物价影响支付给职工的物价补贴等。

2. 职工福利费

职工福利费是指企业为职工提供的福利，如为补助职工食堂、生活困难等从成本费用中提取的金额。

3. 社会保险费

社会保险费是指企业按照国家规定的基准和比例计算，向社会保险经办机构缴纳的医疗保险费、养老保险费、失业保险费、工伤保险费和生育保险费，简称“五险”。

4. 住房公积金

住房公积金是指企业按照国家《住房公积金管理条例》规定的基准和比例计算，向住房公积金管理机构缴存的住房公积金。

5. 工会经费和职工教育经费

工会经费和职工教育经费是指企业为了改善职工文化生活、提高职工业务素质，用于开展工会活动和职工教育及职业技能培训，根据国家规定的基准和比例计算，从成本费用中提取的金额。

6. 非货币性福利

非货币性福利是指企业以自产产品或外购商品发放给职工作为福利，将企业拥有的资产无偿提供给职工使用，为职工无偿提供医疗保健服务等。

7. 因解除与职工劳动关系给予的补偿，即辞退福利

解除职工劳动关系补偿是指企业由于实施主辅业分离、辅业改制、分流安置富余人员、重组或改组计划、职工不能胜任等原因，在职工劳动合同到期之前解除与职工的劳动关系，或者为鼓励职工自愿接受裁减而提出补偿建议的计划中给予职工的经济补偿。

8. 其他相关支出

其他相关支出是指其他与获得职工提供的服务相关的支出。

（二）工资总额的构成

工资总额是各单位在一定时期内直接支付给本单位全部职工的劳动报酬总额。工资总额由计时工资、计件工资、奖金、津贴和补贴、加班加点工资、特殊情况下支付的工资等六个部分组成。

1. 计时工资

计时工资是指按计时工资标准和工作时间支付给个人的劳动报酬。计时工资标准是指每一位职工在在单位时间内应得的工资额，其高低与职工从事工作的技术难度、熟练程度、劳动强度等有关。

2. 计件工资

计件工资是指按职工所完成的工作量和计件单价计算而支付的工资，包括个人计件工资和集体计件工资。

3. 奖金

奖金是指为调动职工的生产积极性，支付给职工的超额劳动报酬和增收节支的劳动报酬，包括生产奖、节约奖、劳动竞赛奖和其他奖金。

4. 津贴和补贴

津贴和补贴是指为了补偿职工特殊或额外的劳动消耗和因其他特殊原因支付给职工的津贴，以及为了保证职工工资水平不受物价上涨的影响支付给职工的物价补贴，如夜班津贴、高空作业津贴、物价补贴等。

5. 加班、加点工资

加班加点工资是指按规定对职工在法定工作时间以外从事的劳动支付的加班工资和加点工资。

6. 特殊情况下支付的工资

特殊情况下支付的工资是指依据国家有关劳动法规和企业相关规定，按计时工资标准（或工资标准的一定比例）在职工工伤、病假、产假、计划生育假、婚丧假、事假、探亲假、定期休假、停工学习、执行国家或社会义务时支付的工资。

（三）工资费用的原始记录

企业要进行工资薪酬的核算，必须要有正确、完整的原始记录作为依据。企业工资薪酬的主要原始记录包括考勤记录、产量和工时记录。

1. 考勤记录

考勤记录是反映职工出勤和缺勤情况的记录，它是计算计时工资的重要依据。考勤记录的形式有考勤簿、考勤卡片等。考勤簿通常按车间、部门设置，根据各单位在册人员的

编号、性质逐日登记，月末对每个人的出勤情况进行归类汇总登记。考勤卡片是按人设置，每年一张，在每年年初员工入职时开设。考勤簿的格式如表 2-7 所示。

表 2-7　考 勤 簿

车间或部门________　　　　年　月　日　　　　考勤员________

编号	姓名	工资等级	出勤和缺勤情况							出勤分类							缺勤分类								备注
								合计																	
			1	2	3	4	…	出勤天数	缺勤天数	计时工作	计件工作	中班次数	夜班次数	加班加点	停工	迟到早退	公假	工伤	探亲假	产假	婚丧假	病假	事假	旷工	

2. 产量和工时记录

产量和工时记录，是登记工人或生产小组在出勤时间内完成产品的数量、质量和耗用工时的原始记录，它不仅是计算计件工资的依据，也是为在各种产品之间分配与工时有关的费用提供合理分配标准，同时，还是反映在产品在生产过程中转移情况，从而加强在产品实物管理的依据。产量记录的内容和形式是多种多样的，如工作通知单、工序进程单、工作班产量记录、产量通知单等。以工作班产量记录为例，其格式如表 2-8 所示。

表 2-8　工作班产量记录

年　月　日

工人			工作任务						检查结果										工资			
工号	姓名	等级	加工进程单编号	产品型号	零件编号	工序名称	交发加工数量	工时定额	交验数量	合格数量	返工数量	工废数量	料废数量	短缺数量	未加工数量	定额总工时	实际工时	检验员	计件单价	合格品工资	废品工资	工资合计

考勤记录和产量记录是计算应付工资的主要原始记录，也是归集和分配工资费用的基础。

二、职工薪酬的计算

（一）工资的计算

1. 计时工资的计算

计时工资是指按计时工资标准和工作时间支付给职工的劳动报酬。实行计时工资制的企业，每月应付给职工的工资数是根据每一位职工的工资等级、工资标准、出勤情况和其他有关规定进行计算的。但由于当月职工的出勤情况要到月底才能统计出来，所以在实际工作中计算本月应付工资时，往往是根据上个月考勤记录确定应扣缺勤和应增加班工资等。

计时工资的计算有月薪制和日薪制两种计算方法。

（1）月薪制

月薪制是指按职工的月标准工资，扣除缺勤工资，计算其应付工资的一种方法。采用月薪制，不论该月是多少天，只要职工出满勤，就可以得到全勤工资。如有缺勤，则应从月标准工资中扣除缺勤工资。因此，这种方法又称为“扣缺勤法”或“倒扣法”。企业固定职工的计时工资一般按月薪制计算，其计算公式为：

应付计时工资＝月标准工资－（事假日数×日工资标准）－（病假日数×日工资标准×病假应扣工资比例）

$$日工资标准=\frac{月标准工资}{月工作天数}$$

在计算日工资标准时，月工作天数有两种计算方法。

①按 30 天（全年每月日历日数）计算日工资标准，则：

$$日工资标准=\frac{月标准工资}{30}$$

采用这种方法计算时，日工资标准包括双休日的工资，缺勤期间若是双休日，照扣工资。

②按 21.75 天（全年平均月计薪天数）计算日工资标准，则：

$$日工资标准=\frac{月标准工资}{21.75}$$

其中，月计薪天数＝（365－52×2）÷12＝21.75

采用该方法计算日工资标准，双休日不付工资，缺勤期间是双休日的不扣工资。

病假应扣工资比例应按国家劳动保险条例规定计算，具体见表 2-9。

表 2-9　企业职工病假工资扣发比例一览表

工　龄	连续病假在 6 个月以内					连续病假在 6 个月以上		
	2 年以下	2～4 年	4～6 年	6～8 年	8 年及以上	不满 1 年	1～3 年	3 年及以上
扣发比例（%）	40	30	20	10	0	60	50	40
应发比例（%）	60	70	80	90	100	40	50	60

【例 2-9】 新华公司职工小张的月工资标准为 3 000 元，4 月份双休日 8 天，缺勤 4 天（缺勤期间有公休日 2 天）。在月薪制下，计算 4 月份应付小王的计时工资。

具体计算结果如下。

①按 30 天计算

日工资标准＝3 000÷30＝100（元）

应付计时工资＝3 000－4×100＝2 600（元）

②按 21.75 天计算

日工资标准＝3 000÷21.75＝137.93（元）

应付计时工资＝3 000－2×137.93＝2724.14（元）

（2）日薪制

日薪制是指按职工实际出勤日数和日工资标准计算其应付工资的一种方法，其计算公式为：

应付计时工资=（出勤日数×日工资标准）+病假日数×日工资标准×病假应发工资比例

【例 2-10】新华公司职工王强的月工资标准为 3 600 元，5 月份病假 2 天，事假 2 天，有双休日 9 天，出勤 18 天，病假、事假期间没有节假日，病假工资薪金按月工资薪金的 90%计算。在日薪制下，计算 5 月份应付王强的计时工资。

具体计算结果如下。

①按 30 天计算

日工资标准＝3 600÷30＝120（元）

应付计时工资＝（18+9）×120＋2×120×90%＝3 456（元）

②按 21.75 天计算

日工资标准＝3 600÷21.75＝165.51（元）

应付计时工资＝18×165.51＋2×165.51×90%＝3 277.1（元）

2. 计件工资的计算

计件工资是根据规定的计件单价和完成的合格品数量计算的工资。实行计件工资制的企业或车间，每月应付给职工的工资是根据产量记录中每一名工人制造完成的合格品数量，乘以规定的计件单价计算标准工资。计件工资按照支付对象的不同，可分为个人计件工资和集体计件工资。

在计算计件工资时，对于由于材料缺陷等客观原因产生的废品，即料废品，应照付计件工资；对于由于工人加工过失等原因而产生的废品，即工废品，则不应支付计件工资。计件工资一般只适用于生产工人工资的计算，其计算公式为：

应付计件工资＝Σ〔（合格品数量+料废品数量）×计件单价〕

（1）个人计件工资的计算

【例 2-11】新华公司生产工人小王本月加工 C 零件 1 000 个，计件单价为 3 元。经检验，发现其生产的甲产品料废品 5 个，工废品 2 个，其余均为合格品。

该工人本月应得计件工资计算如下：

$$应付计件工资=（1000-2）\times 3=2\ 994（元）$$

（2）集体计件工资的计算

集体计件工资是以班组为对象计算的计件工资。集体计件工资计算方法与个人计件工资的计算方法基本相同。集体计件工资还需要在集体内部个工人之间进行分配，一般以每人的工资标准和工作日数的乘积作为分配标准来进行分配。相关计算公式如下：

$$工资分配率=\frac{小组计件工资总额}{小组计时工资总额}$$

$$个人应得计件工资=个人应得计时工资\times 工资分配率$$

【例 2-12】某生产小组有 3 人，集体共同完成某部件加工任务，共得计件工资 5 635 元，每名工人的姓名、等级、日工资标准、出勤天数等如表 2-10 所示。

表 2-10　生产小组情况一览表

姓　名	等　级	日工资标准	出勤天数
王立	4	30	20
赵志	5	25	22
张刚	6	20	23

根据以上资料，计算结果如表 2-11 所示。

表 2-11　集体计件工资分配表

姓　名	等　级	日工资标准（元）	出勤天数	分配标准	分配率	分配金额（元）
王立	4	30	20	600		2 100
赵志	5	25	22	550		1 925
张刚	6	20	23	460		1 610
合　计				1 610	3.5	5 635

其中，工资分配率=5 635÷1610=3.5。

（二）其他职工薪酬的计算

在计算其他职工薪酬时，国家规定了计提基础和计提比例的，应当按照国家规定的标准计提。例如应向社会保险经办机构缴纳的医疗保险费、养老保险费、失业保险费、工伤保险费、生育保险费等社会保险费，应向住房公积金管理机构缴纳的住房公积金，以及工会经费和职工教育经费等。其计算公式为：

$$某项其他职工薪酬=职工工资总额\times 计提比率$$

国家没有规定计提基础和计提比例的，企业应当根据历史经验数据和实际情况，对当期其他职工薪酬，进行合理预计。当期实际发生额大于预计金额的，应予以补提；当期实际发生额小于预计金额的，应予以冲回。

三、直接人工费用的核算

职工薪酬是按照其发生地点进行归集，按照用途进行分配的。为了正确核算直接人工费用，企业应设置“应付职工薪酬”账户，该账户属于负债类账户，用来核算企业根据有关规定应付给职工的各种薪酬。“应付职工薪酬”账户的贷方登记应发放给职工的薪酬金额，因解除与职工的劳动关系给予的补偿；“应付职工薪酬”账户的借方登记企业按照有关规定向职工支付的工资、奖金、津贴、补贴等。本账户应当按照“工资”、“职工福利费”、“社会保险费”、“住房公积金”、“工会经费”、“职工教育经费”、“解除职工劳动关系补偿”等应付职工薪酬项目进行明细核算。

企业根据职工考勤记录和产量记录等原始记录计算应付工资薪金后，一般可按车间、部门编制“工资薪金结算单”，计算对每一职工的应付工资、代扣款项和实发工资。并在此基础上汇总编制“职工薪酬结算汇总表”，这是进行工资结算和分配的原始凭证。企业为了办理工资结算手续，根据“职工薪酬结算汇总表”及相关资料，即可编制“职工薪酬费用分配表”（如表 2-12 所示），将工资薪金按用途分别计入有关成本、费用账户的借方，其中，生产工人工资应计入“生产成本——基本生产成本”账户；辅助生产部门人员工资应计入“生产成本——辅助生产成本”账户；车间管理人员工资应计入“制造费用”账户；行政管理人员工资应计入“管理费用”账户；专设销售机构的工资应计入“销售费用”账户。同时，按工资薪金费用总额贷计“应付职工薪酬”账户。

表 2-12　职工薪酬费用分配表

应借账户			成本或费用项目	直接计入	分配计入		合　计
总账账户	二级账户	明细账户			生产工时	分配金额	
生产成本	基本生产成本	A 产品	直接人工	77 200	36 000	21 600	98 800
		B 产品	直接人工	46 000	24 000	14 400	60 400
		小计		123 200	60 000	36 000	159 200
生产成本	辅助生产成本	供水车间	直接人工	5 000			5 000
		供电车间	直接人工	4 000			4 000
		小计		9 000			9 000
制造费用	基本生产车间	工资		5 500			5 500
管理费用		工资		15 000			15 000
销售费用		工资		45 000			45 000
合　计				197 700		36 000	233 700

对于生产工人工资费用的分配，应当按产品的生产工时比例分配，这样做的好处是能够将产品所分配的工资费用与劳动生产率联系起来。如果取得各种产品的实际生产工时数据比较困难，而各种产品的单件工时定额比较准确，也可以按产品的定额工时（产品数量与工时定额的乘积）例分配工资费用。

工资费用分配率 ＝生产工人工资总额÷各种产品生产工时（实际或定额）之和×100%

某种产品应负担的工资费用＝工资费用分配率×该产品生产工时（实际或定额）

根据表 2-12，编制会计分录如下：

借：生产成本——基本生产成本——A 产品　　98 800
　　　　　　　　　　　　　　——B 产品　　60 400
　　生产成本——辅助生产成本——供水车间　　5 000
　　生产成本——辅助生产成本——供电车间　　4 000
　　制造费用　　5 500
　　管理费用　　15 000
　贷：应付职工薪酬　　233 700

任务实施

根据以上相关知识的介绍，完成规定任务。

1. 任务实施方式

首先，学生讨论应付工资的计算方法；其次，小组分工，分别按月薪制和日薪制计算应付工资。

2. 任务完成成果展示

采用月薪制和日薪制计算的应付工资数额。

任务 2.4　归集和分配折旧费用

任务导入

宏远公司是采用年限平均法计提固定资产折旧，年折旧率为 6%，公司在 5 月份固定资产折旧的计提情况和固定资产增减变动情况如表 2-13 所示。

表 2-13　5 月份折旧额及固定资产增减变动情况表

单位：元

使用部门	固定资产类别	固定资产折旧额	增加的固定资产原价	减少的固定资产原价
基本生产车间	房屋及建筑物	4 500	150 000	
	机器设备	5 000		200 000
	小计	9 500	150 000	200 000
供水车间	房屋及建筑物	1 200		
	机器设备	1 500	60 000	
	小计	2 700	60 000	
供电车间	房屋及建筑物	2 200		
	机器设备	1 800		40 000
	小计	4 000		40 000
行政管理部门	房屋建筑物	1 680	120 000	
合　计		17 880	330 000	240 000

6 月份，公司应计提的折旧额如何计算？如何分配各使用部门的折旧费用？

任务分析

通过前续课程财务会计的学习，我们了解了折旧的计提范围和影响折旧计提的因素，会利用各种折旧计算方法计算各期应计提的折旧额。要顺利完成以上任务，还需要进一步明确折旧费用的归集和分配流程。企业对于按规定计提的折旧费用，应当根据固定资产的使用地点和用途进行归集与分配。折旧费用归集和分配的工作流程可归纳如下：首先，编制“固定资产折旧计算表”，计算各种固定资产当月应提折旧额；其次，汇总各车间、部门的折旧费用，编制“固定资产折旧计算汇总表”；最后，利用汇总资料，进行折旧费用分配账务处理。

知识导航

一、折旧费用的归集

（一）影响折旧计提的因素

任何一项固定资产都会发生损耗，这些损耗有形损耗和无形损耗。固定资产的有形损耗是指由于使用和自然力的作用所发生的损耗；固定资产的无形损耗则是指由于社会劳动生产率的提高和科学技术的进步，导致原有固定资产提前报废所引起的价值损失。

固定资产折旧是指固定资产在生产经营过程中，由于发生损耗而逐渐地、部分地转移到产品成本中去的那一部分价值。这部分价值应作为折旧费用计入产品成本或经营管理费用。

下列因素会影响固定资产折旧的计提：

（1）固定资产原价；

（2）固定资产的预计净残值；

（3）固定资产减值准备，是指固定资产已计提的固定资产减值准备累计金额；

（4）固定资产的使用寿命。

企业应当根据固定资产的性质和使用情况，合理确定固定资产的使用寿命和预计残值。固定资产的使用寿命、预计净残值一经确定，不得随意变更。

（二）固定资产折旧的计提范围

按照《企业会计准则第 4 号——固定资产》准则的规定，企业应当对所有的固定资产计提折旧。但是，已提足折旧仍继续使用的固定资产和单独计价入账的土地除外。在计提固定资产折旧时，还要注意以下几点。

（1）固定资产应当按月计提折旧。当月增加的固定资产，当月不计提折旧，从下月起计提折旧；当月减少的固定资产，当月仍计提折旧，从下月起不计提折旧。

（2）固定资产提足折旧后，无论能否继续使用，均不再计提折旧，提前报废的固定资产不再补提折旧。

（3）已达到预定可使用状态但尚未办理竣工决算的固定资产，应当按照估计价值确定其成本，并计提折旧；待办理竣工决算后，再按实际成本调整原来的暂估价值，但不需要调整已计提的折旧额。

（三）固定资产折旧的方法

企业应当根据与固定资产有关的经济利益的预期实现方式，合理地选择固定资产折旧方法。可选用的折旧方法包括年限平均法、工作量法、双倍余额递减法和年数总和法等。企业选定固定资产折旧方法一经确定，不得随意变更。

在实际工作中，企业往往在上月折旧额的基础上，对上月固定资产的增减变动情况进行调整后计算本月折旧额，其计算公式如下：

本月折旧额＝上月折旧额＋上月增加固定资产提折旧额－上月减少固定资产应提折旧额

折旧费用的归集通常是采用“固定资产折旧计算表”形式进行的。各车间、部门应当根据月初计提折旧固定资产的有关资料和确定的折旧计算方法，计算并编制“固定资产折旧计算表”，如表 2-14 所示。

表 2-14　固定资产折旧计算表

部门：一车间　　　　2011 年 4 月　　　　单位：元

固定资产类别	上月折旧额	上月增加固定资产		上月减少固定资产		本月折旧额
		原值	折旧额	原值	折旧额	
房屋及建筑物	6 980			1 200 000	3 600	3 380
机器设备	3 200	100 000	500			3 700
小　　计	10 180	100 000	500	1 200 000	3 600	7 080

二、折旧费用的分配

企业按规定计提的折旧费，应根据固定资产的使用地点和用途进行分配，分别列入不同的账户中。对于生产车间应提的折旧，应借记“制造费用”账户；行政管理部门应提的折旧费，应借记“管理费用”账户；租出固定资产应提的折旧费，应借记“其他业务成本”账户；销售部门应提的折旧费，应借记“销售费用”账户。在借记这些账户的同时，贷记“累计折旧”账户。

折旧费用的分配是通过编制“固定资产折旧费用分配表”进行的。根据各车间、部门编制的“固定资产折旧计算表”，汇总编制“固定资产折旧费用分配表”，并据以登记有关总账和明细账。其格式如表 2-15 所示。

表 2-15　固定资产折旧费用分配表

2011 年 4 月　　　　单位：元

应借账户		上月折旧额	上月增加固定资产应计提折旧额	上月减少固定资产应计提折旧额	本月折旧额
制造费用	一车间	10 180	500	3 600	7 080
	二车间	7 100		350	6 750
生产成本——辅助生产成本	运输部门	1 300	800		2 100
	机修车间	2 000		500	1 500
管理费用		3 800			3 800
销售费用		1 100	300		1 400
合　　计		25 480	1 600	4 450	22 630

根据表 2-15，编制有关会计分录如下：

借：制造费用——一车间　　7 080

　　　　　　——三车间　　6 750

　　生产成本——辅助生产成本——运输部门　　2 100

　　　　　　　　　　　　　——机修车间　　1 500

　　管理费用　　3 800

　　销售费用　　1 400

　　贷：累计折旧　　22 630

任务实施

根据以上相关知识的介绍，完成规定任务。

1. 任务实施方式

（1）小组讨论：各小组讨论确定本任务中宏远公司 6 月份折旧费用的计算和分配方法。

（2）实际操作：独立完成折旧费用分配表（如表 2-16 所示）的编制。

2. 任务完成成果展示

编制完成的固定资产折旧费用分配表。

表 2-16　固定资产折旧费用分配表

应借账户	上月折旧额	上月增加固定资产应计提折旧额	上月减少固定资产应计提折旧额	本月折旧额

任务 2.5　归集和分配辅助生产费用

任务导入

大华公司有供电和机修两个辅助生产车间，2011 年 8 月两个辅助生产车间发生的生产费用总额为：供电车间 36 000 元，机修车间 108 000 元，两个辅助生产车间提供产品劳务的情况如表 2-17 所示。

表 2-17　辅助生产车间供应劳务数量

辅助生产车间受益对象	供电车间劳务数量/度	机修车间劳务数量/工时
供电车间		2 500
机修车间	3 000	
甲产品	18 000	
乙产品	17 300	
丙产品	21 600	
一车间（一般耗用）	5 500	8 200
二车间（一般耗用）	5 100	8 800
企业管理部门	4 500	3 000
合　计	75 000	22 500

请问：大华公司怎样选择辅助生产费用的分配方法？辅助生产车间发生的生产费用应如何进行分配？该公司的供电车间和机修车间之间相互发生的费用应该如何进行确认和核算呢？

任务分析

在制造企业，为了保证生产经济活动的顺利进行，企业除了设置基本生产车间外，还设置辅助生产车间或部门。这些车间或部门是为基本生产和经营管理提供产品和劳务供应的。辅助生产车间发生的费用如果不能正确进行归集和分配，将直接影响到制造费用、损失性费用、产品生产成本及期间费用的核算。要正确归集和分配辅助生产部门的费用，必须了解企业辅助生产车间的设置和辅助生产费用的受益对象，从而将归集的辅助生产部门发生的费用，遵循受益原则和特定的适用条件，采用适当的分配方法进行分配。

知识导航

一、辅助生产概述

（一）辅助生产部门

辅助生产部门是指为基本生产车间、企业行政管理部门等单位服务而进行的产品生产和劳务供应的部门。辅助生产部门有两种类型，一种是只生产一种产品或提供一种劳务，如供电、供水、供气、供风、运输等辅助生产部门；另一种则是生产多种产品或提供多种劳务，如从事工具、模具、修理用备件的制造，以及机器设备的修理等辅助生产。辅助生产部门提供的产品和劳务，有时也对外销售，但主要是为本企业服务。

（二）辅助生产费用

辅助生产费用是指辅助生产部门发生的相关费用。辅助生产车间在市场产品或提供劳务过程中发生的生产费用，构成这些产品或劳务的成本；基本生产车间接受辅助生产车间提供的产品或劳务，成为基本生产车间产品成本的组成部分；有关部门接受辅助生产车间提供的产品或劳务，形成其他成本费用。辅助生产车间在生产过程中发生的材料费用、动力费用、人工费用和间接费用等，就是辅助生产费用的核算范围。

由于辅助生产部门的根本任务是为企业产品生产和管理工作服务，这一特点决定了辅助生产部门发生的生产费用，必须按部门进行归集与核算，并将其分配计入各受益对象。辅助生产部门费用的高低，影响到企业产品成本和期间费用的水平，因此，正确、及时地组织辅助生产费用的归集和分配，对于节约费用、降低成本，保证产品成本和期间费用核算的正确性有着重要的意义。

二、辅助生产费用的归集

（一）辅助生产费用核算的账户设置

为了核算辅助生产费用，计算辅助生产成本，企业应设置“生产成本——辅助生产成本”账户对辅助生产费用进行归集。该账户的借方归集为生产产品、提供劳务而发生的材料费、人工费及其他费用；贷方登记辅助生产费用的转出数；期末余额在借方，为辅助生产的在产品成本。企业一般应按车间或劳务的种类设置明细账，账内按照成本项目或费用项目设置专栏，进行明细核算。其格式如表 2-18 所示。

表 2-18　辅助生产成本明细账

车间：供电车间　　2011 年 5 月　　单位：元

月	日	凭证号	摘　要	直接材料	直接人工	制造费用	合　计
5	31	略	原材料费用分配表				
5	31		工资费用分配表				
5	31		制造费用分配表				
5	31		合计				
5	31		分配转出				

（二）辅助生产费用归集的程序

根据企业辅助生产部门规模的大小、间接费用的多少、辅助生产部门提供产品或劳务是否单一等因素，辅助生产费用归集涉及两种情况。这两种情况的主要区别在于辅助生产部门制造费用归集的程序不同。

1. 辅助生产部门的制造费用单独核算

当企业辅助生产部门规模较大、间接费用较多、辅助生产部门提供产品或劳务不止一种时，这时辅助生产部门发生的间接费用单独通过“制造费用”账户核算。具体做法是：在辅助生产车间发生间接费用时，应先通过“制造费用——辅助生产车间”账户的借方进行归集，然后采用适当的方法分配，通过该账户贷方分配转入“生产成本——辅助生产成本”账户的借方，计入辅助生产产品或劳务的成本。其账务处理程序如图 2-1 所示。

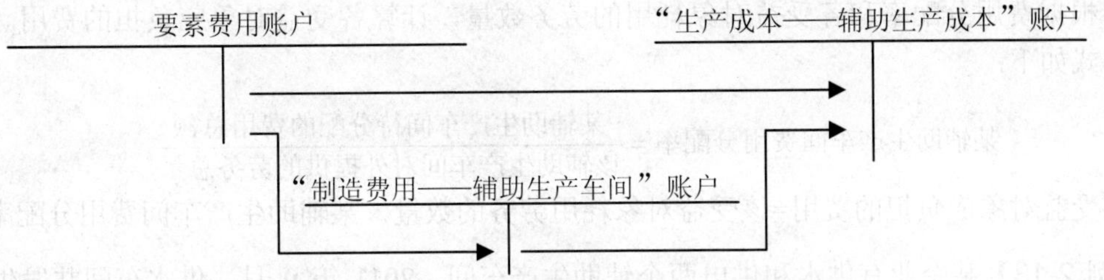

图 2-1　设置“制造费用”账户的账务处理程序图

经过上述会计处理后，“生产成本——辅助生产成本”账户归集的辅助生产费用再按照受益部门和单位进行分配。

2. 辅助生产部门的制造费用不单独核算

当辅助生产部门规模较小，或者辅助生产车间不对外提供劳务、产品，而且在辅助生产车间的制造费用数额较小的情况下，为了简化核算，辅助生产部门的制造费用不通过“制造费用——辅助生产车间”账户及其明细账单独核算，而是直接计入“生产成本——辅助生产成本”账户。此时，“辅助生产成本”明细账按照费用项目设置专栏进行核算，其账务处理程序如图 2-2 所示。

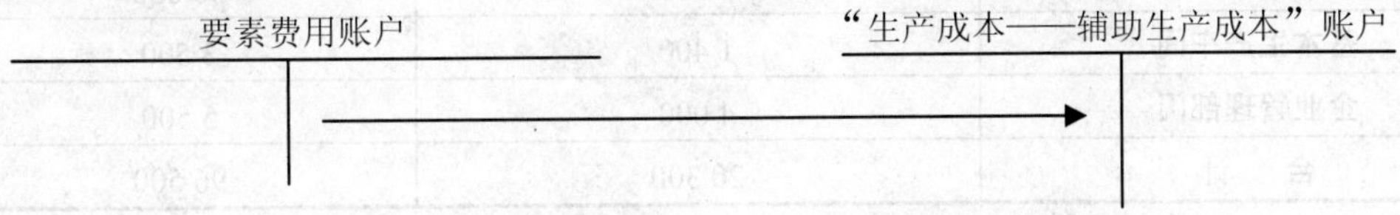

图 2-2　不设置“制造费用”账户的账务处理程序图

三、辅助生产费用的分配

辅助生产车间发生的各种费用计入成本、费用的方法，是由辅助生产车间提供产品或劳务的性质以及它在生产中的作用决定的。如果辅助生产车间是生产产品需要验收入库的，如自制工具、模具、自制材料等，在这些产品完工后，应将其成本从“生产成本——辅助生产成本“账户的贷方转到“周转材料”、“原材料”等账户的借方。例如，辅助生产车间提供电、水、蒸汽等产品或劳务，通常不需要验收入库，各辅助生产车间发生的各项费用在按车间设置的“辅助生产成本明细账”中进行归集后，在各受益对象之间采用适当的分配方法进行分配，从“生产成本——辅助生产成本”账户的贷方结转到各受益对象的成本费用中。

在实际工作中，常用的辅助生产费用的分配方法有直接分配法、交互分配法、代数分配法、计划成本分配法和顺序分配法。

（一）直接分配法

直接分配法是将辅助生产车间实际发生的费用，直接分配给辅助生产车间以外的各受益对象的方法。辅助生产车间实际发生的费用在进行分配时，不考虑辅助生产车间相互提供劳务的情况，其分配程序为：首先，根据各辅助生产车间实际发生的辅助生产费用和该辅助生产车间对外提供的劳务数量，计算辅助生产费用分配率（即产品或劳务的单位成本）；

然后再根据费用分配率和各受益对象耗用的劳务数量，计算各受益对象应负担的费用。其计算公式如下：

$$某辅助生产车间费用分配率=\frac{某辅助生产车间待分配的费用总额}{该辅助生产车间对外提供的劳务总量}$$

某受益对象应负担的费用=该受益对象耗用劳务的数量×某辅助生产车间费用分配率

【例 2-13】某企业有供水和供电两个辅助生产车间，2011 年 9 月，供水车间共发生费用 15 520 元，供电车间共发生费用 57 000 元。两个辅助生产车间提供劳务的情况如表 2-19 所示。根据有关资料，用直接分配法分配各辅助生产车间的费用。

表 2-19　辅助生产费用发生额和劳务供应量汇总表

2011 年 9 月

受益对象		供水车间劳务数量/立方米	供电车间劳务数量/度
辅助生产车间	供水车间		1 500
	供电车间	900	
基本生产——A 产品		9 000	56 000
基本生产——B 产品		5 000	30 000
基本生产车间		1 400	3 500
企业管理部门		4 000	5 500
合　计		20 300	96 500

供水车间费用分配率=15 520/（20 300－900）=0.8（元/立方米）

供电车间费用分配率=57 000/（96 500－1 500）=0.6（元/度）

采用直接分配法分配的计算结果如表 2-20 所示。

表 2-20　辅助生产费用分配表（直接分配法）

辅助生产车间名称		供水车间	供电车间	合　计
待分配生产费用		15 520	57 000	72 520
对外提供的劳务数量		19 400	95 000	
费用分配率		0.8	0.6	
A 产品生产耗用	数量	9 000	56 000	
	金额	7 200	33 600	40 800
B 产品生产耗用	数量	5 000	30 000	
	金额	4 000	18 000	22 000
车间一般耗用	数量	1 400	3 500	
	金额	1 120	2 100	3 220
企业管理部门	数量	4 000	5 500	
	金额	3 200	3 300	6 500
分配金额合计		15 520	57 000	72 520

根据表 2-20，编制分配结转辅助生产费用的会计分录如下：

借：生产成本——基本生产成本——A 产品　40 800

——B 产品　22 000

制造费用　3 220

管理费用　6 500

贷：生产成本——辅助生产成本——供水车间　15 520

——供电车间　57 000

采用直接分配法，各辅助生产车间待分配费用只对辅助生产车间以外的各受益单位分配一次，因而计算工作简便。但由于其具有一定的假定性，即假定辅助生产车间之间相互提高产品或劳务不分配费用，因此，计算分配的结果不准确，故直接分配法只适用于各辅助生产车间相互提供的产品或劳务较少的企业。

（二）交互分配法

交互分配法，也叫一次交互分配法，是对归集的辅助生产费用先在各辅助生产车间之间进行交互分配，计算出交互分配后的辅助生产费用，再在辅助生产车间以外的受益对象之间进行分配。这种方法的特点是，辅助生产费用需要进行两次分配。第一次分配，是先根据各辅助生产车间相互提供的产品或劳务的数量和交互分配的分配率进行一次交互分配；第二次分配，是将各辅助生产部门交互分配后的实际费用（即交互分配前的费用加上交互分配转入的费用减去交互分配转出的费用）再向辅助生产车间以外的各受益部门按提供的产品或劳务数量和对外分配的分配率进行分配。交互分配法的分配程序及有关计算公式如下：

第一步：交互分配。

$$交互分配率=\frac{某辅助生产车间归集的生产费用}{该辅助生产车间提供的劳务总量}$$

$$\begin{array}{c}某辅助生产车间应分配的\\其他辅助生车间的费用\end{array}=\begin{array}{c}该辅助生产车间\\的受益数量\end{array}\times交互分配率$$

第二步：对外分配。

某辅助生产车间交互分配后的费用＝该辅助生产车间交互分配前的费用＋其他辅助生产车间分配转入的费用－该辅助生产车间分配转出的费用

$$对外分配率=\frac{某辅助生产车间交换分配后的费用}{该辅助生产车间对外提供的劳务量}$$

$$\begin{array}{c}辅助生产车间以外的各受益\\部门应分配的辅助生产费用\end{array}=\begin{array}{c}该辅助生产车间外部\\受益部门的受益数量\end{array}\times对外分配率$$

【例 2-14】现仍以例 2-13 的资料为例，采用交互分配法分配辅助生产费用。

（1）交互分配

供水车间费用分配率＝15 520/20 300＝0.7645（元/立方米）

供电车间费用分配率＝57 000/96 500＝0.5907（元/度）

供水车间应负担的供电车间费用＝1 500×0.5907＝886.05（元）

供电车间应负担的供水车间费用＝900×0.7645＝688.05（元）

（2）交互分配后的实际费用

交互分配后供水车间实际费用＝15 520＋886.05－688.05＝15 718（元）

交互分配后供电车间实际费用＝57 000＋688.05－886.05＝56 802（元）

（3）对外分配

供水车间费用分配率＝15 718/（20 300－900）＝0.8102（元/立方米）

供电车间费用分配率＝56 802/（96 500－1 500）＝0.5979（元/度）

根据上述计算结果，编制辅助生产费用分配表，如表 2-21 所示。

表 2-21 辅助生产费用分配表（交互分配法）

项目		交互分配			对外分配		
辅助生产车间名称		供水车间	供电车间	合计	供水车间	供电车间	合计
待分配费用		15 520	57 000	72 520	15 718	56 802	72 520
劳务供应数量总额		20 300	96 500		19 400	95 000	
费用分配率		0.7645	0.5907		0.8102	0.5979	
供水车间	数量		1500				
	金额		886.05				
供电车间	数量	900					
	金额	688.05					
A 产品生产耗用	数量				9 000	56 000	
	金额				7 291.8	33 482.4	40 774.2
B 产品生产耗用	数量				5 000	30 000	
	金额				4 051	17 937	21 988
车间一般耗用	数量				1 400	3 500	
	金额				1 134.28	2 092.65	3 226.93
企业管理部门	数量				4 000	5 500	
	金额				3 240.92	3 289.95	6 530.87
对外分配金额合计					15 718	56 802	72 520

注：分配尾差计入“管理费用”账户，即管理费用采用倒轧法计算。

根据表 2-21，编制会计分录如下。

（1）交互分配

借：生产成本——辅助生产成本——供水车间　886.05

　　　　　　　　　　　　　——供电车间　688.05

　贷：生产成本——辅助生产成本——供电车间　886.05

　　　　　　　　　　　　　　——供水车间　688.05

（2）对外分配

借：生产成本——基本生产成本——A 产品　　40 774.2
　　　　　　　　　　　　　　——B 产品　　21 988
　　制造费用　　3 226.93
　　管理费用　　6 530.87
　　贷：生产成本——辅助生产成本——供水车间　　15 718
　　　　　　　　　　　　　　　　——供电车间　　56 802

采用交互分配法分配辅助生产费用，与直接分配法相比，分配的结果更符合实际，较为准确。但计算较为复杂，增加了分配的工作量。交互分配法主要用于辅助生产车间之间相互耗用劳务较多的企业。

（三）代数分配法

代数分配法，是指运用代数中解多元一次联立方程的原理，先计算出辅助生产车间产品或劳务的单位成本，再根据各受益对象（包括辅助生产车间）耗用产品或劳务的数量和单位成本计算分配辅助生产费用的一种方法。

【例 2-15】仍以例 2-13 的资料为例，采用代数分配法分配辅助生产费用。

设供水车间每吨水的单位成本为 x，供电车间每度电的单位成本为 y。设立联立方程组如下：

$$\begin{cases}15\,520+1\,500y=20\,300x\\57\,000+900x=96\,500y\end{cases}$$

解联立方程组，得：

$$\begin{cases}x=0.8067\\y=0.5982\end{cases}$$

编制辅助生产费用分配表如表 2-22 所示。

表 2-22　辅助生产费用分配表（代数分配法）

辅助生产车间名称		供水车间	供电车间	合　计
待分配生产费用		15 520	57 000	72 520
提供的劳务数量		20 300	96 500	
费用分配率		0.8067	0.5982	
供水车间	数量		1 500	
	金额		897.30	897.30
供电车间	数量	900		
	金额	726.03		726.03
A 产品生产耗用	数量	9 000	56 000	
	金额	7 260.30	33 499.20	40 759.50

续表

B 产品生产耗用	数量	5 000	30 000	
	金额	4 033.50	17 946	21 979.50
车间一般耗用	数量	1 400	3 500	
	金额	1 129.38	2 093.70	3 223.08
企业管理部门	数量	4 000	5 500	
	金额	3 226.80	3 290.10	6 515.90
分配金额合计（账户贷方合计）		16 376.01	57 726.30	74 102.31
“辅助生产成本”账户借方合计①		16 417.30	57 726.03	74 143.33
借贷方差额（尾差）②		41.29	−0.27	41.02

注：①供水车间“辅助生产成本”明细账借方合计数 16 417.30=15 520+897.30（所承担的电费）；供电车间“辅助生产成本”明细账借方合计数 57 726.03=57 000+726.03（所承担的水费）；

②分配尾差计入“管理费用”账户。

根据表 2-22，编制会计分录如下。

（1）发生时

借：生产成本——辅助生产成本——供电车间　　726.03
　　　　　　　　　　　　　　——供水车间　　897.30
　　生产成本——基本生产成本——A 产品　　40 759.50
　　　　　　　　　　　　　　——B 产品　　21 979.50
　　制造费用　　3 223.08
　　管理费用　　6 515.90
　　贷：生产成本——辅助生产成本——供水车间　　16 376.01
　　　　　　　　　　　　　　　　——供电车间　　57 726.30

（2）调整尾差

借：管理费用　　41.02
　　贷：生产成本——辅助生产成本——供水车间　　41.29
　　　　　　　　　　　　　　　　——供电车间　　-0.27

采用代数分配法分配费用，分配结果最正确。但若辅助生产车间过多，计算工作较为复杂。因而，这种方法主要适用于辅助车间较少的企业或者在计算方面已经实现电算化的企业。

（四）计划成本分配法

计划成本分配法，是根据辅助生产提供产品或劳务的计划单位成本和各受益对象的受益量分配辅助生产费用的一种方法。这种方法的特点也是进行两次分配，先按辅助生产车间提供的产品或劳务数量和计划单位成本在各受益对象之间分配辅助生产费用；然后再将辅助生产部门实际发生的费用（包括辅助生产车间之间交互分配转入的费用）与按计划成本分配转出的费用的差额，即辅助生产成本差异，分配给辅助生产车间以外的受益对象。但为了简化计算工作，辅助生产成本差异一般全部计入管理费用，不再分配给其他各受益对象。

【例 2-16】仍以例 2-13 资料，采用计划成本分配法分配辅助生产费用。编制“辅助生产费用分配表”，见表 2-23。假设供水车间的计划单位成本为 0.81 元/立方米，供电车间计划单位成本为 0.59 元 / 度。

表 2-23　辅助生产费用分配表（计划成本分配法）

辅助生产车间名称			供水车间	供电车间	合　计
待分配生产费用			15 520	57 000	72 520
提供的劳务数量			20 300	96 500	
费用分配率			0.81	0.59	
辅助生产车间	供水车间	数量		1 500	
		金额		885	885
	供电车间	数量	900		
		金额	729		729
	分配金额小计		729	885	1 614
基本生产——A 产品		数量	9 000	56 000	
		金额	7 290	33 040	40 330
基本生产——B 产品		数量	5 000	30 000	
		金额	4 050	17 700	21 750
基本生产车间		数量	1 400	3 500	
		金额	1 134	2 065	3 199
企业管理部门		数量	4 000	5 500	
		金额	3 240	3 245	6 485
按计划成本分配金额合计（账户贷方合计）			16 443	56 935	73 378
辅助生产实际成本（账户借方合计）			16 405	57 729	74 134
辅助生产成本差异			−38	794	756

表 2-23 中的部分数据计算如下。

供水车间按计划成本分配金额合计＝729＋7 290＋4 050＋1 134＋3 240＝16 443（元）

供电车间按计划成本分配金额合计＝885＋33 040＋17 700＋2 065＋3 245＝56 935（元）

供水车间实际成本＝15 520＋885＝16 405（元）

供电车间实际成本＝57 000＋729＝57 729（元）

供水车间成本差异（节约）＝16 405－16 443＝−38（元）

供电车间成本差异（超支）＝57 729－56 935＝794（元）

根据表 2-23，编制会计分录如下。

（1）按计划成本分配辅助生产费用时

借：生产成本——辅助生产成本——供电车间　　729

　　　　　　　　　　　　　　——供水车间　　885

　　生产成本——基本生产成本——A 产品　　40 330

　　　　　　　　　　　　　　——B 产品　　21 750

制造费用 3 199
管理费用 6 485
贷：生产成本——辅助生产成本——供水车间 16 443
——供电车间 56 935

（2）调整尾差

借：管理费用 756
贷：生产成本——辅助生产成本——供水车间 38
——供电车间 794

采用计划成本分配法，各种辅助生产费用的单位成本是计划数，不用计算，简化了核算工作量。这种方法主要适用于计划成本资料完整并与实际成本较为接近的企业。

（五）顺序分配法

顺序分配法又称阶梯法，是按照辅助生产车间受益金额多少的顺序排列，受益少的排在前面，先将费用分配出去；受益多的排在后面，后将费用分配出去的一种分配方法。这种分配方法的特点是，分配顺序按受益的劳务金额从小到大排列，分配的过程是前者分配给后者，后者不分配给前者，即排在前面的辅助生产车间只向排在后面的辅助生产车间及其他受益部门分配费用，排在后面的辅助生产车间则不向排在前面的辅助生产车间分配费用。

其计算公式为：

$$某辅助生产车间费用分配率=\frac{直接发生的费用额+耗用前续辅助生产费用额}{提供的劳务总量-前续辅助生产耗用量}$$

某受益部门应负担费用额＝该受益部门受益劳务量×辅助生产费用分配率

【例 2-17】仍以例 2-13 资料，采用顺序分配法分配辅助生产费用。编制辅助生产费用分配表，见表 2-24。

表 2-24　辅助生产费用分配表（顺序分配法）

辅助生产车间名称		供电车间	供水车间	合　计
分配顺序				
归集的辅助生产费用		57 000	15 520	72 520
顺序分配分入费用			886.05	886.05
待分配的辅助生产费用		57 000	16 406.05	73 406.05
提供的劳务数量		96 500	19 400	
费用分配率		0.5907	0.8458	
供水车间	数量	1 500		
	金额	886.05		886.05
A 产品	数量	56 000	9 000	
	金额	33 079. 20	7 612.20	40 691.40

续表

B 产品	数量	30 000	5 000	
	金额	17 721	4 229	21 950
基本生产车间	数量	3 500	1 400	
	金额	2 067.45	1 184.12	3 251.57
企业管理部门	数量	5 500	4 000	
	金额	3 246.30	3 380.73	6 627.03

注：分配尾差计入“管理费用”账户。

根据表 2-24，编制会计分录如下。

（1）分配供水车间费用

借：生产成本——辅助生产成本——供电车间　688.05

　　生产成本——基本生产成本——A 产品　6 880.50

　　　　　　　　　　　　　　——B 产品　3 822.50

　　制造费用　1 070.30

　　管理费用　3 058.65

　　贷：生产成本——辅助生产成本——供水车间　15 520

（2）分配供电车间费用

借：生产成本——基本生产成本——A 产品　34 003.20

　　　　　　　　　　　　　　——B 产品　18 216

　　制造费用　2 125.20

　　管理费用　3 343.65

　　贷：生产成本——辅助生产成本——供电车间　57 688.05

顺序分配法适用于辅助生产车间较多，相互耗用劳务金额相差较大的企业。

任务实施

根据以上相关知识的介绍，完成规定任务。

1. 任务实施方式

（1）课堂讨论：分组讨论大华公司辅助生产费用的分配应选择哪种方法，说明理由。

（2）学生实际操作：根据课堂讨论结果，编制辅助生产费用分配表，并进行相应的账务处理。

2. 任务完成成果展示

编制的辅助生产费用分配表和相应的账务处理。

任务2.6 归集和分配制造费用

任务导入

翔宇公司基本生产车间生产D、E两种产品，D产品生产工时为7 500小时，E产品生产工时为4 500小时。本月基本生产车间发生如下费用：

（1）车间机物料消耗6 200元；

（2）应支付的车间管理人员薪酬24 000元；

（3）以银行存款支付办公费3 000元；

（4）低值易耗品摊销1 380元；

（5）车间固定资产折旧费4 400元；

（6）以银行存款支付水电费1 820元；

任务要求如下。

（1）编制相应的会计分录。

（2）试编制翔宇公司制造费用分配表（如表2-25所示），计算D产品和E产品各自应分配的制造费用。

表2-25 制造费用分配表

产品名称	分配标准/生产工时	分配率	分配金额
A产品			
B产品			
合计			

任务分析

企业在产品生产过程中，除了直接耗用各种材料、发生动力费用、人工费用以及接受辅助生产车间提供的产品或劳务外等，还会发生其他有关费用，这些费用是企业各生产单位为生产产品或提供劳务发生的，应该计入产品成本，但没有专设成本项目的各项间接生产费用，即制造费用，它是产品成本的重要组成部分。那么，企业应如何对这些费用进行归集和分配呢？

知识导航

一、制造费用的内容

制造费用是指企业生产车间（或分厂）为组织管理生产所发生的各项间接费用。

制造费用的主要内容包括车间管理人员的薪酬费用、折旧费用、修理费用、经营性租赁费用、保险费、机物料消耗、低值易耗品摊销、运输费用、取暖费、水电费、劳动保护费、办公费、差旅费、设计制图费、试验检验费、季节性及修理期间的停工损失等。

二、制造费用的归集

为了核算制造费用的发生情况，应设置“制造费用”账户。该账户的借方登记发生的制造费用，贷方登记分配计入有关成本核算对象的制造费用，除季节性生产企业外，该账户期末应无余额。在一般情况下，“制造费用”账户不仅核算基本生产车间的制造费用，而且还核算辅助生产车间的制造费用。因此，该账户应按不同的车间和部门设置明细账，账内按费用项目设专栏，如机物料消耗、职工薪酬、折旧费、修理费、办公费、水电费等。

当企业发生制造费用时，应根据有关的凭证、费用分配表，借记“制造费用”账户，贷记有关账户。月末按一定的方法分配制造费用时，应借记“生产成本——基本生产成本”账户，贷记“制造费用”账户。除季节性生产企业或采用累计分配率法分配制造费用的企业外，“制造费用”账户期末应无余额。辅助生产车间发生的制造费用，如果通过“制造费用”账户单独核算，则应比照基本生产车间发生的制造费用核算。如果不通过“制造费用”账户单独核算，则应全部计入“生产成本——辅助生产成本”账户及其明细账。

三、制造费用的分配

为了正确计算产品成本，制造费用归集后，应在期末将其分配给受益对象。若基本生产车间只生产一种产品，其制造费用可以直接计入该种产品成本；若基本生产车间生产多种产品，则其制造费用应采用适当的方法分配计入各种产品成本。辅助生产车间单独核算的制造费用，在具体分配时，与基本生产车间相同。若辅助生产车间只生产一种产品或提供一种劳务，其制造费用直接计入该种辅助生产成本；若辅助生产车间生产多种产品或提供多种劳务，其制造费用应采用适当的分配方法，分配计入各种辅助生产成本。

分配制造费用时，常用分配方法有生产工时比例法、生产工人工资比例法、机器工时比例法、年度计划分配率法等。分配方法一经确定，不得随意变更。

1. 生产工时比例法

生产工时比例法是按各种产品的生产工时为标准分配制造费用的方法。这里的生产工时，可以是实际工时，也可以是定额工时。计算公式为：

$$\text{制造费用分配率}=\frac{\text{制造费用总额}}{\text{各种产品生产工时总数}}$$

某产品应分配的制造费用＝该种产品的生产工时×制造费用分配率

【例 2-18】江夏公司一车间生产 A 和 B 两种产品，2011 年 8 月份一车间共发生制造费用 60 000 元，A 产品生产工时 9 000 小时，B 产品生产工时 3 000 小时，采用生产工时比例法分配制造费用。其具体计算分配如下：

$$\text{制造费用分配率}=\frac{60\,000}{9\,000+3\,000}=5$$

A 产品应分配的制造费用＝9 000×5＝45 000（元）

B产品应分配的制造费用＝3 000×5＝15 000（元）

根据以上计算结果编制制造费用分配表如表2-26所示。

表2-26　制造费用分配表

产品名称	生产工时（小时）	分配率	分配金额（元）
A产品	9 000		45 000
B产品	3 000		15 000
合　计	12 000	5	60 000

按生产工时比例分配制造费用，能将劳动生产率的高低与产品负担费用的多少紧密联系起来，即劳动生产率高，则单位产品的生产工时减少，所负担的制造费用降低，故分配结果比较合理；而且生产工时资料容易取得，因此，这种方法在实际工作中被广泛使用。生产工时比例法主要适用于机械化程度相当、产品的工时记录和核算资料较准确的单位。

2. 生产工人工资比例法

生产工人工资比例法是指按各种产品的生产工人工资比例分配制造费用的一种方法。其计算公式为：

$$制造费用分配率=\frac{制造费用总额}{各种产品生产工人工资总额}$$

某产品应分配的制造费用＝该种产品的生产工人工资×制造费用分配率

生产工人工资比例法的优点是生产工人工资资料容易取得，核算方法简单；缺点是如果各种产品的机械化程度相差较大，会影响分配结果的准确性。所以，这种方法适用于各种产品的生产机械化程度大致相同的情况，否则会影响到费用分配的合理性。这种分配方法与生产工时比例法原理基本相同，如果生产工人工资是按生产工时比例分配计入各种产品成本的，那么，按照生产工人工资比例分配制造费用，实际上也就是按生产工时比例分配制造费用。

3. 机器工时比例法

机器工时比例法是按照各种产品所用机器设备运转时间的比例分配制造费用的一种方法。其计算公式为：

$$制造费用分配率=\frac{制造费用总额}{各种产品机器工时总数}$$

某产品应分配的制造费用＝该种产品的机器工时×制造费用分配率

机器工时比例法适用于产品生产的机械化程度较高的生产单位，因为在这种生产单位中，折旧费用和修理费用的多少与机器运转的时间有密切的联系。采用这种方法，要有完整的机器工时原始记录，才能保证分配结果的合理性。这种方法的计算程序、原理与生产工时比例法基本相同。

4. 年度计划分配率法

年度计划分配率法，是依据年度制造费用的预算或计划总额与各种产品预计产量的相关定额标准（如工时、机时等）确定计划分配率，按照计划分配率对制造费用进行分配的方法。其计算公式为：

$$年度计划分配率=\frac{年度制造费用计划总额}{年度各种产品计划产量的定额工时总数}$$

某月某产品应分配的制造费用=该月该种产品实际产量的定额工时×年度计划分配率

【例 2-19】某企业基本生产车间全年制造费用计划发生额为 700 000 元；全年各种产品的计划产量为：甲产品 2 000 件，乙产品 1 200 件。单件产品工时定额为：甲产品 4 小时，乙产品 5 小时。本月实际产量为：甲产品 250 件，乙产品 90 件；本月实际发生的制造费用为 69 000 元，“制造费用”账户本月期初余额为借方 1 500 元。试采用年度计划分配率法分配制造费用。

（1）计算制造费用分配率

甲产品年度计划产量的定额工时＝2 000×4＝8 000（小时）

乙产品年度计划产量的定额工时＝1 200×5＝6 000（小时）

制造费用分配率＝700 000÷（8 000＋6 000）＝50

（2）分配制造费用

本月甲产品实际产量的定额工时＝250×4＝1 000（小时）

本月乙产品实际产量的定额工时＝90×5＝450（小时）

本月甲产品应分配的制造费用＝1 000×50＝50 000（元）

本月乙产品应分配的制造费用＝450×50＝22 500（元）

基本生产车间本月分配转出的制造费用合计 50 000＋22 500＝72 500（元）

编制如下会计分录。

借：生产成本——基本生产成本——甲产品	50 000
——乙产品	22 500
贷：制造费用	72 500

该企业基本生产车间该月份实际发生的制造费用 69 000 元（即制造费用明细账的借方发生额），小于按该月实际产量和年度计划分配率分配转出的制造费用 72 500 元（即制造费用明细账的贷方发生额）。因此采用这种分配方法时，制造费用明细账及总账账户，可能有月末余额，月末余额可能在借方，也可能在贷方。借方余额表示实际发生的制造费用大于按计划分配的费用；贷方余额表示实际发生的制造费用小于按计划分配的费用。

在例 2-19 中，制造费用的月末余额=1 500+69 000－72 500=-2 000（元），为贷方余额。

“制造费用”账户如果有余额，就是全年制造费用的实际发生额与计划分配额的差额，这个差额在年终时按已分配数的比例进行调整，一般应在年末调整计入 12 月份的产品成本，借记“生产成本——基本生产成本”账户，贷记“制造费用“账户，如果是借方差额，用蓝字补加；如果是贷方余额，用红字冲减。其差额分配的计算公式为：

$$制造费用差异分配率=\frac{年度制造费用差异额}{按年度计划分配率分配的制造费用}$$

某产品应分配的差异额＝该产品按年度计划分配率分配的制造费用×差异分配率

【例 2-20】承例 2-19，假定企业本年度实际发生的制造费用为 701 500 元，至年末累计分配的制造费用 696 000 元（其中，甲产品已分配 480 000 元，乙产品已分配 216 000 元），试将“制造费用”账户的差额进行调整。

年末，“制造费用”账户有借方余额为 5 500 元，应按已分配比例调整增加。

甲产品应分配的差异额＝480 000×（5 500/696 000）＝3 793（元）

乙产品应分配的差异额＝216 000×（5 500/696 000）＝1 707（元）

调整分录如下。

借：生产成本——基本生产成本——甲产品　　3 793

　　　　　　　　　　　　　　——乙产品　　1 707

　　贷：制造费用　　5 500

若例 2-20 中企业本年度实际发生的制造费用为 690 500 元，则年末“制造费用”账户有贷方余额为 5 500 元，应按已分配比例调整冲回。

甲产品应分配的差异额＝480 000×（-5 500/696 000）＝-3 793（元）

乙产品应分配的差异额＝216 000×（-5 500/696 000）＝-1 707（元）

调整分录如下：

借：生产成本——基本生产成本——甲产品　　3 793

　　　　　　　　　　　　　　——乙产品　　1 707

　　贷：制造费用　　5 500

任务实施

根据以上相关知识的介绍，完成翔宇公司基本生产车间费用的归集和分配。

1. 任务实施方式

分析讨论制造费用归集和分配的方法，独立完成制造费用的归集和分配，完成制造费用分配表（表 2-25）的编制。

2. 任务完成成果展示

编制完成的制造费用分配表（如表 2-25 所示），以及相应的账务处理。

任务 2.7　核算损失性费用

任务导入

大宇公司 2012 年 1 月有关甲产品的资料如表 2-27 所示。

表 2-27　甲产品生产费用及生产工时资料

项　目	原材料/元	生产工时/小时	直接人工费用/元	制造费用/元
甲产品生产耗用	99 060	3 000	15 900	12 000
其中，修复废品耗用	900	30		

大宇公司本月完工的甲产品 500 件，其中，可修复废品 10 件。另外，在生产过程中发现不可修复废品 20 件；本月无期初、期末在产品。

不可修复废品的成本按定额成本计算。甲产品单位定额成本为 180 元，工时定额为 5 小时。不可修复废品回收残值单件为 70 元，应收过失人赔款 600 元。

任务要求如下。

（1）根据以上资料编制有关废品核算的会计分录。

（2）完成废品损失计算表（如表 2-28 所示）的编制。

表 2-28　不可修复废品损失计算表

车间：基本生产车间　　　　2012 年 1 月　　　　产品名称：甲产品　　　　单位：元

项　　目	数量/件	原 材 料	生产工时	直接人工	制造费用	合　　计
完工产品						
废品						
其中：不可修复废品						
可修复废品						
废品成本						
减：残值						
废品报废损失						
减：应收赔款						
废品净损失						

任务分析

企业在产品生产过程中，会因产品报废、生产停工而发生生产损失，对这些损失需要单独核算，以便正确反映各种产品的成本。因此，企业应了解在生产过程中废品损失和停工损失的发生情况，并设置相应的账户，根据这些损失的实际发生情况，采用适当的方法计算由此而形成的损失。

知识导航

一、损失性费用及其种类

（一）损失性费用的含义

损失性费用是指在产品生产过程中，由于生产组织不合理、经营和管理不善以及生产工人未按规定执行技术操作规程等原因而造成各种损失。主要包括废品损失、停工损失以及在产品盘亏和毁损等。在这里重点介绍废品损失和停工损失。

（二）损失性费用的分类

1．废品损失

（1）废品及其分类

废品是指不符合规定的技术标准，不能按照原定用途使用，或者需要加工修复后才能使用的在产品、半成品和产成品等。

废品按其报废程度和修复价值，分为可修复废品和不可修复废品。可修复废品是指，经过修理可以按原定用途继续使用，而且所花费的修复费用在经济上合算的废品。不可修复废品是指，技术上无法修复，或者虽然在技术上可以修复，但修复所花费的修复费用在经济上是不合算的废品。

废品按其产生的原因，分为工废品和料废品。工废品是指，由于生产工人操作上的原因造成的废品；料废品是指由于被加工的材料质量、规格、性能不符合加工要求而造成的废品。

（2）废品损失

废品损失是指，在生产过程中或入库后发现的不可修复废品的生产成本，以及可修复废品的修复费用，扣除回收的废品残料价值和应收赔款以后的净损失。需要注意的是，下列情况不作为废品损失处理：

第一，经过质量检验部门鉴定不需要返修、可以降价出售的不合格品的降价损失；

第二，产成品入库后，由于保管不善等原因发生的毁损变质损失；

第三，实行包退、包修、包换的“三包”企业，在产品出售后发现的废品所发生的一切损失。

2. 停工损失

停工损失是指，企业发生非季节性停工所造成的损失。造成企业停工的原因是多方面的，如停电、待料、机器故障或大修理、灾害或事故以及计划减产等。停工损失则包括停工期间发生的原材料费用、职工薪酬和制造费用等。应由过失单位或保险公司负担的赔款，应从停工损失中扣除。为了简化核算工作，停工不满 1 个工作日的，一般不计算停工损失。计算停工损失的具体范围和时间起点，由企业或其上级主管部门规定。

二、损失性费用的核算

(一) 废品损失的核算

废品损失的核算方式有两种：一种是不单独核算，另一种是单独核算。

在不单独核算废品损失的企业中，可修复废品的损失，应直接计入有关的成本项目；不可修复废品只扣除产量，不结转成本；废品中的残料价值可直接冲减相应产品成本明细账中的“直接材料”。

如果企业废品损失经常发生，且数量较多，对产品成本影响较大，这时需要单独核算废品损失，可单独设置“废品损失”账户，在成本项目中还应设置“废品损失”项目。企业发生废品损失时，应根据废品损失计算表和分配表等有关凭证，通过“废品损失”账户归集和分配废品损失。

“废品损失”账户的借方登记不可修复废品的生产成本和可修复废品的修复费用。不可修复废品的生产成本，应根据不可修复废品损失计算表，借记“废品损失”账户，贷记“基本生产成本”账户；可修复废品的修复费用，应根据各种费用分配表所列废品损失的数额，借记“废品损失“账户，贷记”原材料”、“应付职工薪酬”、“生产成本——辅助生产成本”和“制造费用”等账户。

“废品损失”账户的贷方登记废品残料的回收价值、应收的赔款以及分配转出的应由本月生产的同种合格产品成本负担的废品损失。分别借记“原材料”、“其他应收款”和“生产成本——基本生产成本”等账户，贷记“废品损失”账户。

经过上述归集和分配，“废品损失”账户月末无余额。本账户应按车间设置明细账，并按产品品种和成本项目进行明细核算。

1. 不可修复废品损失的核算

不可修复废品的损失是用不可修复废品的生产成本扣除废品残料和赔偿款后的余额。为归集和分配不可修复废品的损失，首先应计算废品的成本，然后算出废品的损失。

由于不可修复废品的成本同合格品成本是混在一起发生的，都归集在“生产成本——基本生产成本”账户的借方，无法直接确定。因此，必须采用一定的方法将废品的成本从该种产品总成本中分离出来。不可修复废品的生产成本，可以按废品所耗的实际费用计算，也可以按废品所耗的定额费用计算。

（1）按所耗实际费用计算废品损失的核算

按所耗实际费用计算废品成本，就是在废品报废时，将全部生产费用按一定的分配标准在合格品和废品之间进行分配，计算出废品的实际成本。分配的标准取决于废品发生的以下不同阶段。

①完工入库时发生废品

当废品发生在完工入库时，合格品和废品应负担同等的费用，可以按两者的产量作为分配标准直接分配。其计算公式为：

$$某项生产费用分配率=\frac{该项生产费用}{合格品产量+废品产量}$$

$$废品应负担的某项生产费用额=废品的产量\times某项生产费用分配率$$

②生产过程中发生废品

第一种情况：若废品发生在生产过程中，原材料一次投入，则原材料等直接材料费用按产量作为分配标准，直接人工、制造费用等其他费用则按生产工时作为分配标准。其计算公式为：

$$直接材料费用分配率=\frac{直接材料费用总额}{合格品产量+废品产量}$$

$$废品应负担的材料费用额=废品的产量\times直接材料费用分配率$$

$$其他费用分配率=\frac{某项其他费用总额}{合格品生产工时+废品生产工时}$$

$$废品应负担的某项其他费用额=废品的生产工时\times某项其他费用分配率$$

第二种情况：若废品发生在生产过程中，原材料分次投入，并与完工程度一致，则原材料等直接材料费用按约当产量作为分配标准，直接人工、制造费用等其他费用仍按生产工时作为分配标准。其计算公式为：

$$直接材料费用分配率=\frac{直接材料费用总额}{合格品约当产量+废品约当产量}$$

$$废品应负担的材料费用额=废品约当产量\times直接材料费用分配率$$

$$其他费用分配率=\frac{某项其他费用总额}{合格品生产工时+废品生产工时}$$

$$废品应负担的某项其他费用额=废品的生产工时\times某项其他费用分配率$$

其中，约当产量是指在产品折合成相当于完工产品的数量，具体折合时应该根据完工程度（投料程度、加工程度）进行折算。

【例 2-21】某企业 2011 年 9 月完工甲产品 1 000 件，经检验合格品为 992 件，生产过程中发生的不可修复废品为 8 件。本月发生的生产费用为：直接材料 60 000 元，直接人工 24 000 元，制造费用 12 000 元，废品的残料价值为 120 元，过失人赔偿 50 元。原材料在生产开始时一次投入。本月生产工时为 8 000 小时，其中废品工时 90 小时。根据以上资料编制“废品损失计算表”，如表 2-29 所示。

表 2-29　废品损失计算表（按实际成本计算）

车间：基本生产车间　　产品名称：甲产品　　2011 年 9 月　　金额单位：元

项目	产量（件）	直接材料	生产工时（小时）	直接人工	制造费用	合　计
生产费用总额	1 000	60 000	8 000	24 000	12 000	96 000
费用分配率		60		3	1.5	
废品生产成本	8	480	90	270	135	885
减：残料价值		190				190
减：赔款				100		100
废品净损失		290		170	135	595

根据表 2-28 ，编制分配结转废品损失的会计分录如下。

（1）结转不可修复废品的生产成本

借：废品损失——甲产品　　885

　　贷：生产成本——基本生产成本——甲产品　　885

（2）回收废品残料价值

借：原材料　　190

　　贷：废品损失——甲产品　　190

（3）应收过失人赔款

借：其他应收款　　100

　　贷：废品损失——甲产品　　100

（4）结转废品净损失

借：生产成本——基本生产成本——甲产品　　595

　　贷：废品损失——甲产品　　595

按废品所耗的实际费用计算废品的成本和损失，符合实际，计算结果较为准确，但核算工作量较大。

（2）按所耗定额费用计算废品损失的核算

按所耗定额费用计算废品成本，就是按废品的数量和各项消耗定额、费用定额计算废品的生产成本。实际成本与定额成本的差额全部由合格产品成本负担。

【例 2-22】某企业基本生产车间生产乙产品，验收时发现不可修复废品 30 件，按其所耗定额费用计算废品的生产成本。其中，原材料费用单位定额 120 元，废品已完成定额工时 500 小时；每小时费用定额为直接人工 7 元、制造费用 2.5 元；回收残料价值 1 500 元。根据上述资料，编制不可修复废品损失计算表，如表 2-30 所示。

表 2-30　废品损失计算表（按定额成本计算）

车间：基本生产车间　　产品名称：乙产品　　2011 年 9 月　　废品数量：30 件　　金额单位：元

项　目	直接材料	定额工时（小时）	直接人工	制造费用	合　计
费用定额	120	500	7	2.5	
废品定额成本	3 600		3 500	1 250	8 350
减：残料价值	1 500				1 500
废品净损失	2 100		3 500	1 250	6 850

根据表 2-30 ，编制分配结转废品损失的会计分录如下。

（1）结转不可修复废品的生产成本：

借：废品损失——乙产品　　8 350

　　贷：生产成本——基本生产成本——乙产品　　8 350

（2）回收废品残料价值

借：原材料　　1 500

　　贷：废品损失——乙产品　　1 500

（3）结转废品净损失

借：生产成本——基本生产成本——乙产品　　6 850

　　贷：废品损失——乙产品　　6 850

采用按废品所耗定额费用计算不可修复废品的成本和损失，核算工作简便，有利于对废品损失和产品成本的控制和考核。但这种方法要求企业必须具有较准确的定额资料。

2. 可修复废品损失的核算

可修复废品损失是指废品在修复过程中所发生的各项修复费用，包括修复过程中发生的直接材料、直接人工和应分摊的制造费用。

在单独核算废品损失的企业，当企业在废品修复过程中发生修复费用时，应根据各种费用分配表借记“废品损失”账户，贷记“原材料”、“应付职工薪酬”、“制造费用”等账户；若有残料和应收的赔款，则借记“原材料”、“其他应收款”等账户，贷记“废品损失账户；废品修复费用与回收的残料价值及应收赔款相抵后的差额，为废品净损失，应从“废品损失”账户的贷方转入“生产成本——基本生产成本”账户的借方。

（二）停工损失的核算

停工损失是指生产车间或车间内某个班组在停工期间发生的各项费用。停工损失由停工期间消耗的燃料及动力、人工费用和制造费用等构成。

造成企业停工的主要原因有停电、待料、机器故障或大修、灾害或事故、计划性减产等，它不包括季节性生产企业发生的季节性停工期间发生的费用。企业一旦发生停工，应由生产车间将停工范围、起止时间、停工原因等情况在“停工报告单”中加以记录，由财会部门审核确认后，作为计算停工损失的原始依据。

单独核算停工损失的企业，应增设“停工损失”账户；“停工损失”账户应按车间设置明细账，并按产品品种和成本项目进行明细核算。

企业发生废品损失时，应根据停工品损失计算表和分配表等有关凭证，通过“停工损失”账户归集和分配停工损失。“停工损失”账户的借方登记企业停工期间发生的材料费用、职工薪酬和制造费用等，企业应根据停工报告单和相应费用分配表等有关凭证，借记“停工损失”账户，贷记“原材料”、“应付职工薪酬”、“制造费用”等账户。“停工损失”账户的贷方登记应由过失人或保险公司负担的赔款，以及月末分配转出的停工净损失，企业应分别借记“其他应收款”、 “生产成本——基本生产成本”、“营业外支出”等账户，贷记“停工损失”账户。经过上述归集和分配，“废品损失”账户月末无余额。

不单独核算停工损失的企业，不设“停工损失”账户，停工期间发生的停工损失，分别计入“制造费用”、“营业外支出”等账户。

任务实施

根据以上相关知识的介绍，完成大宇公司基本生产车间费用的归集和分配。

1. 任务实施组织形式

独立完成废品损失计算表的编制。

2. 任务完成成果展示

编制完成废品损失计算表（如表 2-28 所示），并编制相应的会计分录。

模块小结

材料费用的归集主要是指材料采购成本的核算，归集材料费用是正确进行材料分配的前提和基础。材料费用的分配，就是按照材料的用途分配计入各受益对象。材料费用的分配标准有产品的产量、体积、重量等，在材料消耗定额比较准确的情况下，也可以按产品的材料定额消耗量或定额费用比例进行分配。

外购动力费用是指企业从外部单位购入的电力、蒸汽、热力等所支付的费用，应按照发生的部门（或地点）以及用途进行归集。外购动力费用的分配，应由企业根据所支付的外购动力费用额及各部门耗用外购动力的数量进行分配。

职工薪酬是指企业为获得职工提供的服务而给予各种形式的报酬及其他相关支出，包括工资总额和其他职工薪酬两部分。其中，工资总额包括计时工资、计件工资、奖金、津贴和补贴、加班加点工资、特殊情况下支付的工资。

职工薪酬是按照其发生地点进行归集，其分配是通过编制职工薪酬费用分配表进行的。将职工薪酬按用途进行分配，借方分别计入有关成本、费用账户，贷记“应付职工薪酬”账户。

折旧费用的归集通常是采用“固定资产折旧计算表”形式进行的。各车间、部门应当根据月初计提折旧固定资产的有关资料和确定的折旧计算方法，计算并编制“固定资产折旧计算表”。企业按规定计提的折旧费，应根据固定资产的使用地点和用途进行分配，分别列入有关成本费用账户。

辅助生产部门是指为基本生产车间、企业行政管理部门等单位服务而进行的产品生产和劳务供应的部门。辅助生产费用是指辅助生产部门发生的相关费用。

为了核算辅助生产费用，计算辅助生产成本，企业应设置“生产成本——辅助生产成本”账户对辅助生产费用进行归集。各辅助生产车间发生的各项费用在按车间设置的“辅助生产成本明细账”进行归集后，在各受益对象之间采用适当的分配方法进行分配，在实际工作中，常用的辅助生产费用的分配方法有直接分配法、交互分配法、代数分配法、计划成本分配法和顺序分配法。

制造费用是指企业生产车间（或分厂）为组织管理生产所发生的各项间接费用。主要内容包括车间管理人员的薪酬费用、折旧费用、修理费用、经营性租赁费用、保险费、机物料消耗、低值易耗品摊销、运输费用、取暖费、水电费、劳动保护费、办公费、差旅费、设计制图费、试验检验费、季节性及修理期间的停工损失等。

制造费用归集后，应在期末将其分配给受益对象。若基本生产车间只生产一种产品，则其制造费用可以直接计入该种产品成本；若基本生产车间生产多种产品，则其制造费用应采用适当的方法分配计入各种产品成本。制造费用常用的分配方法有生产工时比例法、生产工人工资比例法、机器工时比例法、年度计划分配率法等。

损失性费用是指，在产品生产过程中，由于生产组织不合理、经营和管理不善以及生产工人未按规定执行技术操作规程等原因而造成各种损失，主要包括废品损失、停工损失。

废品损失是指，在生产过程中或入库后发现的不可修复废品的生产成本，以及可修复废品的修复费用，扣除回收的废品残料价值和应收赔款以后的净损失。

其中，不可修复废品的损失是用不可修复废品的生产成本扣除废品残料和赔偿款后的余额。可修复废品损失是指废品在修复过程中所发生的各项修复费用。

废品损失的核算方式有两种：一种是不单独核算，另一种是单独核算。如果企业废品损失经常发生，且数量较多，则对产品成本影响较大，这时需要单独核算废品损失，可单独设置“废品损失”账户，在成本项目中还应设置“废品损失”项目。

停工损失是指，生产车间或车间内某个班组在停工期间发生的各项费用。为了单独核算停工损失，企业应增设“停工损失”账户；在成本项目中应增设“停工损失”项目。

能力训练

【职业判断能力训练】

一、单项选择题

1．下列不构成一般纳税企业材料采购成本的项目是（　　）。

A．材料的买价　　B．材料的运杂费
C．购入材料的增值税　　D．材料运输途中的合理损耗

2．材料按实际成本计价时，使期末结存材料价值接近市价的材料发出计价方法是（　　）。
A．个别计价法　　B．先进先出法
C．加权平均法　　D．移动加权平均法

3．材料按实际成本计价时，使发出材料的成本计算最准确的材料发出计价方法是（　　）。
A．个别计价法　　B．先进先出法
C．加权平均法　　D．移动加权平均法

4．“材料成本差异”账户借方登记的内容是（　　）。
A．购入材料负担的超支差异　　B．购入材料负担的节约差异
C．发出材料负担的超支差异　　D．发出材料负担的节约差异

5．分配外购动力费用时，应借记有关成本费用账户，贷记（　　）账户。
A．银行存款　　B．应付账款
C．生产成本——基本生产成本　　D．生产成本——辅助生产成本

6．下列各项中，不计入直接人工成本项目的是（　　）。
A．产品生产工人的工资　　B．产品生产工人的奖金
C．车间管理人员的工资　　D．按生产工人工资比例提取的福利费

7．下列各项中属于产品成本项目的是（　　）。
A．外购材料　　B．制造费用　　C．折旧费用　　D．外购动力

8．在各辅助生产车间相互提供劳务很少的情况下，适宜采用的辅助生产费用分配方法是（　　）。
A．直接分配法　　B．交互分配法
C．计划成本分配法　　D．代数分配法

9．采用辅助生产费用分配的交互分配法，对外分配的费用总额是（　　）。
A．交互分配前的费用
B．交互分配前的费用加上交互分配转入的费用
C．交互分配前的费用减去交互分配转出的费用
D．交互分配前的费用加上交互分配转入的费用，减去交互分配转出的费用

10．在辅助生产费用的各种分配方法中，分配结果最正确的是（　　）。
A．交互分配法　　B．直接分配法
C．代数分配法　　D．计划成本分配法

11．下列项目属于制造费用的是（　　）。
A．生产工人的计时工资　　B．企业管理人员的工资
C．车间管理人员的工资　　D．生产工人的计件工资

12．按年度计划分配率分配制造费用的方法适用于（　　）。
A．制造费用数额较大的企业　　B．季节性生产的企业
C．基本生产车间规模较小的企业　　D．制造费用数额较小的企业

13．下列制造费用分配方法中，使制造费用账户可能出现余额的是（　　）。
A．生产工时比例法　　B．生产工人工资比例法
C．机器工时比例法　　D．年度计划分配率法

14．除了按年度计划分配率分配制造费用以外，“制造费用”账户月末（　　）。
A．没有余额　　B．一定有借方余额
C．一定有贷方余额　　D．有借方或贷方余额

15．辅助生产费用直接分配法的特点是辅助生产费用（　　）。
A．直接计入“生产成本——辅助生产成本”账户
B．直接分配给所有受益的车间、部门
C．直接分配给辅助生产以外的各受益单位
D．直接计入辅助生产提供劳务的成本

16．下列各项中，不应计入废品损失的是（　　）。
A．不可修复废品的生产成本　　B．可修复废品的生产成本
C．用于修复废品的人工费用　　D．用于修复废品的材料费用

17．停工损失不包括（　　）期间发生的损失。
A．大修理停工　　B．季节性停工
C．自然灾害停工　　D．计划减产停工

二、多项选择题

1．一般纳税企业材料采购成本包括（　　）。
A．材料的买价　　B．材料的运杂费
C．购入材料的增值税　　D．材料运输途中的合理损耗
E．材料采购人员的差旅费

2．企业记录生产过程中材料消耗情况的原始凭证有（　　）。
A．领料单　　B．限额领料单
C．退料单　　D．账存实存对比单
E．领料登记表

3．对几种产品共同耗用的原材料，常用的分配方法有（　　）。
A．产品重量比例分配法　　B．产品产量比例分配法
C．定额消耗量比例分配法　　D．定额费用比例分配法
E．生产工人工资比例分配法

4．下列业务通过“销售费用”借方核算的有（　　）。
A．生产领用包装物　　B．随同产品出售单独计价的包装物
C．出租包装物　　D．出借包装物
E．随同产品出售不单独计价的包装物

5．需要在本月计提折旧的固定资产包括（　　）
A．本月报废的固定资产　　B．本月购进的不需要安装的固定资产
C．上月出售的固定资产　　D．本月安装完毕并投入的固定资产

E．上月安装完毕并投入的固定资产

6．发生下列各项费用时，可以直接通过“生产成本——基本生产成本“账户核算的有（　　）。

A．车间照明用电费　　B．车间产品生产工艺用电
C．车间管理人员工资　　D．车间生产工人工资
E．构成产品实体的原材料费用

7．在下列方法中，属于辅助生产费用分配方法的有（　　）。

A．直接分配法　　B．交互分配法
C．代数分配法　　D．计划成本分配法
E．顺序分配法

8．采用直接分配法分配辅助生产费用，贷记“生产成本——辅助生产成本”账户时，对应的借方账户可能有（　　）。

A．生产成本——基本生产成本　　B．管理费用
C．生产成本——辅助生产成本　　D．销售费用
E．制造费用

9．下列辅助生产费用分配方法中，需要经过两次分配的方法有（　　）。

A．直接分配法　　B．交互分配法
C．代数分配法　　D．计划成本分配法
E．顺序分配法

10．辅助生产车间不设“制造费用”账户核算是因为（　　）。

A．辅助生产车间数量较少　　B．辅助生产车间数量较多
C．辅助生产车间不对外提供商品　　D．辅助生产车间规模较小
E. 制造费用数额较少

11. 辅助生产车间发生的固定资产折旧费，可能借记的账户有（　　）。

A．制造费用　　B．生产成本——基本生产成本
C．管理费用　　D．生产成本——辅助生产成本
E．销售费用

12．采用代数分配法分配辅助生产费用（　　）。

A．能够提供正确的分配计算结果　　B．能够简化费用的分配计算工作
C．计算分配的结果不准确　　D．适用于实现电算化的企业
E．便于分析考核各受益单位的成本

13．制造费用分配的方法有（　）。

A.生产工时比例法　　B 产量比例法
C.生产工人工资比例法　　D.机器工时比例法
E.年度计划分配率法

14．下列项目中，属于制造费用所属项目的有（　　）。

A．生产车间的保险费　　B．厂部办公楼折旧
C．在产品盘亏和毁损　　D．生产车间低值易耗品摊销
E．生产车间机物料消耗

15．下列各项中，不作为废品损失核算的有（　　）。

A．不可修复废品的生产成本

B．可降价出售的不合格产品的降价损失

C．可修复废品的修复费用

D．产品入库后因保管不善造成的变质损失

E．产品出售后发生的三包费用

三、判断题

1．外购材料的实际成本包括材料在购买过程中发生的所有支出。（　　）

2．在物价持续上涨的情况下，采用先进先出法，期末结存材料的成本要高些，消耗材料的成本要低些。（　　）

3．“材料成本差异”账户是“原材料”账户的备抵调整账户。（　　）

4．结转发出材料的成本差异，都应在“材料成本差异”账户的贷方登记。（　　）

5．外购动力费通常是先分配计入有关成本费用，再支付价款。（　　）

6．燃料费用的分配程序与方法和原材料相同，因此，燃料费用可以并入原材料费用统一核算。（　　）

7．在实际工作中，企业按福利部门人员工资和规定比例计提的职工福利费，应由管理费用开支。（　　）

8．按月薪制计算计时工资时，不必考虑当月的日历天数。（　　）

9．辅助生产费用最后要全部分配转入基本生产的产品成本。（　　）

10．无论是基本生产车间还是辅助生产车间，都必须设置“制造费用”账户来核算间接费用。（　　）

11．“生产成本——辅助生产成本”账户月末如果有余额，余额一定在借方。（　　）

12．采用直接分配法时，费用分配率计算公式中的分子，是待分配的辅助生产费用；分母是该辅助生产提供的劳务总量。（　　）

13．辅助生产费用的交互分配法，是只进行辅助生产车间之间交互分配，不进行对外分配的方法。（　　）

14．辅助生产费用的顺序分配法，是将辅助生产车间之间相互提供劳务受益多的车间排在前面先分配出去，受益少的车间排在后面后分配出去的方法。（　　）

15．计划成本分配法下的辅助生产实际成本，是根据待分配费用加上交互分配转入的费用，减去交互分配转出费用计算求出的。（　　）

16．“制造费用”账户月末一定没有余额。（　　）

17．机械化程度比较高的车间比较适宜采用机器工时比例法分配制造费用。（　　）

18．在按年度计划分配率分配法分配制造费用的车间中，年末“制造费用”账户一般无余额。（　　）

19．不可修复废品只是指不能修复的废品。（　　）

20．凡是经过修复可以正常使用的废品，就是可修复废品。（　　）

21．废品损失包括不需要返修、可以降价出售的不合格品的降价损失。（　　）

22．废品损失不包括实行包退、包换、包修的企业在产品出售以后发现废品时所发生的一切损失。（　　）

23．废品损失包括产成品入库以后由于保管不善造成的损失。（　　）

24．不可修复废品的生产成本可以按其所耗实际费用计算，也可以按其所耗定额费用计算。（　　）

25．企业停工期间发生的各种耗费不一定构成企业的停工损失。（　　）

【应用能力训练】

实训一：原材料发出按计划成本计价的核算

【资料】某企业本月初“原材料——甲材料”账户的余额为 50 000 元，“材料成本差异——甲材料”账户的借方余额为 850 元，本月购入甲材料的实际成本为 243 000 元，其计划成本为 250 000 元。本月份发出材料的计划成本为 200 000 元，其中，基本生产车间生产产品领用 135 000 元，辅助生产车间领用 40 000 元，车间一般耗用 5 000 元，企业管理部门耗用 20 000 元。假定辅助生产车间的制造费用不单独核算。

【要求】（1）计算材料成本差异分配率。

（2）计算确定发出材料应负担的材料成本差异。

（3）计算发出材料的实际成本。

（4）编制发出材料和月末结转材料成本差异的会计分录。

实训二：采用定额消耗量比例分配法分配材料费用

【资料】某企业 6 月份生产 A 产品 25 台，B 产品 40 台，C 产品 50 台。共同耗用丙材料 7 200 公斤，丙材料单价 10 元，三种产品的原材料消耗定额分别为：A 产品 60 公斤，B 产品 40 公斤，C 产品 10 公斤。

【要求】按原材料定额消耗量比例计算分配原材料费用，并编制会计分录。

实训三：采用定额费用比例分配法分配材料费用

【资料】某企业基本生产车间生产甲、乙两种产品，2012 年 3 月，共领用 A 材料 2 106 千克，单价 40 元，原材料费用合计 84 240 元，生产甲产品 800 件，乙产品 600 件。甲产品消耗定额 12 千克，乙产品消耗定额 11 千克。

【要求】请采用定额费用比例法分配 A 材料费用，并编制相应的会计分录。

实训四：计时工资的计算

【资料】职工丁某月标准工资 3 780 元，本月请事假 5 天（其中 2 天为双休日），病假 3 天（其中 1 天为节假日），工龄 6 年，病假扣发工资比例为 10%，本月日历天数 31 天（含 8 天双休日和 1 天节假日）。根据考勤记录丁某实际出勤天数 17 天。

【要求】按四种方法分别计算丁某的计时工资。

实训五：采用直接分配法分配辅助生产费用

1.【资料】某企业设有修理和运输两个辅助生产车间、部门。修理车间本月共发生费用 5 000 元，提供修理劳务 2 500 小时，其中，为运输部门修理 500 小时，为基本生产车间修理 1 500 小时，为行政管理部门修理 500 小时。运输部门本月发生费用 10 500 元，提供运输劳务 7 400 公里，其中，为修理车间运输 400 公里，为基本生产车间提供运输 5 400 公里，为行政管理部门提供运输 1 600 公里。

【要求】采用直接分配法分配修理、运输费用，并编制对外分配的会计分录。

2.【资料】万祥公司设有供水、供电两个辅助生产车间，2011 年 10 月，供水车间发生的费用总额为 19 400 元，供电车间发生的费用为 57 000 元。两个辅助生产车间本月提供的劳务数量如表 2-31 所示。

表 2-31　辅助生产车间提供劳务数量资料

受益对象		供水数量/t	供电数量/度
辅助生产车间	供水车间		3 000
	供电车间	3 600	
产品生产耗用			86 000
车间一般耗用		15 400	4 000
企业管理部门		4 000	5 000
合　计		23 000	98 000

【要求】采用直接分配法分配辅助生产费用，完成辅助生产费用分配表（如表 2-32 所示）的编制，并编制相应的会计分录。

表 2-32　辅助生产费用分配表（直接分配法）

辅助生产车间名称		供水车间	供电车间	合　计
待分配生产费用				
劳务供应数量				
费用分配率				
供水车间	数量			
	金额			
供电车间	数量			
	金额			
产品生产耗用	数量			
	金额			
车间一般耗用	数量			
	金额			
企业管理部门	数量			
	金额			
分配金额合计				

实训六：采用交互分配法分配辅助生产费用

【资料】大华公司 2011 年 9 月“辅助生产成本”明细账归集的辅助生产费用总额为：机修车间 24 000 元，动力车间 30 000 元。机修、动力两个辅助生产车间提供的劳务数量如表 2-33 所示。

表 2-33　辅助生产车间供应劳务数量

项　　目	机修供应数量/工时	动力供应数量/kw·h
修理车间		800
动力车间	500	
产品生产耗用		10 000
车间一般耗用	3 000	1 500
专设销售部门	500	1 000
企业管理部门	800	1 700
合　计	4 800	15 000

【要求】采用交互分配法分配辅助生产费用，完成表 2-34，并编制相应的会计分录（分配率保留三位小数，尾数计入“管理费用”）。

表 2-34　辅助生产费用分配表（交互分配法）

项　　目		交互分配			对外分配		
辅助生产车间名称		机修	动力	合　计	机修	动力	合　计
待分配费用							
劳务供应数量总额							
费用分配率							
修理车间	数量						
	金额						
动力车间	数量						
	金额						
产品生产耗用	数量						
	金额						
车间一般耗用	数量						
	金额						
专设销售部门	数量						
	金额						
企业管理部门	数量						
	金额						
分配金额合计							

实训七：采用计划成本分配法分配辅助生产费用

【资料】兴华公司设置修理和运输两个辅助生产车间、部门，2011 年 11 月，修理车间发生费用 35 000 元，运输部门当月发生费用 46 000 元。假如两个辅助生产部门的计划单位成本分别为：修理每小时 2 元，运输每公里 1.20 元。两个辅助生产车间提供的劳务数量如表 2-35 所示。

表 2-35　辅助生产车间供应劳务数量

受益对象	修理车间劳务供应数量/工时	运输部门劳务供应数量/公里
修理车间		3 500
运输部门	3 000	
A 产品生产耗用	10 000	22 000
车间一般耗用	6 000	8 000
企业管理部门	1 000	6 500
合　计	20 000	40 000

【要求】采用计划成本分配法辅助生产费用，完成表 2-36，并编制相应的会计分录。

表 2-36　辅助生产费用分配表（计划成本分配法）

2011 年 11 月　　　　金额单位：元

项　目		对外分配		
辅助生产车间名称		修理车间	运输部门	合　计
待分配费用				
劳务供应数量总额				
费用分配率				
修理车间	数量			
	金额			
运输部门	数量			
	金额			
A 产品生产耗用	数量			
	金额			
车间一般耗用	数量			
	金额			
	金额			
企业管理部门	数量			
	金额			
分配金额合计				
辅助生产实际成本				
辅助生产成本差异				

实训八：归集和分配制造费用

【资料】某企业基本生产车间生产 A、B、C 三种产品，共计生产工时 5 500 小时。其中，A 产品 2 500 小时，B 产品 1 800 小时，C 产品 1 200 小时。本月发生的各种间接费用如下：

（1）以银行存款支付劳动保护费 2 100 元；

（2）应分配车间管理人员工资 6 840 元；

（3）车间领用材料 1 600 元；

（4）车间固定资产折旧 2 700 元；

（5）辅助生产成本（修理）转入 1 300 元；

（6）以银行存款支付办公费、邮电费、水电费及其他支出等共 1 960 元；

（7）采用生产工时比例在各种产品之间分配制造费用。

【要求】根据上述资料编制制造费用发生和分配的会计分录（分配制造费用要求写出计算过程）。

实训九：采用年度计划分配率法分配制造费用

【资料】某公司对制造费用采用计划分配率法进行分配。2006 年，该公司一车间计划发生制造费用 180 000 元，该车间生产的 A、B 产品的计划产量分别为 20 000 件和 5 000 件，A、B 产品的工时定额分别为 5 小时和 10 小时。假定该车间当年 12 月份“制造费用——一车间”明细账户的月初借方余额为 400 元，12 月份实际发生制造费用 16 580 元，当月 A 产品的实际产量为 2 000 件，B 产品 400 件。

【要求】（1）按年度计划分配率法分配制造费用，并计算分配年末制造费用差异。

（2）编制相关会计分录。

实训十：归集和分配要素费用

【资料】某企业有一个基本生产车间和一个辅助生产车间。基本生产车间生产甲、乙两种产品，辅助生产车间提供一种劳务。该企业在 2004 年 8 月发生有关的经济业务如下。

（1）各部门耗用原材料 13 590 元，其中直接用于甲产品生产 4 500 元，用于乙产品生产 3 200 元，基本生产车间一般消耗 1 210 元；直接用于辅助生产 2 700 元，用于辅助生产车间一般耗用 930 元，用于企业行政管理部门 1 050 元。

（2）发生工资费用 7 800 元，其中，基本生产车间生产工人工资 3 400 元，基本生产车间管理人员工资 1 300 元；辅助生产车间生产工人工资 1 100 元，辅助生产车间管理人员工资 500 元，企业行政管理人员工资 1 500 元。

（3）计提固定资产折旧 6 430 元。其中，基本生产车间 2 740 元，辅助生产车间 1 530 元，行政管理部门 2 160 元。

（4）用银行存款支付其他费用 5 900 元。其中，基本生产车间 2 600 元，辅助生产车间 1 400 元，行政管理部门 1 900 元。

该企业辅助生产的制造费用通过“制造费用”账户核算。基本生产车间的制造费用按产品机器工时比例分配，其机器工时为：甲产品 1 670 小时，乙产品 1 658 小时。辅助生产车间提供的劳务采用直接分配法分配，其中，应由基本生产车间负担 5 280 元，应由行政管理部门负担 3 104 元。

【要求】(1) 编制各项费用发生的会计分录，归集和分配辅助生产和基本生产的制造费用。

(2) 计算基本生产车间甲、乙产品应分配的制造费用。

实训十一：核算废品损失

【资料】某企业基本生产车间 2011 年 12 月份甲产品生产的有关情况如下。

(1) 某企业基本生产车间 2011 年 12 月生产甲产品 450 件，其中合格品 420 件，不可修复废品 30 件；共耗用生产工时 2 000 小时，废品的生产工时为 400 小时。

(2) 甲产品“生产成本”明细账所列合格品和废品的全部生产成本为：原材料 90 000 元，燃料及动力 6 000 元，工资及福利费 8 000 元，制造费用 6 000 元。

(3) 废品回收材料价值 2 000 元，原材料在生产开工时一次性投入；因加工过失造成的损失应由个人赔偿 500 元。

【要求】(1) 计算废品损失并编制废品损失计算表（如表 2-37 所示），其中，原材料成本按合格品数量与废品数量按比例分配，其他费用按生产工时比例分配。

(2) 编制相应的会计分录。

表 2-37　废品损失计算表（按实际成本计算）

2011 年 12 月

单位：元

项　目	材料费用	生产工时	燃料和动力	直接人工	制造费用	合　计
费用总额						
分配率						
不可修复废品成本						
减：残值						
减：赔款						
废品净损失						

模块 3

生产费用在完工产品和在产品之间的分配

学习目标

1. 知识目标

◆ 理解完工产品与在产品的含义；

◆ 掌握在产品数量的确定方法；

◆ 掌握生产费用在完工产品和在产品之间分配的方法。

2. 技能目标

◆ 能够正确进行在产品收发结存的核算；

◆ 能够正确进行在产品清查的账务处理；

◆ 会正确进行生产费用的归集和分配，并会编制产品成本计算单；

◆ 能够正确进行完工产品成本的结转。

引导案例

鑫鑫纺织厂产品的生产需经过纺纱、织布和印染三道工序完成，某月末各工序在产品数量为：第一道工序 80 件，第二道工序 120 件，第三道工序 200 件。该月加工完成的产品有 800 件，其中，有 200 件虽然完工，但尚未办理入库手续。单位产品工时定额为 12 小时，其中，第一道工序为 6 小时，第二道工序为 4 小时，第三道工序为 2 小时。月末，将生产费用在完工产成品与在产品之间分配时，会计小刘将原材料费用按照产成品数量 800 件和在产品数量 400 件进行了平均分配，即单位产成品和在产品负担材料费用一样多；在分配工资费用和制造费用时，对单位在产品按照单位产成品的一半分配，即每件在产品分给的工资费用和制造费用等于每件产成品应分得的工资费用和制造费用的 50%。会计主管审核时告诉小刘：产成品的数量应确认为 600 件，而不是 800 件；另外，对工资费用和制造费用的分配不能简单地按完工产品的一半分配，要根据各工序的在产品完工程度确认在产品相当于产成品的数量比例来分配。

那么，对于完工产品和在产品应该如何界定呢？月末，应该按什么标准将生产费用在完工产品和月末在产品之间进行分配呢？

任务 3.1　在产品数量的核算

任务导入

2011 年 6 月 30 日，盛达公司基本生产车间在产品清查结果如下：甲产品的在产品盘盈 12 件，单位定额成本 20 元；乙产品的在产品盘亏 10 件，单位定额成本 28 元，应由过失人赔偿 100 元；丙产品的在产品由于水灾毁损 300 件，单位定额成本为 17 元，残料 130 元验收入库，应由保险公司赔款 4 000 元。

任务要求：根据上述盛达公司在产品清查结果及处理意见，进行相应的会计处理。

任务分析

要顺利完成以上任务，必须明确在产品核算及其与完工产品的关系。由于在产品的数量是核算在产品成本的基础，而在产品的成本与完工产品成本之和就是产品生产费用总额；同时，本期期末在产品成本就是下期期初在产品成本，因此，企业月初在产品成本、本月生产费用、本月完工产品成本和月末在产品成本之间的关系可表示为：

月初在产品成本+本月生产费用=本月完工产品成本+月末在产品成本

上述关系式中的月初在产品成本就是上月末的在产品成本，是已知的；本月生产费用可以通过各要素费用的归集与分配来确定。因此，在全部生产费用（月初在产品成本+本月生产费用）已知的条件下，要确定本月完工产品成本和月末在产品成本可采用两种方法：一种是先确定月末在产品成本，再计算完工产品成本；另一种是将全部生产费用按照一定比例在完工产品和月末在产品之间进行分配，同时计算出完工产品成本和月末在产品成本。但是无论采用哪一种方法，都必须正确组织在产品收入、发出、结存的日常核算和在产品清查的核算两方面工作。

知识导航

一、在产品的概念及其数量确定

（一）在产品的概念

在产品有广义和狭义之分。广义在产品是就整个企业而言的，是指没有完成全部生产过程，不能作为商品销售的产品，包括正在各个生产单位加工的在制品，已完成一个或几个生产步骤、尚需继续加工的自制半成品，等待验收入库的产品，以及正在返修或等待返修的废品等。狭义的在产品是就某一生产单位（车间、分厂）或某一生产步骤而言的，它仅指本生产单位或生产步骤正在加工中的在制品，该生产单位或步骤已经完工交出的自制半成品不包括在内。本模块所讨论的在产品是指狭义的在产品，当企业的在产品完成生产过程、验收合格入库以后，就称为完工产品。

（二）在产品数量的确定

要确定月末在产品成本，必须先确定月末在产品数量。企业在产品品种规格多，又处于不断流动之中，因此，在产品数量的日常核算比较复杂，却又是非常必要的。从加强实物管理的角度出发，企业必须设置有关凭证账簿，来反映在产品的收入、发出和结存情况。为了正确进行在产品数量的核算，企业应设置“在产品台账”。

“在产品台账”应当分生产单位（车间、分厂）或生产步骤（生产工序），并按照产品品种和在产品名称设置。“在产品台账”应根据有关领料凭证、在产品内部转移凭证、产品检验凭证和产品交库单等原始凭证逐笔登记。生产单位的核算人员应对“在产品台账”的登记情况进行审核和汇总。台账的设置，既可以使企业从账面上随时掌握在产品动态，又可以为计算在产品成本提供资料。“在产品台账”的格式如表3-1所示。

表 3-1　在产品台账

生产车间：　　　　　　　工序：　　　　　　　在产品名称：　　　　　　　　　　　　　计量单位：

日　　期	凭证号	摘　　要	收入数量	转出数量		结存数量			备　　注
				合格品	废　品	已完工	未完工	废　品	

二、在产品清查的核算

为核实在产品数量，保护在产品的安全完整，企业必须定期和不定期地做好在产品的清查工作，以便准确地计算产品成本。在产品清查一般于月末结账前进行，通过实地盘点确定在产品的实际结存数量，与“在产品台账”记录的结存数量进行核对；如果有不符，则编制“在产品盘点溢缺报告单”，注明在产品名称、溢缺数量、溢缺金额、溢缺原因等；对于报废和毁损的在产品还应登记残值。财会部门应对盘盈盘亏在产品的数量、原因及处理意见进行审核，并按规定程序报经有关领导批准后进行相应账务处理。

（一）在产品盘盈的核算

企业在清查中发现在产品盘盈时，应按实际平均单位成本、计划成本或定额成本入账，借记“生产成本——基本生产成本”账户，贷记“待处理财产损溢——待处理流动资产损溢”账户；报经批准后，按规定对盘盈的在产品进行核销时，借记“待处理财产损溢——待处理流动资产损溢”账户，贷记“制造费用”账户。

（二）在产品盘亏和毁损的核算

在产品发生盘亏或毁损时，借记“待处理财产损溢——待处理流动资产损溢”账户，贷记“生产成本——基本生产成本”账户；毁损的在产品残值，应借记“原材料”账户，贷记“待处理财产损溢——待处理流动资产损溢”账户。

在产品的盘亏或毁损报经批准后，应根据不同情况分别处理：对于准予核销计入产品成本的损失，应借记“制造费用”账户；由于自然灾害造成的非常损失，将应收保险公司赔款的部分，借记“其他应收款”账户，其余部分借记“营业外支出”账户；应由过失人赔偿的损失，应借记“其他应收款”账户；因管理原因造成的无法收回损失，应借记“管理费用”账户；贷记“待处理财产损溢——待处理流动资产损溢”账户。

要求：根据上述公司在产品清查结果及处理意见，应如何进行相应的会计处理？

任务实施

请根据所学知识点和任务要求，按照在产品的核算流程，来完成泰达公司在产品盘盈、盘亏和毁损的核算。

1. 任务实施方式

（1）小组共同讨论在产品发生盘盈盘亏时应如何处理。

（2）课堂完成在产品盘盈、盘亏和毁损的核算。

2. 任务实施中应注意的问题

注意在产品盘亏时，根据不同原因所进行的账务处理。

任务 3.2　运用约当产量法在完工产品和在产品之间分配生产费用

任务导入

盛达公司生产乙产品，经过 3 道工序加工完成，原材料在生产开始时一次投入，2011 年 9 月份共完成乙产品 300 台，有关各工序在产品的产量、工时定额、成本费用等资料如表 3-2、3-3 所示。

任务要求：计算各工序月末在产品的完工程度、约当产量，计算本月完工产品与月末在产品成本，并完成在产品完工率和约当产量计算表（如表 3-4 所示）和产品成本计算单（如表 3-5 所示）的填制。

表 3-2　月末在产品数量及定额资料

2011 年 9 月 30 日

工　序	月末在产品数量/台	每道工序工时定额/小时
1	40	30
2	100	18
3	70	12
合　计	210	60

表 3-3　月初在产品成本及本月生产费用资料

2011 年 9 月 30 日　　单位：元

项　目	直接材料	直接人工	制造费用	合　计
月初在产品成本	4 800	2 740	1 500	9 040
本月生产费用	15 090	10 400	8 136	33 636

表 3-4　在产品完工率和约当产量计算表

工　序	工时定额/小时	完工率	在产品数量/台	约当产量/台
1				
2				
3				
合　计				

表 3-5　产品成本计算单

产品名称：乙产品　　　　2011 年 9 月　　　　单位：元

项　目	直接材料	直接人工	制造费用	合　计
月初在产品成本				
本月生产费用				
生产费用合计				
完工产品数量				
在产品约当产量				
分配率				
本月完工产品成本				
月末在产品成本				

任务分析

本任务的核心是将盛达公司在 2011 年 9 月份的全部生产费用在本月完工产品和月末在产品之间进行分配，这就涉及在产品成本计算方法的选择。一般来说，企业应根据月末在产品数量的多少、各月月末在产品数量变化的大小、产品成本构成中各成本项目费用比重的大小、企业成本管理有关基础工作的好坏等具体条件，选择科学合理的分配方法，正确计算期末在产品成本和本期完工产品成本。

知识导航

一、生产费用在完工产品和月末在产品之间分配的方法

生产费用在完工产品和在产品之间的分配，是成本计算工作的重要内容之一，其分配的正确与否，直接关系到完工产品成本和在产品成本计算的正确性。因此，企业应根据实际情况选择适当的分配方法，将生产费用在完工产品和月末在产品之间进行合理的分配。具体来说，企业应根据在产品数量的多少、各月在产品数量变化的大小、各项费用在产品成本中所占的比重大小以及定额管理的好坏等条件，采用适当的分配方法。

如任务 3.1 所述，确定本月完工产品成本和月末在产品成本可采用两种方法：一种是先确定月末在产品成本，再倒轧出完工产品成本，包括在产品不计算成本法、在产品成本按年初数固定计算法、在产品按所耗原材料费用计价法、在产品成本按完工产品成本计算法、在产品按定额成本计算法；另一种是将全部生产费用按照一定比例在完工产品和月末在产品之间进行分配，同时计算出完工产品成本和月末在产品成本，具体包括约当产量法和定额比例法。

综上所述，生产费用在完工产品和月末在产品之间的分配方法共有以下七种具体方法。

1. *在产品不计算成本法*

在产品不计算成本法是指企业在月末虽有在产品，但不计算在产品成本，全部生产费用完全由完工产品成本负担的方法。它适用于月末在产品数量很少、是否计算其成本对完

工产品成本影响很小的情况，例如，煤炭业的采煤。因为这种类型的产品是否计算在产品成本，对成本的影响不大，为简化核算工作可不计算在产品成本。

2. 在产品成本按年初数固定计算法

在产品成本按年初数固定计算法，是指年内各月末在产品的成本均按年初固定的在产品成本计算。各月发生的生产费用就是该月完工产品成本。年终，根据实际盘点结果和生产耗费重新调整计算确定在产品成本，作为下一年度各月末固定的在产品成本，以避免在产品成本与实际相差过大，影响成本计算的准确性。它适用于各月末在产品数量较少或者在产品数量虽大，但各月末之间变化不大的产品，如炼铁厂或由固定容器装置的在产品。

3. 在产品成本按所耗原材料费用计算法

在产品成本按所耗原材料费用计算法，是指月末在产品只计算所耗的原材料费用，不计算所耗的工资和福利费用、制造费用等加工费，即产品的加工费用全部计入完工产品成本。它适用于各月末在产品数量较大、各月末在产品数量变化也较大，同时原材料费用在产品成本中所占比重相当大的产品，如纺织、造纸等企业的产品。

4. 在产品成本按完工产品成本计算法

如果在产品已经接近完工，或者已经加工完毕的产品，但尚未验收入库，也算在产品。为简化核算工作，这些在产品视同完工产品分配费用，即应由产品负担的费用按照完工产品的数量和月末在产品的实际数量作为分配标准进行费用的分配。

5. 在产品按定额成本计算法

定额成本法是根据月末在产品的数量和在产品单位定额成本计算出月末在产品成本，然后用生产费用累计数扣除月末在产品成本，倒轧出本月完工产品成本的一种方法。

6. 约当产量法

约当产量是将月末在产品的数量按完工程度折合为相当于完工产品的数量。约当产量法就是根据完工产品的数量和月末在产品的约当产量比例来分配生产费用，从而计算出完工产品成本和月末在产品成本的方法。它适用于月末在产品数量较大，各月末在产品数量变化较大，产品成本中原材料费用和人工费用等加工费的比重相差不多的产品。

7. 定额比例法

定额比例法是指按照完工产品和月末在产品的定额消耗量比例或定额费用比例分配生产费用，计算完工产品和月末在产品成本的一种方法。

以上七种方法，无论采用哪种方法，在确定月末在产品成本，并计算出各种完工产品总成本和单位成本后，都要根据编制的产品成本计算表，结合产品入库单进行会计处理，将成本从“生产成本——基本生产成本”账户转出，即借记“库存商品”、“周转材料”等账户，贷记“生产成本——基本生产成本”账户。“生产成本——基本生产成本”账户的余额就是在产品的成本。

以上七种方法中，前四种方法较简单，我们将重点学习后三种方法。

二、约当产量法及其运用

(一) 约当产量法分配生产费用的计算程序

运用约当产量法分配生产费用，通常按如下程序进行。

第一步，计算约当产量。即先根据在产品的数量和在产品的完工程度或投料程度计算在产品约当产量，进而确定约当总产量。在产品的约当产量应按直接材料、直接人工、制造费用等分别确定。相关计算公式如下：

$$在产品的约当产量=在产品的数量\times完工程度$$

$$约当总产量=本月完工产品数量+月末在产品约当产量$$

第二步，计算各项费用分配率。即根据待分配的直接材料、直接人工和制造费用总额和约当总产量计算直接材料、直接人工和制造费用分配率。相关计算公式如下：

$$某项费用分配率=\frac{月初在产品成本+本月生产费用}{完工产品数量+月末在产品约当产量}$$

第三步，计算月末在产品负担的生产费用。即根据月末在产品数量及其完工程度、各项费用分配率，计算月末在产品负担的各项生产费用。相关计算公式如下：

$$月末在产品负担的某项费用=月末在产品的约当产量\times费用分配率$$

第四步，计算完工产品负担的生产费用。可以根据完工产品数量与直接材料、直接人工和制造费用分配率，计算完工产品负担的各项生产费用。相关计算公式如下：

$$完工产品负担的某项费用=本月完工产品的数量\times费用分配率$$

当然，完工产品负担的各项生产费用，也可以运用在产品成本和完工产品成本之间的关系，倒轧出完工产品应负担的各项费用。

$$完工产品负担的某项费用=该项费用总额-月末在产品负担的某项费用$$

第五步，计算完工产品总成本。

$$完工产品总成本=\Sigma（本期完工产品负担的各项生产费用）$$

第六步，计算本期完工产品的单位成本。

$$本期完工产品的单位成本=\frac{本期完工产品的总成本}{本期完工的产品产量}$$

（二）完工程度的确定

根据以上分配生产费用的计算步骤可以看出，要正确分配生产费用，必须正确计算在产品约当产量，而约当产量的确定是否正确，则主要取决于在产品完工程度，即完工率。在产品的完工程度有两种表示方式，一种是投料程度，也叫投料率，主要用于分配直接材料费用时计算在产品约当产量；一种是加工程度，用于分配直接人工和制造费用时计算在产品的约当产量。也就是说，在产品的约当产量应按直接材料、直接人工、制造费用等分别确定。

1. 投料程度的确定

投料程度的高低与投料方式有关，不同的投料方式其投料程度不同。

（1）一次投料方式。原材料在生产开始时一次性投入，即投料程度为100%，原材料费用按完工产品和月末在产品数量分配。

（2）逐步投料方式。原材料不是在生产开始时一次投入，而是随着生产进度陆续投入，原材料费用应按完工产品的产量和在产品约当产量分配。在产品的投料程度应按每一工序的原材料消耗定额占完工产品消耗定额的比例分配，具体分为以下两种情况。

①原材料随着加工进度分工序投入，并且在每道工序开始时一次投入，按每一道工序的原材料消耗定额计算投料程度。确定月末在产品约当产量的计算公式为：

某工序期末在产品约当产量=该工序在产品数量×截止该工序投料程度

$$\text{某工序期末在产品投料程序}=\frac{\text{截止该工序累计投料数量}}{\text{完工产品投料数量}}\times 100\%$$

【例 3-1】某企业丙产品经过三道工序加工完成，材料随着加工进度分工序投入，并且在每道工序开始时一次投入，月末在产品数量为：第一道工序 150 件，第二道工序 200 件，第三道工序 80 件，本月完工产品数量为 500 件。月末各工序在产品数量级原材料消耗定额如表 3-6 所示。

表 3-6　月末在产品数量及原材料消耗定额

工　序	月末在产品数量/件	每道工序原材料消耗定额/千克
1	50	70
2	25	80
3	60	100
合　计	110	250

各工序在产品的投料率及月末在产品直接材料成本项目的约当产量计算如表 3-7 所示。

表 3-7　在产品投料程度及在产品约当产量计算表

工　序	月末在产品数量/件	原材料消耗定额/公斤	投料程度	在产品约当产量/件
1	50	70	70÷250×100%=28%	14
2	25	80	（70+80）÷250×100%=60%	15
3	60	100	（80+70+100）÷250×100%=100%	60
合　计	110	250		89

②原材料随着加工进度分工序投入，同时在每道工序也是陆续投入，按每一道工序的原材料消耗定额计算投料程度。

某工序期末在产品约当产量＝该工序在产品数量×该工序在产品投料程度

$$\text{某工序期末在产品约当产量}=\frac{\text{前面各工序累计投料数量}+\text{本工序投料数量}\times 50\%}{\text{完工产品投料数量}}\times 100\%$$

【例 3-2】假定在例 3-1 中，材料在每道工序随加工进度陆续分次投入，其他资料相同，则各工序在产品的投料率及月末在产品直接材料成本项目的约当产量计算如表 3-8 所示。

表 3-8　在产品投料程度及在产品约当产量计算表

工　序	月末在产品数量/件	原材料消耗定额/公斤	投料程度	在产品约当产量/件
1	50	70	（70×50%）÷250×100%＝14%	7
2	25	80	（70＋80×50%）÷250×100%＝44%	11
3	60	100	（70＋80＋100×50%）÷250×100%＝80%	48
合　计	135	250		66

【例 3-3】假定在例 3-2 中，月初在产品和本月发生的原材料费用累计为 28 300 元，则原材料费用在完工产品和月末在产品之间的分配如下：

原材料费用分配率＝28 300÷（500+66）＝50

完工产品应分配的原材料费用＝500×50＝25 000（元）

在产品应分配的原材料费用＝66×50＝3 300（元）

2. 加工程度的确定

直接人工和制造费用，也称加工费用，通常按加工程度计算约当产量。加工程度的确定方法有两种：不分工序确定在产品加工程度和分工序确定在产品加工程度。

（1）不分工序确定在产品加工程度

不分工序计算在产品加工程度是指企业对在产品确定一个平均完工程度（一般确定为50%）作为各工序在产品完工程度的一种方法。如果各工序在产品数量和单位产品在各工序的加工量相差不多时，前后工序的加工程度可以相互抵补，全部在产品完工程度可按照 50%确定。

（2）分工序确定在产品加工程度

如果各工序在产品数量及加工程度相差悬殊，在产品加工程度应按各工序分别测算，其计算公式为：

$$\text{某工序在产品加工程序}=\frac{\text{前面各工序工时定额之和}+\text{本工序工时定额}\times 50\%}{\text{完工产品工时定额}}\times 100\%$$

【例 3-4】承例 3-1，丙产品的工时定额为 50 小时，各工序的工时定额分别为 18 小时、12 小时、20 小时，其他条件不变，则计算月末在产品加工程度及约当产量如表 3-9 所示。

表 3-9　在产品加工程度及在产品约当产量计算表

工　序	月末在产品数量/件	工时定额/小时	加工程度	在产品约当产量/件
1	50	18	（18×50%）÷50×100%＝18%	9
2	25	12	（18＋12×50%）÷50×100%＝48%	12
3	60	20	（18＋12＋20×50%）÷50×100%＝80%	48
合　计	135	50		69

【例 3-5】假定在例 3-4 中，月初在产品和本月发生的直接人工费用累计为 17 070 元，制造费用累计为 6 828 元，则直接人工费用和制造费用在完工产品和月末在产品之间的分配如下：

直接人工费用分配率＝17 070÷（500＋69）＝30

完工产品应分配的直接人工费用＝500×30＝15 000（元）

在产品应分配的直接人工费用＝69×30＝2 070（元）

制造费用分配率＝6 828÷（500＋69）＝12

完工产品应分配的制造费用＝500×12＝6 000（元）

在产品应分配的制造费用＝69×12＝828（元）

（三）约当产量法应用举例

【例 3-6】某企业生产丁产品，原材料在生产开始时一次性投入，本月完工产品的数量为 400 件，月末在产品的数量为 80 件，在产品的完工程度为 60%。月初在产品成本：直接材料费用 9 600 元，直接人工费用 5 800 元，制造费用 2 840 元；本月生产费用：直接材料费用 72 000 元，直接人工费用 27 800 元，制造费用 17 320 元。用约当产量法分配生产费用如下。

（1）在产品约当产量＝80×60%＝48

（2）分配直接材料费用

直接材料费用分配率＝81 600÷（400＋80）＝170

完工产品分配的材料费用＝400×170＝68 000（元）

在产品分配的材料费用＝80×170＝13 600（元）

（3）分配直接人工费用

直接人工费用分配率＝33 600÷（400+48）＝75

完工产品分配的直接人工费用＝400×75＝30 000（元）

在产品分配的直接人工费用＝48×75＝3 600（元）

（4）分配制造费用

制造费用分配率＝20 160÷（400＋48）＝45

完工产品分配的制造费用＝400×45＝18 000（元）

在产品分配的制造费用＝48×45＝2 160（元）

（5）计算完工产品成本和在产品成本

完工产品成本＝68 000＋30 000＋18 000＝116 000（元）

月末在产品成本＝13 600＋3 600＋2 160＝19 360（元）

编制产品成本计算单如表 3-10 所示。

表 3-10 产品成本计算单

产品名称：丁产品　　　　2011 年 9 月　　　　单位：元

项　　目	直接材料	直接人工	制造费用	合　　计
月初在产品成本	9 600	5 800	2 840	18 240
本月生产费用	72 000	27 800	17 320	117 120
生产费用合计	81 600	33 600	20 160	135 360
完工产品数量	400	400	400	
在产品约当产量	80	48	48	
约当总产量	480	448	448	
分配率	170	75	45	
本月完工产品成本	68 000	30 000	18 000	116 000
月末在产品成本	13 600	3 600	2 160	19 360

根据以上分配结果，进行如下账务处理。

借：库存商品——丁产品　　116 000

　贷：生产成本——基本生产成本——丁产品　　116 000

任务实施

请根据所学知识点和任务要求，按照约当产量法计算步骤，计算各工序月末在产品的完工程度、约当产量，计算本月完工产品与月末在产品成本，并完成在产品完工率和约当产量计算表（如表 3-4 所示）和产品成本计算单（如表 3-5 所示）的填制。

1. 任务实施方式

（1）小组讨论并总结在产品完工程度的确定方法。

（2）学生课堂独立完成约当产量法下的生产费用分配。

2. 任务实施中应注意的问题

注意不同成本项目在产品完工率的计算。

3. 任务完成成果展示

（1）在产品完工率和约当产量计算表（如表 3-4 所示）。

（2）产品成本计算单（如表 3-5 所示）。

任务 3.3　运用定额成本法在完工产品和在产品之间分配生产费用

任务导入

亚新公司 W 产品的生产分两道工序加工完成，原材料在各道工序开始时一次性投入，各道工序内在产品的平均加工程度为 50%，2011 年 8 月，在产品的产量和定额消耗资料如表 3-11 所示。

表 3-11　月末在产品数量及消耗定额

工　序	在产品数量/件	材料消耗定额/千克	工时定额/小时
1	60	25	6
2	40	20	4
合　计	100	45	10

企业直接材料计划单价 5 元，单位产品工时定额 10 小时，计划每工时费用分配率为：直接人工 30 元/小时，制造费用 20 元/小时。W 产品月初在产品和本月生产费用合计为：直接材料 36 000 元，直接人工 42 000 元，制造费用 27 500 元。按定额成本计价法分配计算完工产品成本和月末在产品成本。

任务要求：试完成月末在产品定额成本计算表（如表 3-12 所示）的编制和产品成本计算单（如表 3-13 所示）的填列。

表 3-12　月末在产品定额成本计算表

单位：元

工　序	在产品数量	原材料费用	定额工时	直接人工	制造费用	定额成本合计
1						
2						
合　计						

表 3-13　产品成本计算单

2011 年 8 月

单位：元

项　　目	直接材料	直接人工	制造费用	合　　计
累计生产费用				
月末在产品成本				
本月完工产品成本				

任务分析

本任务仍然涉及生产费用在完工产品和在产品之间的分配问题，资料中给出了相应的定额资料，并要求按定额成本法计算在产品成本。这就需要明确定额成本法的含义、适用条件以及使用这种方法分配生产费用，计算产品成本的程序。

知识导航

一、定额成本法概述

（一）定额成本法的含义及适用条件

定额成本法是根据月末在产品的数量和在产品单位定额成本计算出月末在产品成本，然后用生产费用累计数扣除月末在产品成本，倒轧出本月完工产品成本的一种方法。实际成本和定额成本的差异，全部由完工产品负担。定额成本法适用于定额管理基础比较好，各项消耗定额和费用定额比较准确、稳定，各月在产品数量变动不大的产品。

（二）定额成本法的计算程序

运用定额成本法分配生产费用，计算产品成本的程序如下。

第一步，计算月末在产品成本，月末在产品成本等于月末在产品数量和在产品单位定额成本的乘积，即

$$月末在产品成本=月末在产品数量\times在产品单位定额成本$$

其中，

$$产品直接材料定额成本=在产品数量\times材料消耗定额\times材料计划单价$$
$$在产品直接人工定额成本=在产品数量\times工时定额\times计划小时工资率$$
$$在产品制造费用定额成本=在产品数量\times工时定额\times计划小时费用率$$

第二步，计算完工产品成本，将生产费用合计减去按定额成本计算的月末在产品成本，其余额就是完工产品成本。计算公式为：

$$本月完工产品总成本=月初在产品成本+本月发生费用-月末在产品成本$$

第三步，计算完工产品的单位成本。

$$本月完工产品的单位成本=\frac{本月完工产品的总成本}{本月完工的产品产量}$$

在上述计算公式中，月末在产品的单位定额成本通常是按产品成本项目确定的，所以，在具体计算月末在产品定额成本时，要按照不同的定额标准分别计算月末在产品各个成本项目的定额成本，再加总确定月末在产品定额成本。

二、定额成本法应用举例

【例 3-7】某企业生产 C 产品，原材料在生产开始时一次投入。2011 年 10 月 C 产品完工 200 件，月末在产品数量 50 件，月初在产品和本月发生的生产费用如下：原材料 46 000 元，直接人工 52 000 元，制造费用 28 000 元。单位在产品定额资料为：直接材料费用定额为 36 元/件，直接人工费用定额为 7 元/小时，制造费用定额为 4 元/小时，月末在产品的定额工时为 30 小时/件。则月末在产品的定额成本和产品成本计算如表 3-14、表 3-15 所示。

表 3-14　月末在产品定额成本计算表

单位：元

产品名称	在产品数量	原材料费用	定额工时	直接人工	制造费用	定额成本合计
C 产品	50	36×50=1 800	30×50=1 500	10 500	6 000	18 300

表 3-15　产品成本计算单

产品名称：C 产品　　2011 年 10 月 31 日　　单位：元

项　目	直接材料	直接人工	制造费用	合　计
累计生产费用	46 000	52 000	28 000	126 000
月末在产品成本	1 800	10 500	6 000	18 300
本月完工产品成本	44 200	41 500	22 000	107 700
产品单位成本	221	207.5	110	538.5

根据计算结果，结合产品入库单，进行账务处理如下。

借：库存商品——C 产品　　107 700

　　贷：生产成本——基本生产成本——C 产品　　107 700

任务实施

请根据所学知识点和任务要求，按照定额成本法计算步骤，完成任务 3.3 中月末在产品定额成本计算表（如表 3-12 所示）和产品成本计算单（如表 3-13 所示）的填列，并做出结转完工入库产品成本的账务处理。

1. 任务实施方式

（1）小组共同讨论各工序分别如何计算原材料定额消耗量和定额工时。

（2）课堂完成表 3-12、表 3-13，一些计算可以由小组成员协作完成，以提高任务完成效率。

2. 任务实施中应注意的问题

（1）注意各工序材料定额消耗量和定额工时的计算要点。

（2）注意定额成本法的适用条件。

3. 任务完成成果展示

（1）月末在产品定额成本计算表（如表 3-12 所示）

（2）产品成本计算单（如表 3-13 所示）

任务 3.4　运用定额比例法在完工产品和在产品之间分配生产费用

任务导入

东顺公司生产 D 产品，2011 年 10 月共完工 D 产品 300 件，月末在产品 100 件，已知该公司定额管理制度较健全。有关费用及定额资料如表 3-16 所示。

表 3-16　D 产品费用及定额资料

项　目	直接材料	直接人工	制造费用	合　计
月初在产品成本	5 600	2 600	1 400	9 600
本月生产费用	22 500	9 500	6 400	38 400
单位完工产品定额	20kg	50 小时	50 小时	
月末在产品定额	20kg	30 小时	30 小时	

任务要求：根据上述资料，采用定额比例分配法，计算本月完工产品成本和月末在产品成本，并完成表 3-17 产品成本计算表的填制。

表 3-17　产品成本计算表

产品名称：　　　　　　　　　　年　月　　　　　　　　　　单位：元

项　目		直接材料	直接人工	制造费用	合计
月初在产品成本					
本月生产费用					
生产费用合计					
费用分配率					
本月完工产品	定额消耗量或工时				
	实际费用				
月末在产品定额	定额消耗量或工时				
	实际费用				

任务分析

本任务仍然涉及生产费用在完工产品和在产品之间的分配问题，资料中给出的相应的定额资料，并要求按定额比例法计算在产品成本。这就需要明确定额比例法的含义、适用条件，使用这种方法分配生产费用，计算产品成本的程序，尤其要注意其应用条件与定额成本法的不同之处。

知识导航

一、定额比例法概述

（一）定额比例法的含义及使用条件

定额比例法是指按照完工产品和月末在产品的定额消耗量比例或定额费用比例分配生产费用，计算完工产品和月末在产品成本的一种方法。其中，原材料费用按照原材料定额消耗量或定额费用的比例进行分配；直接人工、制造费用等各项加工费用可以按定额工时的比例分配，也可以按定额费用比例分配。

这种方法适用于定额管理基础较好，各项消耗定额或费用定额比较准确、稳定，各月末在产品数量变动较大的产品。

（二）定额成本法的计算程序

第一步，计算各项费用分配率。用月初在产品成本与本月生产费用之和除以完工产品和月末在产品的定额消耗量（或定额费用、定额工时）之和，分别计算出直接材料分配率、直接人工费用分配率、制造费用分配率。计算公式为：

$$\text{费用分配率}=\frac{\text{月初在产品费用}+\text{本月生产费用}}{\text{完工产品定额消耗量}+\text{月末在产品定额消耗量}}$$

第二步，分别计算完工产品和月末在产品应分配的各项生产费用。计算公式为：

完工产品直接材料费用＝完工产品原材料定额消耗量×原材料费用分配率

月末在产品直接材料费用＝在产品定额原材料消耗量×原材料费用分配率

完工产品某项加工费用＝完工产品定额工时×该项加工费用分配率

月末在产品某项加工费用＝在产品定额工时×该项加工费用分配率

第三步，分别计算完工产品成本和月末在产品成本。将第二步中计算的完工产品的直接材料费用及各项加工费用相加，就是完工产品成本；将月末在产品的直接材料费用及各项加工费用相加，就是月末在产品成本。

在实际工作中，当企业产品消耗原材料品种较多时，可用定额费用代替定额消耗量来分配生产费用，这样可以减少核算工作量。

二、定额比例法应用

【例3-8】某企业生产甲产品，2011年3月初在产品费用为：直接材料5 400元，直接人工6 000元，制造费用7 800元。本月生产费用为：直接材料28 200元，直接人工30 000元，制造费用40 200元。完工产品的定额消耗量为14 000千克，定额工时为9 000小时；月末在产品原材料定额消耗量为2 800千克；定额工时为1 000小时。直接材料按原材料定额消耗量比例分配，各项加工费用按定额工时分配。按定额比例法分配如下。

（1）分配直接材料费用

直接材料费用分配率＝（5 400+28 200）/（14 000＋2 800）＝2（元/千克）

完工产品分配的原材料费用＝14 000×2＝28 000（元）

在产品分配的原材料费用＝2 800×2＝5 600（元）

（2）分配直接人工费用

直接人工分配率＝（6 000+30 000）/（9 000＋1 000）＝3.6（元/小时）

完工产品分配的人工费用＝9 000×3.6＝32 400（元）

在产品分配的人工费用＝1 000×3.6＝3 600（元）

（3）分配制造费用

制造费用分配率＝（7 800＋40 200）/（9 000＋1 000）＝4.8（元/小时）

完工产品分配的制造费用＝9 000×4.8＝43 200（元）

在产品分配的制造费用＝1 000×4.8＝4 800（元）

（4）计算完工产品成本和在产品成本

完工产品成本＝28 000＋32 400＋43 200＝103 600（元）

月末在产品成本＝5 600＋3 600＋4 800＝14 000（元）

在实际工作中，通常是通过编制产品成本计算表来进行，如表 3-18 所示。

表 3-18　产品成本计算表

产品名称：甲产品　　2011 年 3 月　　单位：元

项　目		直接材料	直接人工	制造费用	合　计
月初在产品成本		5 400	6 000	7 800	19 200
本月生产费用		28 200	30 000	40 200	98 400
生产费用合计		33 600	36 000	48 000	117 600
费用分配率		2	3.6	4.8	
本月完工产品	定额消耗量或工时	14 000	9 000	9 000	
	实际费用	28 000	32 400	43 200	103 600
月末在产品定额	定额消耗量或工时	2 800	1 000	1 000	
	实际费用	5 600	3 600	4 800	14 000

根据以上分配结果，进行如下账务处理。

借：库存商品——甲产品　　103 600

　　贷：生产成本——基本生产成本——甲产品　　103 600

任务实施

请根据所学知识点和任务要求，按照定额比例法计算步骤，完成任务 3.4 中表 3-17 产品成本计算表的填制，并做出结转完工入库产品成本的账务处理。

1. 任务实施方式

（1）小组共同讨论定额比例法下各项费用分配率的计算方法。

（2）完成表3-17，一些计算可以由小组成员协作完成，以提高任务完成效率。

2. 任务实施中应注意的问题

（1）注意各工序材料定额消耗量和定额工时的计算要点。

（2）注意定额成本法的适用条件。

3. 任务完成成果展示

表3-17为产品成本计算表。

模块小结

生产费用在完工产品与月末在产品之间的分配方法很多，本任务讲述了七种，这些分配方法各有其不同的特点、适用范围和计算程序。

企业采用哪种分配方法分配生产费用，应根据月末在产品数量的多少、各月在产品数量变化的大小、各项费用比重的大小及定额管理基础的好坏等条件确定。

完工产品与在产品之间分配费用的方法有：在产品不计算成本法、在产品成本按年初数固定计算法、在产品按所耗原材料费用计价法、在产品成本按完工产品成本算法、在产品按定额成本计价法、约当产量比例法和定额比例法。

这七种分配方法通常可以归纳为两类：一类是根据“本月完工产品成本=本月生产费+月初在产品费用－月末在产品费用”公式，先确定月末在产品费用，再计算出完工产品用；另一类是根据“月初在产品费用+本月生产费用=完工产品费用+月末在产品费用”公式，将前两项之和在后两项之间按照一定的比例进行分配，同时计算出完工产品成本和月末在产品成本。

能力训练

【职业判断能力训练】

一、单项选择题

1. 如果某种产品的月末在产品数量较大，各月在产品数量变化也较大，产品成本中各项费用的比重相差不多，生产费用在完工产品与月末在产品之间分配，应采用的方法是（　　）。

A．不计在产品成本法　　B．约当产量比例法

C．在产品按完工产品计算法　　D．定额比例法

2. 某种产品的各项定额准确、稳定，其各月末在产品数量变动不大，为了简化成本计算工作，其生产费用在完工产品与在产品之间进行分配应采用（　　）。

A．定额比例法　　B．约当产量比例法
C．在产品按定额成本计价法　　D．在产品按完工产品计算法

3．某产品经三道工序加工而成。每道工序的工时定额分别为 15 小时、25 小时、10 小时。各道工序在产品在本道工序的加工程度按工时定额的 50%计算，第三道工序的累计工时定额为（　　）。

A．10 小时　　B．40 小时
C．45 小时　　D．50 小时

4．某企业产品经过两道工序，各工序的工时定额分别为 30 小时和 40 小时，则第二道工序的完工率为（　　）。

A．68%　　B．69%　　C．70%　　D．71%

5．下列方法中不属于完工产品与月末在产品之间分配费用的方法是（　　）。

A．约当产量比例法　　B．不计算在产品成本法
C．年度计划分配率分配法　　D．定额比例法

6．某种产品经两道工序加工完成。第一道工序月末在产品数量为 100 件，完工程度为 20%；第二道工序的月末在产品数量为 200 件，完工程度为 70%。据此计算的月末在产品约当产量为（　　）。

A．20 件　　B．135 件
C．140 件　　D．160 件

7．约当产量比例法适用于（　　）的产品。

A．月末在产品数量较大　　B．各月之间在产品数量变化较大
C．产品成本中各项费用比重相差不多　　D．以上三项条件同时具备

8．如果企业定额管理基础较好，能够制定比较准确、稳定的消耗定额，各月末在产品数量变化较大的产品，应采用（　　）。

A．定额比例法　　B．在产品按定额成本计价法
C．在产品按所耗原材料费用计价法　　D．在产品按固定成本计价法

9．分配加工费用时所采用的在产品的完工率是指产品（　　）与完工产品工时定额的比率。

A．所在工序的工时定额
B．前面各工序工时定额与所在工序工时定额一半的合计数
C．所在工序的累计工时定额
D．所在工序的工时定额之半

10．按完工产品和月末在产品数量比例，分配计算完工产品和月末在产品成本，必须具备下列条件（　　）。

A．在产品已接近完工　　B．原材料在生产开始时一次投料
C．在产品原材料费用比重较大　　D．各项消耗定额比较准确、稳定

11．假设某企业某种产品本月完工 250 件，月末在产品 160 件，在产品的完工程度为 40%，月初和本月发生的原材料费用共 56 520 元，原材料随着加工进度陆续投入。则完工产品和月末在产品的原材料费用分别为（　　）。

A．45 000 元和 11 520 元　　B．40 000 元和 16 250 元

C．45 000元和11 250元　　D．34 298元和21 952元

二、多项选择题

1．下列各项目中，属于广义在产品的有（　　）。

A．正在车间返修的废品　　B．已入库尚待加工的自制半成品
C．已完工尚未入库的产品　　D．已入库直接外销的自制半成品
E．待返修的废品

2．在确定生产费用在完工产品与在产品之间分配的方法时，应考虑的因素有（　　）。

A．各月在产品数量变化的大小　　B．在产品数量的多少
C．定额管理基础的好坏　　D．各项费用比重的大小
E．在产品是否接近完工

3．基本生产车间完工产品转出时，可能借记的账户有（　　）。

A．“周转材料”　　B．“原材料”
C．“辅助生产成本”　　D．“库存商品”
E．“基本生产成本”

4．分配计算完工产品和月末在产品的费用时，采用在产品按定额成本计价法所应具备的条件是（　　）。

A．各月末在产品数量变化较大　　B．产品的消耗定额比较稳定
C．各月末在产品数量变化较小　　D．产品的消耗定额比较准确
E．定额管理基础较好

5．约当产量比例法适用于分配（　　）。

A．直接材料　　B．直接人工
C．制造费用　　D．管理费用
E．燃料及动力

6．采用约当产量比例法，必须正确计算在产品的约当产量，而在产品约当产量计算正确与否取决于产品完工程度的测定，测定在产品完工程度的方法有（　　）。

A．按50%平均计算各工序完工率　　B．分工序分别计算完工率
C．按定额比例法计算　　D．按定额工时计算
E．按原材料消耗定额

7．在产品按年初数固定计算法，适用于（　　）产品。

A．各月末在产品结存数量较小　　B．各月末在产品结存数量很大
C．产品成本中各项目比重相差不大　　D．各月末在产品数量变化较大
E．各月末在产品结存数量虽大，但各月之间变化不大

8．生产费用在完工产品和月末在产品之间分配的方法有（　　）。

A．定额比例法　　B．按定额成本计价法
C．约当产量比例法　　D．计划成本分配法
E．不计在产品成本法

9．采用约当产量比例法分配完工产品和在产品费用，适用于（　　）产品。

A．月末在产品数量不大　　B．月末在产品数量较大
C．消耗定额比较准确、稳定　　D．各月在产品数量变动较大
E．产品成本中各项费用所占比重相差不多

10．分配计算完工产品和月末在产品的费用时，采用在产品按定额成本计价法所具备的条件是（　　）。

A．各月末在产品数量变动较大　　B．产品的消耗定额比较稳定
C．各月末在产品数量变动较小　　D．产品的消耗定额比较准确
E．定额管理基础较好

三、判断题

1．在产品盘盈时，应按盘盈在产品的成本借记“基本生产成本”账户，贷记“待处理财产损溢”账户。（　　）

2．各月末的在产品数量变化不大的产品，可以不计算月末在产品成本。（　　）

3．月末在产品数量较大，但各月末在产品数量变化不大的产品，其月末在产品可按固定成本计价。（　　）

4．在产品按其所耗原材料费用计价时，在产品所耗的其他费用全部由完工产品成本负担。（　　）

5．完工产品与在产品之间分配费用，如果采用在产品按完工产品计算的方法，则在产品就成为完工产品，全部生产费用之和就是完工产品成本。（　　）

6．完工产品与在产品之间分配费用的约当产量法只适用于工资和其他加工费用的分配，不适用于原材料费用的分配。（　　）

7．某工序在产品的完工率为至该工序止累计的工时定额与完工产品工时定额的比率。（　　）

8．如果原材料在生产产品的每道工序开始时一次投入，则用来分配原材料费用的完工率为该工序止累计的原材料消耗定额与完工产品原材料消耗定额的比率。（　　）

9．采用在产品不计算成本法时，某种产品每月发生的生产费用之和就是该种完工产品的成本。（　　）

10．在产品按固定成本计价法时，每年末都应实际盘点计算一次在产品成本。（　　）

11．采用约当产量法分配原材料费用的完工程度与分配加工费用的完工程度是完全相同的。（　　）

12．如果原材料在每道工序开始时一次性投入，则用来分配材料费用的最后一道工序的完工率为100%。（　　）

13．在产品按定额成本计价时，在产品费用脱离定额的差异全部由完工产品成本负担。（　　）

14．企业定额管理基础较好，各项消耗定额比较准确、稳定，各月末在产品数量变化不大时，应采用定额比例法在完工产品和月末在产品之间分配生产费用。（　　）

【应用能力训练】

实训一：生产费用在完工产品和在产品之间的分配方法

【资料】甲公司生产生产A、B、C三种产品，具体情况如下。

（1）生产的A产品每月末在产品数量较大，但各月在产品数量变化不大。本月初在产品成本为：直接材料96 000元，职工薪酬30 000元，制造费用6 000元。本月发生的生产费用为：原材料256 000元，职工薪酬70 000元，制造费用24 000元，本月完工产品1 000件，月末在产品400件。

（2）生产的B产品，其直接材料费用在产品成本中所占比重较大，材料在生产开始时一次性投入。月初在产品材料成本为30 000元，本月发生的费用如下：直接材料90 000元，职工薪酬3 500元，制造费用3 000元，本月完工产品350件，月末在产品150件。

（3）生产的C产品，月初在产品成本为：直接材料32 000元，职工薪酬18 000元，制造费用4 000元。本月发生的生产费用为：直接材料120 000元，职工薪酬84 000元，制造费用20 000元。本月完工产品400件，月末在产品100件，在产品已经接近完工。

【要求】根据以上情况讨论确定各种产品分别采用什么方法在完工产品和在产品之间分配生产费用？分别计算A、B、C三种产品的完工产品总成本和单位成本以及月末在产品的总成本。

实训二：计算在产品的投料程度

【资料】乙公司生产生产D、E两种产品，具体情况如下。

（1）生产的D产品分两道工序完成，原材料在各工序开始时一次性投入，单位产品原材料消耗定额为80kg，第一道工序为50kg，第二道工序为30kg。

（2）生产的E产品分两道工序完成，原材料在各工序开始后陆续投入，单位产品材料消耗定额为200kg，第一道工序为120kg，第二道工序为80kg。在产品在本工序的材料消耗定额按50%计算。

【要求】按原材料投入程度分别计算D、E产品在各工序的投料率。

实训三：计算在产品的完工程度

【资料】丙公司生产的F产品分两道工序完成，单位产品工时定额为50小时，其中第一道工序为35小时，第二道工序为15小时，每道工序在产品工时定额按本工序工时定额的50%计算。

【要求】计算F产品在各工序的完工率。

实训四：约当产量法的运用

1.【资料】某企业生产W产品，原材料在开始生产时一次性投入，月末在产品完工程度为60%，甲产品本月完工100件，月末在产品20件，月初在产品的直接材料费用3 512

元，直接人工费 1 152 元，制造费用 550 元。本月发生的直接材料 75 688 元，直接人工费 21 948 元，制造费用 33 770 元。

【要求】按约当产量比例法计算甲产品完工产品和月末在产品成本。

2.【资料】某企业生产 A 产品，经过三道工序加工，原材料随生产进度陆续投入，且每道工序都是一次投入的，各工序的有关资料见表 3-19。

表 3-19 在产品数量及定额资料

工　序	第一道工序	第二道工序	第三道工序	合　计
直接材料定额	280	168	112	560
工时定额	100	160	40	300
在产品数量（台）	60	70	30	160

本月 A 产品共完工 200 台，月初及本月发生费用合计为 234 520 元，其中，直接材料 180 120 元，直接人工 38 080 元，制造费用 16 320 元。

【要求】

（1）根据以上资料，计算各道工序在产品投料率、完工率及约当产量，完成表 3-20、表 3-21。

（2）采用约当产量比例法计算 A 产品本月完工产品成本和月末在产品成本，完成表 3-22。

表 3-20 A 产品投料率和约当产量计算表

工　序	直接材料定额	投料率	在产品数量/台	约当产量/台
1				
2				
3				
合　计				

表 3-21 A 产品完工率和约当产量计算表

工　序	工时定额	完工率	在产品数量/台	约当产量/台
1				
2				
3				
合　计				

表 3-22 产品成本计算单

产品名称：A 产品　　　　单位：元

项　目	直接材料	直接人工	制造费用	合　计
月初在产品成本				
本月费用				

续表

项　　目	直接材料	直接人工	制造费用	合　　计
生产费用合计				
完工产品数量				
在产品约当产量				
分配率				
本月完工产品成本				
月末在产品成本				

实训五：定额成本法的运用

【资料】ABC 公司生产 M 产品，原材料在生产开始时一次性投入。本月初在产品成本为 13 600 元，其中，直接材料 4 000 元，直接人工 6 400 元，制造费用 3 200 元。本月共发生生产费用为 254 000 元，其中，直接材料 200 000 元，直接人工 38 400 元，制造费用 15 600 元。月末在产品数量为 60 件，在产品单件材料费用定额为 30 元，单件在产品工时定额为 40 小时，每小时费用定额为：直接人工 5 元，制造费用 2.4 元。

【要求】采用定额成本法计算完工产品成本和月末在产品成本。

实训六：定额成本法的运用

【资料】某企业生产 A 产品，月初在产品直接材料费用 42 000 元，直接人工费用 3 500 元，制造费用 1 500 元。本月实际发生直接材料费用 214 000 元，直接人工费 28 000 元，制造费用 14 000 元。完工产品 5 000 件，单件原材料费用定额 30 元，单件工时定额 3.4 小时。月末在产品 400 件，单件原材料费用定额 25 元，工时定额 2.5 小时。

【要求】采用定额比例法，计算完工产品成本与期末在产品成本。

产品成本计算方法

学习目标

1. 知识目标

◆ 熟悉产品成本计算方法种类及各自特点、适用范围；

◆ 掌握产品成本计算的品种法、分批法、分步法等基本方法；

◆ 了解产品成本计算的分类法、定额法等辅助方法。

2. 技能目标

◆ 能够熟练运用产品成本计算的基本方法进行成本计算；

◆ 能够运用产品成本计算的辅助方法进行成本计算。

引导案例

戴尔公司总部位于美国得克萨斯州的奥斯汀城，是一家全球的制造业公司，是世界五百强企业。公司以生产、设计、销售家用以及办公室电脑而闻名，戴尔不生产诸如芯片和硬盘之类的电脑零件，而是专注于组装电脑并销往全世界。戴尔有四个系列的个人电脑，分别是：OptiPlex 高端台式机系列，Dimension 实用系统，笔记本电脑（如 Inspiron 系列），网络服务器。公司为全球的客户服务，每台电脑都是按照客户的订单而生产。戴尔的目标是平均 5~6 天内完成任何一笔客户订单，一笔订单中的每台电脑单独为一个批次。因为构成每台电脑零件的成本可能不同，要看客户的特别定制，所以戴尔没有产成品存货。直接材料存货周转天数为 30 天。

为客户生产一天电脑的成本是多少？这是戴尔公司管理层要回答的问题。现在需要回答的问题是：你认为戴尔公司在选择产品成本计算方法时应考虑哪些因素？根据该公司的情况，你认为应该采用什么成本计算方法？

任务 4.1 运用品种法计算产品成本

任务导入

翔宇公司有一个基本生产车间，大量大批生产甲、乙两种产品，甲、乙产品的生产工艺特点均为单步骤生产。公司有两个辅助生产车间，即修理车间和运输车间。该企业 2011 年 10 月的有关成本核算资料如下。

（1）产品产量资料见表 4-1。

表 4-1 产品数产量资料

2011 年 10 月　　单位：件

产品名称	月初在产品	本月投产	本月完工	月末在产品	月末在产品完工程度
甲产品	100	600	650	50	60%
乙产品	200	450	550	100	50%

（2）月初在产品成本资料见表 4-2。

表 4-2 月初在产品成本资料

2011 年 10 月　　单位：元

产品名称	直接材料	直接人工	制造费用	合计
甲产品	35 000	10 000	15 000	60 000
乙产品	25 000	9 000	6 000	40 000

（3）各部门耗用辅助生产车间劳务数量见表 4-3。

表 4-3 辅助生产车间供应劳务数量

辅助生产车间受益对象	修理车间劳务数量/工时	运输车间劳务数量/公里
修理车间		250
运输车间	300	
基本生产车间	5 500	7 000
企业管理部门	1 500	3 000
合　计	7 300	10 250

（4）2011 年 10 月份生产产品实际耗用工时见表 4-4。

表 4-4 生产产品工时资料

产品名称	生产工时/小时
甲产品	9 000
乙产品	6 000
合　计	15 000

（5）2011 年 10 月发生的生产费用资料如下。

①材料费用。生产甲产品耗用 A 材料 88 200 元，生产乙产品耗用 A 材料 64 000 元，生产甲、乙产品共同耗用 B 材料 12 000 元（甲产品材料定额耗用量为 3 000 千克，乙产品材料定额耗用量为 1 500 千克）。修理车间耗用 B 材料 2 000 元，运输车间耗用 B 材料 900 元，基本生产车间耗用消耗性 A 材料 3 900 元，企业管理部门耗用 A 材料 4 000 元。

②工资费用。本月共发生工资费用 255 000 元，其中生产工人工资 210 000 元，基本生产车间管理人员工资 9 000 元。修理车间人员工资 12 000 元，运输车间人员工资 5 000 元，

企业行政管理人员工资 19 000 元。

③折旧费用。本月共计提折旧 12 000 元，其中，基本生产车间厂房、机器设备折旧费为 8 500 元，修理车间固定资产折旧费为 500 元，运输车间固定资产折旧费为 1 200 元，管理部门固定资产折旧费 1 800 元。

④其他费用。本月各部门发生的其他费用汇总见表 4-5。

表 4-5　其他费用汇总表

2011 年 10 月　　单位：元

部　门	水 电 费	办 公 费	劳动保护费
基本生产车间	2 100	700	800
修理车间	1 200	100	300
运输车间	750	150	400
企业管理部门	450	300	1 400
合　计	4 500	1 250	2 900

（6）该企业有关费用分配的方法说明如下：

①甲乙产品共同耗用材料按定额耗用量比例分配；

②生产工人工资按甲、乙产品工时比例分配；

③辅助生产费用分配采用直接分配法；

④制造费用按甲、乙产品工时比例分配；

⑤按约当产量法分配计算甲、乙完工产品和月末在产品成本。甲产品耗用的材料随加工程度陆续投入，乙产品耗用的材料于生产开始时一次投入。

任务要求：

（1）根据上述资料，确定企业应采用的成本计算方法，并计算甲、乙两种产品的总成本和单位成本，编制会计分录。

（2）完成如下表格（表 4-6～表 4-14）的填制。

表 4-6　材料费用分配汇总表

材料用途		A 材料/元	B 材料			合　计
			定额消耗量/千克	分配率	分配金额/元	
生产产品	甲产品					
	乙产品					
基本生产车间						
辅助生产车间	修理车间					
	运输车间					
企业管理部门						
合　计						

表 4-7　工资费用分配表

应借账户			成本或费用项目	直接计入	分配计入		合　计
总账账户	二级账户	明细账户			生产工时	分配金额	
生产成本	基本生产成本	甲产品	直接人工				
		乙产品	直接人工				
		小计					
生产成本	辅助生产成本	修理车间	直接人工				
		运输车间	直接人工				
		小计					
制造费用	基本生产车间	工资					
管理费用		工资					
合　计							

表 4-8　辅助生产费用分配表（直接分配法）

辅助生产车间名称		修理车间	运输车间	合　计
待分配生产费用				
对外提供的劳务数量				
费用分配率				
基本生产车间耗用	数量			
	金额			
企业管理部门	数量			
	金额			
分配金额合计				

表 4-9　辅助生产成本明细账

车间名称：修理车间　　　　2011 年 10 月　　　　单位：元

月	日	摘　要	直接材料	工　资	折旧费	水电费	办公费	劳动保护费	合　计
10	31	根据材料费用分配表							
10	31	根据工资费用分配表							
10	31	根据折旧费用分配表							
10	31	根据其他费用分配表							
		本月合计							
		本月转出							

表 4-10　辅助生产成本明细账

车间名称：运输车间　　2011 年 10 月　　单位：元

月	日	摘　要	直接材料	工 资	折旧费	水电费	办公费	劳动保护费	合　计
10	31	根据材料费用分配表							
10	31	根据工资费用分配表							
10	31	根据折旧费用分配表							
10	31	根据其他费用分配表							
		本月合计							
		本月转出							

表 4-11　制造费用明细账

车间名称：　　2011 年 10 月　　单位：元

月	日	摘　要	直接材料	工 资	折旧费	水电费	办公费	劳动保护费	合　计
10	31	根据材料费用分配表							
10	31	根据工资费用分配表							
10	31	根据折旧费用分配表							
10	31	根据其他费用分配表							
		本月合计							
		本月转出							

表 4-12　制造费用分配表

产品名称	分配标准/生产工时	分配率	分配金额
甲产品			
乙产品			
合　计			

表 4-13　产品成本计算单（甲产品）

完工数量：

产品名称：　　月末在产品数量：　　在产品完工程度：　　单位：元

项　目	直接材料	直接人工	制造费用	合 计
月初在产品成本				
本月费用				
生产费用合计				
完工产品数量				
在产品约当产量				
分配率				
完工产品成本				
完工产品单位成本				
月末在产品成本				

表 4-14　产品成本计算单（乙产品）

完工数量：

产品名称：　　　　月末在产品数量：　　　　在产品完工程度：　　　　单位：元

项　目	直接材料	直接人工	制造费用	合　计
月初在产品成本				
本月费用				
生产费用合计				
完工产品数量				
在产品约当产量				
分配率				
完工产品成本				
完工产品单位成本				
月末在产品成本				

任务分析

为了正确计算产品成本和各项期间费用，充分发挥成本核算的作用，完成成本核算任务，企业除了要正确划分各种费用界限，确定各种财产物资的价值，扎实做好成本核算的各项基础工作外，还要根据企业生产特点和管理要求，采用适当的方法进行成本核算。

企业生产类型和成本管理要求的不同，会影响产品成本计算方法的选择。因此，必须先明确企业生产类型及特点、成本管理要求对成本计算的影响，进而明确应采用的成本计算方法。不同的成本计算方法，在成本计算对象、成本计算期、生产费用在完工产品和月末在产品之间的分配等三方面会有所不同。

知识导航

一、生产特点和管理要求对成本计算的影响

成本计算是为成本管理提供资料的，工业企业计算产品成本有不同的方法，因此，企业在确定产品成本计算方法时，必须从企业的具体情况出发，根据生产特点和管理要求来决定采用哪种成本计算方法。

(一) 生产特点对成本计算的影响

1. 企业生产类型

工业企业的生产特点是指生产工艺技术过程的特点和生产组织的特点。不同行业的企业有着不同的生产特点，但按照工业生产的一般特点，可进行如下分类。

(1) 按生产工艺过程特点分类

按企业生产工艺过程的特点分类，可将生产分为单步骤生产和多步骤生产。

①单步骤生产，也称为简单生产，它是指生产工艺过程不能间断，或者不便于分散在

不同地点进行的生产。如发电、采掘等。单步骤生产的企业，其产品的生产周期一般较短，通常没有自制半成品或其他中间产品；而且其工艺过程的特点决定了产品只能由一个企业或一个车间独立生产，而不能由几个车间协同进行生产。

②多步骤生产又称复杂生产，是指在工艺上可以间断、由若干加工步骤组成的生产。在整个生产活动过程中，它既可以在一个企业或车间内独立进行，也可以由几个企业或车间在不同的工作地点协作进行。多步骤生产的企业，其产品的生产周期一般较长，产品品种不是单一的，有半成品或中间产品。

按产品在生产过程中加工方式的不同，多步骤生产又可分为连续式多步骤生产和装配式多步骤生产两类。

- 连续式多步骤生产是指原材料要经过若干相互联系的加工步骤，才能完成产成品的生产。前一个步骤生产出来的半成品是后一个步骤的加工对象，直到最后一个步骤完成后才能生产出产成品。连续式多步骤生产的典型企业有：纺织企业、造纸企业、冶金企业等。
- 装配式多步骤生产是指将各种原材料平行地进行加工，制成产成品所需的各种零部件，再将零部件装配成产品的生产。装配式多步骤生产的典型企业有：机械、汽车、飞机制造等制造企业。

（2）按生产组织的特点分类

生产组织是指企业产品生产的方式，它体现生产专业化程度和产品生产重复性的高低。企业的生产按生产组织的特点划分，可分为大量生产、成批生产和单件生产三种类型。

①大量生产是指不断重复地生产相同的产品的生产。其主要特点是：企业所生产的产品品种较少，各品种的比例较稳定，产品的产量较大，而且专业化水平高，如采掘、电力、造纸等都属于这种类型的生产。

②成批生产是指按照规定的产品批别和数量，每隔一定时期重复进行某种产品生产。其主要特点是：所生产的产品品种较多，生产有一定的重复性，如服装、印刷等都属于这种类型的生产。成批生产按产品批量的大小，可分为大批生产和小批生产，大批生产的性质接近于大量生产，小批生产的性质接近于单件生产。

③单件生产是指按照购货单位的要求，生产个别的、性质特殊的产品的生产。其主要特点是：所生产的产品品种较多，但很少重复生产，如船舶制造、重型机械制造、专业设备制造等都属于这种类型的生产。

在企业生产经营活动中，生产工艺技术和生产组织是结合在一起的，不同的结合方式形成了不同类型的生产企业。在一般情况下，单步骤生产大多属于大量生产，连续式多步骤生产一般属于大量、大批生产；装配式多步骤生产可能属于大量、成批生产，也可能属于单件生产。

2. *生产特点对成本计算的影响*

生产特点对成本计算的影响主要体现在以下三个方面。

（1）对成本计算对象的影响

在大量大批单步骤生产的企业和大量大批装配式多步骤生产的企业，一般以产品品种或类别为成本计算对象；在大量大批连续式多步骤生产的企业，一般以产成品和各步骤半成品为成本计算对象；在单件、小批装配式多步骤生产企业，一般以产品的批别为成本计算对象。

（2）对成本计算期的影响

成本计算期是指每次计算产品成本的期间，即间隔多长时间计算一次成本。一般情况下，产品成本计算应定期于每月月末进行，但不同生产类型的企业并不相同，这主要取决于生产组织特点。

在大量大批生产的情况下，由于生产是连续不断地进行的，即不断地投入材料，不断地生产出产品，一般月末既有完工产品，也有在产品。为了满足企业及时了解生产耗费水平和成本水平，加强成本管理，产品成本计算一般在每月月末进行；成本计算期为月份，即按月计算产品成本，成本计算期与会计报告期一致。

在单件、小批生产的情况下，由于产品品种多、批量小，一批产品往往同时投产，同时完工，且生产周期相对较长，当该批或该件产品未完工时全部为在产品，完工时全部为产成品。因此，产品成本计算只能在某批或某件产品完工后进行，成本计算期一般与产品生产周期一致，而与会计报告期不一致。

（3）对生产费用在完工产品与在产品之间分配的影响

生产类型的特点还影响到月末是否需要将生产费用在完工产品与在产品之间进行分配。

在单步骤生产的情况下，由于月末一般没有在产品或在产品数量很少，是否计算在产品成本对完工产品成本影响不大，因此，不需要将生产费用在完工产品与在产品之间分配。

在多步骤生产中，是否需要在完工产品与在产品之间分配费用，在很大程度上取决于生产组织的特点。在大量、大批生产中，由于生产连续不断地进行，而且经常存在在产品，因而在计算成本时就需要采用适当的方法将生产费用在完工产品与在产品之间进行分配。

在小批、单件生产中，由于是以批别或件别作为成本计算对象，且批量小，一批产品往往同时投产，同时完工。因此在每批、每件产品完工前，产品成本明细账中所记的生产费用就是在产品的成本；完工后，其所记的费用就是完工产品的成本，因而不存在在完工产品与在产品之间分配生产费用的问题。

（二）成本管理要求对成本计算的影响

成本管理要求对成本计算对象的影响主要表现在：要求企业在组织成本核算时，要满足企业经营管理的需要。体现在成本计算对象的确定方面，要分清主次，区别对待。例如，在连续式多步骤生产的企业，由于产品生产过程可以间断，并可分散在不同地点进行，客观上具备了按各生产步骤计算半成品成本的条件。如果企业成本管理要求提供各步骤半成品的成本，则成本计算对象为各加工步骤的半成品和最终生产完工的各种产成品；如果成本管理不需要提供半成品的成本，则以最终产品为成本计算对象；如果成本管理要求提供某几个步骤的半成品成本，则应把这几个步骤的半成品也作为成本计算对[illegible]进行专门计算。再如，在单件小批生产的企业，由于是根据订单生产，而管理上往往只[illegible]供该件或该批产品生产的成本资料，因此，产品成本计算对象是一件或一批产[illegible]上的产品为成本计算对象。

二、产品成本计算方法的确定

（一）成本计算对象与成本计算方法

在工业企业中存在着各种不同的成本计算方法，各种成本计算方[illegible]于如何确定成本计算对象，如何确定成本计算期、生产费用在完工产品和期末在产品之间是否分配以及如何分配三方面，其中主要区别在于成本计算对象的不同。因此，正确确定产品成本计算对象，是正确计算产品成本的前提，而成本计算对象也是区别各种成本计算方法的主要标志。

各企业应根据本单位成本计算对象的特点设计成本计算方法。

在大量大批单步骤生产的企业中，由于大量重复生产一种或几种产品，成本计算对象就是该种或几种产品，成本计算期一般固定在每月月末。由于生产过程简单，生产周期短，如果月末没有在产品，或在产品很少时，则可以不计算在产品成本；如果月末在产品较多，生产费用则需要在完工产品与在产品之间进行分配。

在大量大批连续式多步骤生产的企业中，一般要求提供各步骤半成品的成本资料，成本计算对象是最终产品和各步骤半成品，成本计算期固定在每月月末。在这类企业中，月末一般有在产品，因而需要将生产费用在完工产品与在产品之间进行分配。

在大量大批装配式多步骤生产的企业中，如果成本管理不要求提供各零件、部件的成本，则成本计算对象为最终的各种产成品；如果管理上要求提供各步骤半成品（零部件）成本，则成本计算对象为最终产品和各步骤半成品，成本计算工作在各月末定期进行。在这类企业中，通常存在月末在产品，需要将生产费用在完工产品和月末在产品之间进行分配。

在单件小批多步骤生产的企业，一般按产品批别或件别组织生产，成本计算对象就是各批次或件别的产品。在这类企业中，只有该批次或件别的产品完工，才计算成本，所以成本计算期是不固定的，通常与生产周期一致。月末一般不涉及在完工产品和在产品之间分配生产费用。

（二）产品成本计算的基本方法

成本计算对象、成本计算期和生产费用在完工产品与在产品之间的分配等方面有机结合在一起，构成了不同的成本计算方法。由于各种成本计算方法的主要区别在于成本计算对象的不同，因此，基本的成本计算方法是以成本计算对象命名的，包括品种法、分批法和分步法。

（1）品种法是以产品品种为成本计算对象，归集生产费用、计算产品成本的一种方法。品种法是所有成本计算方法中最基本的方法，它主要适用于大量大批单步骤生产的企业和管理上不要求分步计算成本的大量大批多步骤生产的企业。

（2）分批[illegible]以产品的批别为成本计算对象，归集生产费用、计算产品成本的一种方法。分批[illegible]件小批单步骤生产的企业和管理上要求分步计算成本的单件小批多步骤生产的企[illegible]

（3）分[illegible]品品种及其所经生产步骤为成本计算对象来归集生产费用、计算产品成本的[illegible]适用于管理上要求分步计算成本的大量大批多步骤生产的企业。

各种[illegible]基本方法的特点、适用性等如表 4-15 所示。

表 4-15　产品成本计算的基本方法

成本计算方法	生产组织方式	生产工艺过程及管理要求	成本计算对象	成本计算期	生产费用在完工和在产之间的分配
品种法	大量大批生产	单步骤生产或管理上不要求分步骤计算产品成本的多步骤生产	产品品种	按月计算	一般不需分配
分批法	小批单件生产	单步骤生产或管理上不要求分步骤计算产品成本的多步骤生产	产品批别	按生产周期计算	一般不需分配
分步法	大量大批生产	多步骤生产	生产步骤	按月计算	需要采用一定的方法分配

（三）产品成本计算的辅助方法

在实际工作中，除了上述三种成本计算的基本方法外，还有两种辅助方法，即分类法和定额法。

（1）分类法是以产品类别为成本计算对象，将生产费用先按产品的类别进行归集，计算各类产品成本，然后再按照一定的分配标准在类内各种产品之间分配，以计算各种产品成本的方法。分类法主要是为了解决某些企业产品品种规格繁多，成本核算工作繁重等问题，而在基本成本计算方法基础上设计的一种简化的成本计算方法。此法适用于产品品种、规格繁多，但每类产品的结构、所用原材料、生产工艺过程基本相同的企业。

（2）定额法是以产品定额成本为基础，加上（或减去）脱离定额差异和定额变动差异，来计算产品成本的一种方法。定额法是定额管理基础较好的工业企业，为了加强生产费用和产品成本的定额管理、加强成本控制而采用的成本计算方法。此法适用于定额管理制度比较健全、定额管理基础工作较好、产品生产定型、消耗定额合理且稳定的企业。

分类法和定额法不是一种独立的成本计算方法，必须结合品种法、分批法和分步法等基本方法使用。

（四）产品成本计算方法的应用

如前所述，各种成本计算方法分别适用于不同类型企业产品生产的特点和成本管理的要求。在实际工作中，由于企业情况错综复杂，各个企业采用的成本计算方法往往不止一种，同一个企业里的各个生产单位，因其生产特点和管理要求不同，常常同时采用几种成本计算方法，或把几种不同的成本计算方法结合起来加以综合应用。

1. 几种成本计算方法同时应用

在一般工业企业中，同时采用几种成本计算方法的情况很多。例如，在纺织企业，既有基本生产车间，又有辅助生产车间。基本生产车间主要生产商品产品，其基本生产车间主要产品的生产特点是连续、多步骤的生产，半成品可以对外销售。因此，基本生产车间采用分步法进行成本计算。但辅助生产车间主要为基本生产车间和其他部门服务，在辅助生产车间的机修车间，主要的生产活动是维修机器设备和为生产车间制造某些设备，为了正确计算机器设备的维修成本和设备的制造成本，可采用分批法进行成本计算。在供电车间，主要的生产活动是为企业供应电力，可采用品种法计算车间提供电力的成本。就这一个企业来说，同时采用了多种成本计算方法进行成本计算。再如，在机械制造企业，对大量大批生产的定型产品，采用分步法进行成本计算；对非定型产品，采用分批法进行成本计算。

2. 几种成本计算方法结合使用

在有些工业企业，还有以一种成本计算方法为主，结合其他成本计算方法的某些特点加以综合应用的情况。例如，在单件小批生产的机械制造企业，其主要产品的生产过程是由铸造、机加工、装配等相互关联的各个生产阶段组成，其最终产品应采用分批法进行成本计算。但从各个生产阶段看则有所不同，如在铸造阶段，其生产产品品种较少，并可直接对外销售，可采用品种法进行成本计算；从铸造到机加工阶段，属于连续式多步骤生产，其成本结转可采用逐步结转分步法进行；从机加工到装配阶段，属于装配式多步骤生产，其成本结转可采用平行结转分步法进行。就这一企业来说，成本计算是以分批法为主，结合使用品种法和分步法的某些特点加以综合应用。

再如，在定额管理基础工作较好、定额管理制度较完善的企业，为了加强成本的定额管理和控制，在进行成本计算时，可在品种法、分批法和分步法的基础上，结合定额法进行，以满足企业成本管理的要求。

综上所述，工业企业的生产情况是复杂的，管理要求各不相同，因而采用的成本计算方法也是多种多样的，企业应当根据其生产特点、管理要求，并考虑自身规模大小和管理水平高低等实际情况，灵活应用各种成本计算方法。成本计算方法一经选定，应保持相对的稳定性，不允许随意变更。

三、品种法及其运用

（一）品种法含义及特点

1. 品种法及其适用范围

产品成本计算的品种法，是指以产品的品种作为成本核算对象来归集费用并计算产品成本的一种方法。品种法的适用范围，从其生产工艺过程看，是单步骤生产及不要求分步计算的多步骤生产企业；从生产组织方式看，大多是大量大批生产企业，如发电、采掘生产企业等。

2. 品种法的特点

品种法的特点表现在以下三个方面。

（1）以产品品种作为成本计算对象。采用品种法的企业，如果只生产一种产品，就以该种产品为成本计算对象，开设产品成本明细账（或产品成本计算单）。这时，企业发生的生产费用都是直接费用，可直接根据有关凭证和费用分配表，登记该产品成本明细账中有关成本项目。如果生产多种产品，则分别以每种产品为成本计算对象，分别设置产品成本明细账；对发生的生产费用，分别以每种产品按成本项目进行归集。凡是各种产品直接耗用的费用，可根据有关凭证和费用分配表直接计入该种产品成本明细账中的有关成本项目；凡属几种产品共耗用的费用，可根据有关费用分配表分配计入各种产品成本明细账中的有关成本项目。

（2）按月计算产品成本。大批大量连续性生产产品的企业，是连续不断地重复生产一种或几种产品，不可能在产品全部制造完工后计算其成本，只能根据成本管理的要求，定期在月末计算出当月完工产品总成本和单位成本，其成本计算期与会计报告期一致，而与产品的生产周期不一致。

（3）有月末在产品的需要在完工产品和期末在产品之间分配费用。在采用品种法的企业，如果月末在产品数量很少，则可不必计算在产品成本，以简化成本计算；如果在产品数量比较多，就需要采用适当的方法，如约当产量法、在产品按定额成本计算法、定额比例法等，将生产费用在完工产品和月末在产品之间进行分配，以便计算完工产品成本和月末在产品成本。

（二）品种法的成本计算程序

采用品种法计算产品成本的一般程序如下。

1. 设置产品成本明细账

按产品品种设置生产成本明细账（或产品成本计算单），设置成本项目专栏，如果有月初在产品，则将月初在产品的成本计入产品成本明细账中。

2. 分配各项要素费用

依据当月生产费用发生的有关原始凭证，运用一定的方法分配要素费用，编制各种费用分配表或汇总表，对发生的各种直接计入费用，可直接计入各种产品的产品成本明细账；对发生的各种间接计入费用，按一定标准进行分配后再计入各产品的产品成本明细账。具体包括内容如下。

（1）分配材料费用：根据领用材料的凭证、退料凭证及有关分配标准，编制材料费分配表，分配材料费用并登记有关明细账。

（2）分配动力费用：根据仪表记录等，编制外购动力费用分配表，分配动力费用并登记有关明细账。

（3）分配人工费用：根据各车间、部门工资结算凭证，编制职工薪酬费用分配表分配人工费用并登记有关明细账。

（4）分配折旧费用：根据各车间、部门计提固定资产折旧的方法，编制折旧费用分配表，分配折旧费用并登记有关明细账。

（5）分配其他费用：根据其他费用原始凭证编制记账凭证，登记有关明细账。

（6）分配辅助生产费用：对根据各种费用分配表和其他有关资料在辅助生产成本细账上归集的生产费用，采用适当的方法编制辅助生产费用分配表，分配辅助生产费用并登记有关明细账。

（7）分配制造费用：根据基本生产车间制造费用明细账归集的生产费用，采用一定的方法在各种产品之间进行分配，编制制造费用分配表，并将分配结果登记在基本生产成本明细账或成本计算单中。

3. 计算各种完工产品成本和在产品成本

月末，将各个产品的产品成本明细账（或产品成本计算单）上所归集的各种生产费用连同月初在产品成本，按成本项目进行加总，确定当月全部生产费用。如果没有月末在产品，则本月所归集的全部生产费用就是完工产品总成本；如果有月末在产品，则采有适当的分配方法，将生产费用在完工产品和月末在产品之间进行分配，确定完工产品成本和月末在产品成本。

4. 汇总并结转完工产品成本

根据各成本计算单中计算出来的本月完工产品成本，汇总编制完工产品成本汇总表，计算各种完工产品的总成本和单位成本。

（三）品种法应用举例

【例 4-1】华兴工厂设有为一个基本生产车间，大量生产 A、B 两种产品，还设有修理、运输两个辅助生产车间。根据生产特点和成本管理要求，企业采用品种法计算产品成本，设置“直接材料”、“燃料及动力”“直接人工”、“制造费用”四个成本项目。A、B 两种产品所需原材料在生产开始时一次性投入，A、B 产品共同耗用的材料按定额消耗量比例分配。基本生产车间生产工人工资、制造费用均按生产工时比例分配。辅助生产车间的制造费用不单独核算，归集的辅助生产费用采用直接分配法分配。月末，A、B 产品采用约当产量法计算完工产品成本和月末在产品成本。该厂 2011 年 7 月份有关产品成本核算资料如表 4-16~表 4-19 所示。

表 4-16　产品产量资料

2011 年 7 月　　单位：件

产品名称	月初在产品	本月投产	本月完工	月末在产品	月末在产品完工程度
A 产品	100	400	300	200	50%
B 产品	40	340	320	60	40%

表 4-17　月初在产品成本资料

2011 年 7 月　　单位：元

产品名称	直接材料	燃料及动力	直接人工	制造费用	合　计
A 产品	20 000	900	2 000	3 600	26 500
B 产品	25 360	1 184	2 344	4 252	33 140

表 4-18　生产产品工时资料

2011 年 7 月

产品名称	生产工时
A 产品	12 000
B 产品	18 000
合　计	30 000

表 4-19　辅助生产车间供应劳务数量

2011 年 7 月

辅助生产车间受益对象	修理车间劳务数量/工时	运输车间劳务数量/公里
修理车间	·	150
运输车间	100	
基本生产车间	3 700	5 200
企业管理部门	1 180	1 320
合　计	4 980	6 670

按品种法计算 A、B 产品的成本，其成本计算程序如下。

1. 按成本计算对象设置生产成本明细账

该厂以生产的 A、B 两种主要产品为成本计算对象，按 A 产品和 B 产品分别开设“基本生产成本”明细账（产品成本计算单），按直接材料、燃料及动力、直接人工、制造费用四个成本项目设专栏组织明细核算；按修理车间和运输车间开设“辅助生产成本”明细账，并按费用项目设专栏组织明细核算；按基本生产车间开设“制造费用”明细账，并按费用项目设专栏组织明细核算。

2. 归集和分配各项要素费用

（1）材料费用

在实际工作中，材料费用的分配一般通过“材料费用分配表”进行。材料费用分配表是企业应根据审核无误的领料凭证，按材料的用途及类别汇总编制。华兴工厂根据审核无误的领料凭证，按用途编制的材料费用分配表如表 4-20 所示。

表 4-20　材料费用分配表

2011 年 7 月　　单位：元

应借账户			成本或费用项目	直接计入费用	间接计入费用		合　计
总账账户	二级账户	明细账户			定额消耗量/千克	分配金额	
生产成本	基本生产成本	A 产品	直接材料	112 000	8 000	10 800	122 800
		B 产品	直接材料	71 680	12 000	16 200	87 880
		小计		183 680	20 000	27 000	210 680
生产成本	辅助生产成本	修理车间	直接材料	3 600			3 600
		运输车间	直接材料	2 800			2 800
		小计		6 400			6 400
制造费用	基本生产车间	机物料消耗		3 900			3 900
管理费用		机物料消耗		2 100			2 100
合　计				196 080		27 000	223 080

根据表 4-20，编制会计分录如下。

借：生产成本——基本生产成本——A 产品　　122 800
　　　　　　　　　　　　　——B 产品　　87 880
　　生产成本——辅助生产成本——修理车间　　3 600
　　生产成本——辅助生产成本——运输车间　　2 800
　　制造费用　　3 900
　　管理费用　　2 100
　　贷：原材料　　223 080

（2）外购动力费用

企业外购动力（如电力、蒸汽等），有的直接用于产品生产，有的用于照明、取暖等其他用途。企业外购的动力费用应按用途和使用部门进行分配，通过编制“外购动力费用分配表”进行。华兴工厂按用途编制的材料费用分配表如表 4-21 所示。

表 4-21　外购动力费用分配表

2011 年 7 月　　　　单位：元

应借账户		成本或费用项目	动力费用分配			电费分配		
			生产工时/小时	分配率	分配金额	用电度数	单价	金额
生产成本——基本生产成本	A 产品	燃料及动力	12 000		2 880			
	B 产品	燃料及动力	18 000		4 320			
	小计		30 000	0.24	7 200	9 000	0.8	7 200
生产成本——辅助生产成本	修理车间	燃料及动力				2 000	0.8	1 600
	运输车间	燃料及动力				150		120
制造费用		电费				300	0.8	240
管理费用		电费				500	0.8	400
合　计						11 950		9 560

根据表 4-21，编制会计分录如下。

借：生产成本——基本生产成本——A 产品　　2 800
　　　　　　　　　　　　　——B 产品　　4 320
　　生产成本——辅助生产成本——修理车间　　1 600
　　生产成本——辅助生产成本——运输车间　　120
　　制造费用　　240
　　管理费用　　400
　　贷：银行存款　　9 560

（3）职工薪酬费用

月末，企业根据工资结算汇总表和有关生产工时记录编制“职工薪酬费用分配表”，如表 4-22 所示。

表 4-22　职工薪酬费用分配表

2011 年 7 月　　　　单位：元

应借账户			成本或费用项目	工　资			其他薪酬	合　计
总账账户	二级账户	明细账户		生产工时/小时	分配率	分配金额		
生产成本	基本生产成本	A 产品	直接人工	12 000		62 400	8 736	71 136
		B 产品	直接人工	18 000		93 600	13 104	106 704
		小计		30 000	5.2	156 000	21 840	177 840
生产成本	辅助生产成本	修理车间	直接人工			5 000	700	5 700
		运输车间	直接人工			4 000	560	4 560
		小计				9 000	1 260	10 260
制造费用	基本生产车间		工资			4 300	602	4 902
管理费用			工资			7 000	980	7 980
合　计						176 300	24 682	200 982

根据表 4-22，编制会计分录如下。

借：生产成本——基本生产成本——A 产品 71 136
——B 产品 106 704
生产成本——辅助生产成本——修理车间 5 700
生产成本——辅助生产成本——运输车间 4 560
制造费用 4 902
管理费用 7 980
贷：应付职工薪酬 200 982

（4）折旧费用

折旧费用的分配是通过编制“固定资产折旧费用分配表”进行的。企业根据各车间、各部门的月初固定资产原始价值资料和折旧率，计算编制“固定资产折旧费用分配表”，并据以登记有关总账和明细账。其格式如表 4-23 所示。

表 4-23 固定资产折旧费用分配表

2011 年 7 月 单位：元

应借账户			成本或费用项目	折旧费
总账账户	二级账户	明细账户		
生产成本	辅助生产成本	修理车间	制造费用	600
		运输车间	制造费用	1 900
		小计		2 500
制造费用	基本生产车间		折旧费	6 200
管理费用			折旧费	2 700
合 计				11 400

根据表 4-23，编制会计分录如下。

借：生产成本——辅助生产成本——修理车间 600
生产成本——辅助生产成本——运输车间 1 900
制造费用 6 200
管理费用 2 700
贷：累计折旧 11 400

（5）其他费用

根据有关资料，编制办公费用等其他费用分配汇总表，如表 4-24 所示。

表 4-24 其他费用分配表

2011 年 7 月 单位：元

应借账户			成本或费用项目	金 额
总账账户	二级账户	明细账户		
生产成本	辅助生产成本	修理车间	制造费用	700
		运输车间	制造费用	400
		小计		1 000
制造费用	基本生产车间		其他	1 500
管理费用			其他	1 250
合 计				3 850

根据表 4-24，编制会计分录如下：

借：生产成本——辅助生产成本——修理车间　　700

　　生产成本——辅助生产成本——运输车间　　400

　　制造费用　　1 500

　　管理费用　　1 250

　　贷：银行存款　　3850

（6）辅助生产费用

首先根据以上各种费用分配表和其他有关资料在“辅助生产成本明细账”中归集辅助生产费用，如表 4-25、表 4-26 所示。

表 4-25　辅助生产成本明细账

车间名称：修理车间　　2011 年 7 月　　单位：元

月	日	凭证号	摘　要	直接材料	燃料及动力	直接人工	制造费用	合　计
7	31	表 4-20	材料费用	3 600				3 600
7	31	表 4-21	动力费用		1 600			1 600
7	31	表 4-22	职工薪酬费用			5 700		5 700
7	31	表 4-23	折旧费用				600	600
7	31	表 4-24	其他费用				700	700
			本月合计	3 600	1 600	5 700	1 300	12 200
			本月转出	3 600	1 600	5 700	1 300	12 200

表 4-26　辅助生产成本明细账

车间名称：运输车间　　2011 年 7 月　　单位：元

月	日	凭证号	摘　要	直接材料	燃料及动力	直接人工	制造费用	合　计
7	31	表 4-20	材料费用	2 800				2 800
7	31	表 4-21	动力费用		120			120
7	31	表 4-22	职工薪酬费用			4 560		4 560
7	31	表 4-23	折旧费用				1900	1 900
7	31	表 4-24	其他费用				400	400
			本月合计	2 800	120	4 560	2 300	9 780
			本月转出	2 800	120	4 560	2 300	9 780

然后，采用适当的方法，将以上“辅助生产成本明细账”中归集的辅助生产费用进行分配，通常通过编制“辅助生产费用分配表”进行，如表 4-27 所示。

表 4-27　辅助生产费用分配表（直接分配法）

2011 年 7 月　　单位：元

辅助生产车间名称		修理车间	运输车间	合　计
待分配生产费用		12 200	9 780	
对外提供的劳务数量		4 880	6 520	
费用分配率		2.5	1.5	
基本生产车间	数量	3 700	5 200	
	金额	9 250	7 800	17 050
企业管理部门	数量	1 180	1 320	
	金额	2 950	1 980	4 930
分配金额合计		12 200	9 780	21 980

根据表 4-27，编制分配结转辅助生产费用的会计分录如下。

借：制造费用　　17 050
　　管理费用　　4 930
　　贷：生产成本——辅助生产成本——修理车间　　12 200
　　　　　　　　　　　　　　　——运输车间　　9 780

（7）制造费用

首先，根据以上各种费用分配表和其他有关资料在“制造费用明细账”中归集各项间接费用，如表 4-28 所示。

表 4-28　制造费用明细账

车间名称：基本生产车间　　2011 年 7 月　　单位：元

月	日	凭证号	摘　要	机物料消耗	职工薪酬	折旧费	水电费	办公费	其他	合　计
7	31	表 4-20	材料费用	3 900						3 900
7	31	表 4-21	动力费用				240			240
7	31	表 4-22	职工薪酬		4 902					4 902
7	31	表 4-23	折旧费用			6 200				6 200
7	31	表 4-24	其他费用					1 500		1 500
7	31	表 4-27	辅助生产费用						17 050	17050
			本月合计	3 900	4 902	6 200	240	1 500	17 050	33 792
			本月转出	3 900	4 902	6 200	240	1500	17 050	33 792

然后，采用适当的方法，将以上制造费用明细账中归集的费用进行分配，通常通过编制“制造费用分配表”进行，如表 4-29 所示。

表 4-29　制造费用分配表

2011 年 7 月　　单位：元

产品名称	分配标准/生产工时	分配率	分配金额
A 产品	12 000		13 516.8
B 产品	18 000		20 275.2
合计		1.1264	33 792

根据表 4-29，编制分配结转制造费用的会计分录如下。

借：生产成本——基本生产成本——A 产品　　13 516.8

　　　　　　　　　　　　　　——B 产品　　20 275.2

　贷：制造费用　　33 792

3. 计算各种完工产品成本和在产品成本

根据产品成本明细账记录，编制产品成本计算单，计算 A、B 完工产品和在产品成本。本例中按约当产量法分配 A、B 产品的生产费用。

（1）A 产品生产费用的分配。A 产品本月生产完工 300 件，月末在产品 200 件，原材料在 A 产品生产开始时一次性投入，其他费用在生产过程中陆续发生，在产品完工程度按 50%计算，采用约当产量法分配如表 4-30 所示。

表 4-30　产品成本计算单

完工数量：300 件

产品名称：A 产品　月末在产品数量：200 件　在产品完工程度：50%　单位：元

项　目	直接材料	燃料及动力	直接人工	制造费用	合　计
月初在产品成本	20 000	900	2 000	3 600	26 500
本月生产费用	122 800	2 800	71 136	13 516.80	210 252.80
生产费用合计	142 800	3 700	73 136	17 116.80	236752.80
完工产品数量	300	300	300	300	
在产品约当产量	200	100	100	100	
约当总产量	500	400	400	400	
分配率	285.60	9.25	182.84	42.79	520.48
完工产品成本	85 680	2 775	54 852	12 837.80	156 144.80
月末在产品成本	57 120	925	18 284	4 279	80 608

（2）B 产品生产费用的分配。该企业 B 产品本月完工 320 件，月末在产品 60 件，原材料在 A 产品生产开始时一次性投入，其他费用在生产过程中陆续发生，在产品完工程度为 40%，采用约当产量法分配如表 4-31 所示。

表 4-31　产品成本计算单

完工数量：320 件

产品名称：B 产品　　月末在产品数量：60 件　　　　在产品完工程度：40%　　　　单位：元

项　目	直接材料	燃料及动力	直接人工	制造费用	合　计
月初在产品成本	25 360	1 184	2 344	4 252	33 140
本月生产费用	87 880	4 320	106 704	20 275.2	219 179.2
生产费用合计	113 240	5 504	109 048	24 527.2	252 319.2
完工产品数量	320	320	320	320	
在产品约当产量	60	24	24	24	
约当总产量	380	344	344	344	
分配率	298	16	317	71.30	702.30
完工产品成本	95 360	5 120	101 440	22 816	224 736
月末在产品成本	17 880	384	7 608	1 711.2	27 583.2

根据表 4-30、4-31 的产品成本计算单中完工产品成本资料，编制“完工产品成本汇总表”结转完工产品成本，如表 4-32 所示。

表 4-32　完工产品成本汇总表

成本项目	A 产品（300 件）		B 产品（320 件）	
	总成本	单位成本	总成本	单位成本
直接材料	85 680	285.60	95 360	298
燃料及动力	2 775	9.25	5 120	16
直接人工	54 852	182.84	101 440	317
制造费用	12 837.80	42.79	22 816	71.30
合计	156 144.80	520.48	224 736	702.30

根据表 4-32，编制结转完工产品成本的会计分录如下。

借：库存商品——A 产品　　　　156 144.80

　　　　　　——B 产品　　　　224 736.00

　贷：生产成本——基本生产成本——A 产品　　　　156 144.80

　　　　　　　　　　　　　　　——B 产品　　　　224 736.00

根据有关记账凭证登记生产成本明细账如表 4-33、表 4-34 所示。

表 4-33 产品成本明细账

产品名称：A 产品　　　　　　　　　　生产车间：基本生产车间

2011年 月	日	凭证号	摘要	产量/件	成本项目 直接材料	燃料及动力	直接人工	制造费用	合计
7	1		月初在产品成本	100	20 000	900	2 000	3 600	26 500
7	31	20	分配材料费用	400	122 800				122 800
7	31	21	分配动力费用			2 800			2 800
7	31	22	分配职工薪酬				71 136		71 136
7	31	29	分配制造费用					13 516.8	13 516.8
			生产费用合计	500	142 800	3 700	73 136	17 116.8	236 752.8
			完工产品成本	300	85 680	2 775	54 852	12 837.8	156 144.8
			月末在产品成本	200	57 120	925	18 284	4 279	80 608

表 4-34 产品成本明细账

产品名称：B 产品　　　　　　　　　　生产车间：基本生产车间

2011年 月	日	凭证号	摘要	产量/件	成本项目 直接材料	燃料及动力	直接人工	制造费用	合计
7	1		月初在产品成本	40	25 360	1 184	2 344	4 252	33 140
7	31	20	分配材料费用	340	87 880				87 880
7	31	21	分配动力费用			4 320			4 320
7	31	22	分配职工薪酬				106704		106 704
7	31	29	分配制造费用					20 275.2	20 275.2
			生产费用合计	380	113 240	5 504	109 048	24 527.2	252319.2
			完工产品成本	320	95 360	5 120	101 440	22 816	224 736
			月末在产品成本	60	17 880	384	7 608	1 711.2	27 583.2

任务实施

请根据所学知识点和任务要求，按照品种法计算步骤，完成任务 4.1 中相关费用分配表、明细账和产品成本计算单的填制（如表 4-6～表 4-14），并做出结转完工入库产品成本的账务处理。

1. 任务实施方式

（1）小组共同分析确定情境任务中的企业应采用何种成本计算方法？为什么？

（2）完成表 4-6～表 4-14，一些计算可以由小组成员协作完成，以提高任务完成效率。

2. 任务实施中应注意的问题

（1）注意填表过程中的产品数量不要计算合计。

（2）注意不同成本项目的在产品约当产量计算上的差别。

任务 4.2　运用分批法计算产品成本

任务导入

新锐公司根据购货单位的订货单小批量生产 A、B 两种产品，采用分批法计算产品成本。该公司 2011 年 10 月份的生产情况和有关生产费用资料如下所示。

（1）10 月份生产产品的批号及生产情况如下。

301 批号 A 产品 8 件，8 月份投产，本月全部完工。

302 批号 B 产品 10 件，9 月份投产，本月完工 4 件，在产品 6 件，在产品的完工程度为 40%。原材料在生产开始时一次性投入。

303 批号 A 产品 20 件，本月投产，均未完工。

（2）月初及本月的成本资料分别如表 4-35、表 4-36 所示。

表 4-35　月初在产品成本资料

2011 年 10 月　　单位：元

批　　号	直接材料	直接人工	制造费用	合　　计
301	3 000	1 800	1 000	5 800
302	4 200	2 400	1 500	8 100

表 4-36　本月发生的生产费用资料

2011 年 10 月　　单位：元

批　　号	直接材料	直接人工	制造费用	合　　计
301	7 000	6 400	2 100	15 500
302		3 000	2 500	5 500
303	15 000	8 300	4 200	27 500

任务要求如下。

（1）根据上述资料，确定企业应采用的成本计算方法，进行本月份产品成本核算，完成产品成本计算单（如表 4-37、表 4-38、表 4-39 所示）的编制。

（2）根据成本计算结果，汇总填制完工产品成本汇总表（如表 4-40 所示），并编制会计分录。

表 4-37 产品成本计算单

产品批号：301　　产品批量：　　投产日期：

产品名称：　　完工日期：　　单位：元

项　目	直接材料	直接人工	制造费用	合　计
月初在产品成本				
本月生产费用				
生产费用合计				
本月完工产品成本				

表 4-38 产品成本计算单

产品批号：302　　产品批量：　　投产日期：

产品名称：　　完工日期：　　单位：元

项　目	直接材料	直接人工	制造费用	合　计
月初在产品成本				
本月生产费用				
生产费用合计				
本月完工产品成本				
单位成本				
月末在产品成本				

表 4-39 产品成本计算单

产品批号：303　　产品批量：　　投产日期：

产品名称：　　完工日期：　　单位：元

项　目	直接材料	直接人工	制造费用	合　计
月初在产品成本				
本月生产费用				
生产费用合计				
月末在产品成本				

表 4-40 完工产品成本汇总表

批　号	产品名称	计量单位	产　量	成本项目			总成本	单位成本
				直接材料	直接人工	制造费用		
301								
302								
合　计								

任务分析

有些制造企业，如船舶制造、重型机械制造、铁路机车制造等企业，在组织产品生产过程中，不能大量大批地重复生产一种或几种产品，往往是根据各订货单位的要求，小批量或单件进行某种规格、型号和性能等特定产品的生产，这种产品生产的主要特点是产品的品种、规格较多，单件产品规模较大，生产工艺较复杂，产品规格不一，一般不重复生产完全相同的产品。针对这种生产类型，就需要采用分批法计算产品成本。因此，需要明确分批法的特点、适用范围及成本计算程序。

知识导航

一、分批法概述

（一）分批法及其特点

1. 分批法的含义及适用范围

产品成本计算的分批法是指，以产品的批别作为成本核算对象，归集生产费用，计算产品成本的一种方法。由于企业的生产活动基本是按照订货单位的订单签发生产通知单组织生产的，按照产品批别计算产品成本，往往也就是按照订单计算产品成本，因此，分批法也叫订单法。

分批法通常适用于单件小批生产的企业。这类企业，一般根据客户的订单要求生产特殊规格、规定数量的产品，客户的订单可能是单件的大型产品（如重型机器设备、船舶等），也可能是多件同样规格的产品（如专用设备、特种仪器等）。分批法也适用于产品种类经常变动的小规模企业（如小五金商品生产、服装生产企业等），需要根据市场变化不断调整生产品种和数量，一般不会大批生产。此外，一般工业企业的新产品试制或试验，也属于小批量生产，可采用分批法计算产品成本。

2. 分批法的特点

（1）以产品批别作为成本核算对象。分批法按每批产品或每件产品开设基本生产成本明细账或产品成本计算单，对能按批次划分的直接费用，可直接计入各该基本生产成本明细账的有关成本项目；对不能明确批次的间接费用，先按照发生的地点归集，然后采用适当的分配方法，在各批产品之间进行分配，之后计入各产品成本明细账。

在单件、小批生产中，生产产品的种类和每批产品的数量，大多是根据购货单位的订单确定，因此分批法又叫订单法。但是订单和分批并不是一个概念，在实际工作中，产品的订单与产品批号之间的关系有如下三种。

一是一份订单一个批号，即直接按照购货单位的订单下达生产批号。

二是多份订单一个批号，如果在同一时期内，企业接到不同购货单位要求生产同一种产品的订单，为了经济合理地组织生产，企业计划部门可以将其合并为一批组织生产。这时，分批法的成本核算对象，就不是购货单位的订单，而是企业生产计划部门签发下达的生产任务通知单，单内对该批生产任务进行编号，称为产品批号或工作令号，会计部门根据产品批号设置生产成本明细账或设立产品成本计算单，归集生产费用，计算产品成本。

三是一份订单几个批号，如果在一张订单中规定有几种产品，或虽然只有一种产品但其数量较大又要求分批交货，企业计划部门可以将上述订单按照产品品种划分批别组织生产，或将同类产品划分数批组织生产，计算每批产品成本。

（2）成本计算期与生产周期一致。在分批法下，按月归集各批产品的实际生产费用，但各批产品的成本只有该批产品全部完工以后才能计算出来。因此，完工产品成本计算是不定期的，其成本计算期与产品的生产周期基本一致。

（3）一般不需要在完工产品和月末在产品间分配生产费用。在单件、小批生产下，由于完工产品成本计算期与产品的生产周期一致，因而，在月末计算产品成本时，通常有两种情况：产品全部完工或产品全部未完工，这样，一般不存在完工产品和月末在产品之间分配费用的问题。但在批量较大，出现批内产品有跨月陆续完工的情况时，月末计算成本时，一部分产品已完工，另一部分产品尚未完工，为了使收入和费用相配比，这时就有必要在完工和月末在产品间分配生产费用，以便计算完工产品和月末在产品成本。如果跨月陆续完工的情况不多，月末完工产品数量占批量比重较小，为了简化成本计算工作，对于先完工的部分，可以按计划单位成本、定额单位成本或最近一期相同产品的实际单位成本计算完工产品成本，从产品成本计算单中转出，剩下的即为该批产品的在产品成本。在该批产品全部完工后，计算该批产品的实际总成本和单位成本，但对已经结转的完工产品成本，不做账面调整。在批内产品跨月陆续完工情况较多，月末完工产品数量占批量比重较大时，为了提高成本计算的准确性，则应采用适当的方法（如约当产量、定额成本法、定额比例法等），在完工产品和月末在产品间分配费用，计算完工产品和月末在产品成本。

（二）分批法的成本计算程序

1. 按产品批别设产品成本计算单

企业按产品批别组织生产，会计部门根据企业生产计划部门下达的生产任务通知单上的产品批号，为每批产品开设产品成本明细账（产品成本计算单）。

2. 按产品批别归集和分配本月发生的各种费用

在分批法下，要按产品批别归集和分配生产费用，对于各批次产品的直接费用，可以直接计入该批产品的成本明细账中；将发生的间接费用按照一定标准在各批产品之间进行分配，计入各有关批别的产品成本明细账中。

3. 计算完工产品成本

分批法一般不需要在完工产品和月末在产品间分配生产费用。某批产品全部完工，则该批别产品成本明细账中归集的生产费用合计数，就是该批产品的实际总成本。月末各批未完工订单的产品成本明细账所汇集的生产费用，就是月末在产品成本。如果产品少量跨月陆续完工，则可以用完工产品数量乘以计划单位成本、定额成本或近期实际单位成本计算出完工产品成本。

二、分批法应用举例

【例4-2】某企业根据购买单位订单小批生产丙产品和丁产品，采用分批法计算产品成本。该企业2011年7月的生产情况和生产费用情况如下。

（1）本月生产的产品批号级完工情况如表 4-41 所示。

表 4-41　产品生产情况

产品批号	产品名称	投产情况	本月完工数量	月末在产品
0621	丙产品	6 月 21 日投产 16 台	4 台	12 台
0703	丁产品	7 月 3 日投产 12 台	8 台	4 台
0704	丙产品	7 月 15 日投产 10 台		10 台

（2）月初在产品成本：0621 批号丙产品：原材料 2 960 元，直接人工 1 320 元，制造费用 1 440 元。

（3）本月各批号产品的生产费用资料如表 4-42 所示。

表 4-42　本月发生的生产费用资料

2011 年 7 月　　单位：元

批　　号	直接材料	直接人工	制造费用	合　　计
0621	4 512	2 760	3 100	10 372
0703	3 780	3 280	2 690	9 750
0704	2 200	2140	2 500	6 840

（4）完工产品与在产品生产费用分配方法如下。

0621 号丙产品本月完工数量较少，为简化核算，完工产品按计划成本结转。每台产品的单位计划成本为 510 元，其中，原材料 160 元，直接人工 110 元，制造费用 240 元。

0703 号丁产品采用约当产量法分配完工产品和月末在产品成本，原材料在生产开始时一次性投入，在产品完工程度为 50%。

根据上述资料，计算各批产品的完工产品成本和月末在产品成本。

按分批法计算各批别产品的成本，其成本计算程序如下。

（1）按产品批别设产品成本计算单，并按按产品批别归集和分配本月发生的各种费用。

该企业以产品批别为成本计算对象，设置 0621 批号丙产品、0703 批号丁产品、0704 批号丙产品三个成本计算单，如表 4-43～表 4-45 所示。

表 4-43　产品成本计算单

产品批号：0621　　产品批量：16　　投产日期：2011 年 6 月 21 日

产品名称：丙产品　　完工数量：4　　完工日期：2011 年 7 月 31 日　　单位：元

项　　目	直接材料	直接人工	制造费用	合　　计
月初在产品成本	2 960	1 320	1 440	5 720
本月生产费用	4 512	2 760	3 100	10 372
生产费用合计	7 472	4 080	4 540	16 092
本月完工产品成本	640	440	960	2 040
单位计划成本	160	110	240	510
月末在产品成本	6 832	3 640	3 580	14 052

表 4-44　产品成本计算单

产品批号：0703　　产品批量：12　　投产日期：2011 年 7 月 3 日

产品名称：丁产品　　完工数量：8　　完工日期：2011 年 7 月 31 日　　单位：元

项　目	直接材料	直接人工	制造费用	合　计
本月生产费用	3 780	3 280	2 690	9 750
生产费用合计	3 780	3 280	2 690	9 750
本月完工产品成本	2 520	2 624	2 152	7 296
月末在产品成本	1 260	656	538	2 454

$$完工产品应负担的原材料费用=\frac{3\,780}{12}\times 8=2520(元)$$

$$月末在产品应负担的原材料费用=\frac{3\,780}{12}\times 4=1\,260(元)$$

$$完工产品应负担的直接人工费用=\frac{3\,280}{8+4\times 50\%}\times 8=2624(元)$$

$$月末在产品应负担的直接人工费用=\frac{3\,280}{8+4\times 50\%}\times 4\times 50\%=656(元)$$

$$完工产品应负担的制造费用=\frac{2\,690}{8+4\times 50\%}\times 8=2152(元)$$

$$月末在产品应负担的制造费用=\frac{2\,690}{8+4\times 50\%}\times 4\times 50\%=538(元)$$

表 4-45　产品成本计算单

产品批号：0704　　产品批量：10　　投产日期：2011 年 7 月 16 日

产品名称：丙产品　　完工数量：　　完工日期：　　单位：元

项　目	直接材料	直接人工	制造费用	合　计
本月生产费用	2 200	2 140	2 500	6 840
生产费用合计	2 200	2 140	2 500	6 840
月末在产品成本	2 200	2 140	2 500	6 840

（2）根据表 4-43、表 4-44 确定的完工产品成本，做会计分录如下。

借：库存商品——丙产品　　2 040

　　　　　　——丁产品　　7 296

　贷：生产成本——基本生产成本——丙产品　　2 040

　　　　　　　　　　　　　　——丁产品　　7 296

三、简化的分批法

在某些单件小批生产的企业或车间，当各月份投产的产品批别多，生产周期长，而月末完工产品的批别较少，未完工产品批别较多时，把各项间接费用分配给所有批别的产品，成本核算的工作量非常繁重。因此，在投产批数较多，而月末未完工产品批数也较多的企业，可以考虑采用一种简化的分批法。

（一）简化分批法及其特点

简化分批法又称为累计间接费用分配法或不分批计算在产品成本的分批法，它是将每月发生的人工费用和制造费用等间接费用，不是按月在各批产品之间进行分配，而是先通过基本生产成本二级账累计起来，待产品完工时再根据累计间接费用分配率，计算各批完工产品成本的方法。这种简化的分批法，主要是简化间接费用的分配，它具有以下特点：

（1）在按批次或批别设置产品成本明细账的同时，还必须要设置基本生产成本二级账。前者平时只登记直接材料费用和生产工时，后者则归集企业投产的所有批次产品的各项费用（包括直接费用和间接费用）和累计的全部生产工时。

（2）简化了间接费用的分配。每月发生的各项间接计入费用，不是按月在各批产品成本之间进行分配，而是先在基本生产成本二级账中累计起来，在有完工产品的月份，要计算累计间接费用分配率，在各批完工产品之间分配间接费用，并计算完工产品成本。对未完工的产品，则不分配间接费用，即不分配计算在产品成本。未完工批数越多，核算越简化。在这里，累计间接费用分配率既是在各批完工产品之间分配各项间接费用的依据，也是完工产品与月末在产品之间分配各项间接费用的依据。其相关计算公式为：

$$\text{累计间接费用分配率}=\frac{\text{期初结存的全部产品某项间接费用}+\text{本月发生的某项间接费用}}{\text{期初结存产品全部在产品工时}+\text{本月发生的全部工时}}$$

或

$$\text{累计间接费用分配率}=\frac{\text{全部产品某项累计间接费用}}{\text{全部产品累计生产工时}}$$

其批完工产品应分配的某项间接费用＝该批完工产品累计生产工时×累计间接费用分配率

（3）各批别产品基本生产成本明细账中除完工产品成本外，均不反映间接费用的项目成本，月末在产品只反映直接费用（直接材料）和生产工时。

采用简化分批法，未完工批别的产品成本明细账不能完整地反映月末在产品的成本，如果各月的间接费用相差悬殊，会影响各批产品成本计算的正确性。因此，应用简化的分批法应具备两个条件：一是各月份的间接费用水平比较均衡；二是月末未完工产品的批数较多。只有这样，才能做到既简化产品成本的核算，又确保成本计算的正确。

（二）简化分批法的成本计算程序

（1）按产品批别或订单设置基本生产成本明细账（或产品成本计算单），并登记月初在产品的直接费用和生产工时。

（2）设置基本生产成本二级账，并登记月初在产品的累计间接费用和累计生产工时。

（3）登记各批别产品发生的生产费用和生产工时。

在各批别产品成本明细账（或产品成本计算单）中，只登记直接费用和生产工时，不登记间接费用；在“基本生产成本”二级账中既要登记各批别产品的累计直接费用和累计生产工时，同时也要登记各批产品共同发生的累计间接费用。

（4）计算完工产品成本。

有完工产品的月份，要根据基本生产成本二级账中归集的各项累计间接费用和累计生产工时数据，计算各项累计间接费用分配率，并以此为标准计算当月完工批别产品应负担的各项间接费用，该批产品的直接费用加上分配的各项间接费用，即为该批完工产品总成本。

对月末尚未完工的各批产品，不分配间接费用，全部未完工批别产品的在产品成本只分成本项目，以总数集中反映在基本生产成本二级账户中，不需要按产品批别分配计入各产品成本明细账（或产品成本计算单）。

（三）简化分批法应用举例

【例4-3】利丰机械厂属于小批生产产品企业，其产品批数多，但月末未完工产品也很多，为了简化成本计算工作，采用简化的分批法计算在产品成本。该企业2011年8月份的产品批号如下所示。

410批号：A产品8件，6月投产，本月完工。

411批号：A产品10件，7月投产，尚未完工。

412批号：B产品12件，7月投产，本月完工4件。

413批号：C产品6件，8月投产，尚未完工。

（1）设立基本生产成本二级账

该企业设立的基本生产成本二级账，如表4-46所示。每月只登记各批产品的直接计入费用（如直接材料）和各批产品的实际耗用工时数。只有在有产品完工的月份，才需要分配和登记间接费用。

表4-46　基本生产成本二级账

2011年8月　　　　单位：元

摘　要	直接材料	生产工时	直接人工	制造费用	合　计
月初余额	11 140	4 560	4 770	7 212	23 122
本月发生	5 020	6 340	8 310	9 138	22 468
累计	16 160	10 900	13 080	16 350	45 590
累计间接费用分配率			1.2	1.5	
完工产品转出	4 760	3 650	4 380	5 475	14 615
月末在产品成本	11 400	7 250	8 700	10 875	30 975

在"基本生产成本"二级账中，分成本项目登记各批产品的全部生产费用和生产工时。本月发生的直接材料费用和生产工时，应根据本月直接材料费用分配表、生产工时记录，与各批产品成本明细账平行登记；本月发生的各项间接计入费用，应根据各该费用分配表汇总计入基本生产成本二级账。在表4-45中，累计间接费用分配率计算如下：

直接人工费用累计分配率＝13 080÷10 900＝1.2（元/小时）

制造费用累计分配率＝16 350÷10 900＝1.5（元/小时）

在"基本生产成本"二级账中，本月完工产品的直接材料费用和生产工时，应根据各完工批别产品成本计算单（410批、412批）中的直接材料费用和生产工时汇总登记；完工产品的各项间接费用可以根据各完工批别产品的累计生产工时分别乘以各项累计间接费用分配率计算登记，也可以根据各完工批别产品成本计算单（410 批、412 批）中各该间接费用分别汇总登记。基本生产成本二级账中 8 月末的余额为各批别未完工的在产品成本累计数。

本月完工转出直接材料费用＝3 160＋1 600＝4 760（元）
本月完工转出生产工时＝2 500＋1 150＝3 650（小时）
本月完工转出直接人工费用＝3 000＋1 380＝4 380（元）
本月完工转出制造费用＝3 750＋1 725＝5 475（元）

或

本月完工转出直接人工费用＝3650×1.2＝4 380（元）
本月完工转出制造费用＝3650×1.5＝5 475（元）

（2）设置产品成本计算单

该企业的各批产品成本计算单如表 4-47～表 4-50 所示。

表 4-47　产品成本计算单

产品批号：410　　产品批量：8　　投产日期：2011 年 6 月
产品名称：A 产品　　完工日期：2011 年 8 月　　单位：元

项　目	直接材料	生产工时	直接人工	制造费用	合　计
月初余额	2 140	1 470			
本月发生	1 020	1 030			
累计数及分配率	3 160	2 500	1.2	1.5	
本月完工产品转出	3 160	2 500	3 000	3 750	9 910
完工产品单位成本	395		375	468.75	1 238.75

表 4-48　产品成本计算单

产品批号：411　　产品批量：10　　投产日期：2011 年 7 月
产品名称：A 产品　　完工日期：　　单位：元

项　目	直接材料	生产工时	直接人工	制造费用	合　计
月初余额	4 200	1 590			
本月发生	700	2 030			

表 4-49　产品成本计算单

产品批号：412　　产品批量：12　　投产日期：2011 年 7 月
产品名称：B 产品　　完工日期：2011 年 8 月　完工 4 件　　单位：元

项　目	直接材料	生产工时	直接人工	制造费用	合　计
月初余额	4 800	1 500			
本月发生		2 000			
累计数及分配率	4 800	3 500	1.2	1.5	
本月完工产品转出	1 600	1 150	1 380	1 725	4 705
完工产品单位成本	4 00		345	431.25	1 176.25
月末在产品成本	3 200	2 350			

表 4-50　产品成本计算单

产品批号：413　　产品批量：6　　投产日期：2011 年 8 月

产品名称：C 产品　　完工日期：　　单位：元

项　目	直接材料	生产工时	直接人工	制造费用	合　计
本月发生	3 300	1 280			

任务实施

1. 任务实施方式

（1）小组共同讨论企业应采用的成本计算方法。

（2）课堂完成产品成本计算单（如表 4-37～表 4-39 所示）的编制，一些计算可以由小组成员协作完成，以提高任务完成效率。

（3）根据成本计算结果，汇总填制完工产品成本汇总表，并编制会计分录。

2. 任务实施中应注意的问题

（1）注意填表过程中的产品数量不要计算合计。

（2）注意不同成本项目的在产品约当产量计算上的差别。

任务 4.3　运用分步法计算产品成本

任务导入

W 公司是一家服装生产企业，常年大批量生产甲、乙两种工作服。产品生产过程划分为裁剪、缝纫两个生产步骤，相应设置裁剪、缝纫两个基本生产车间。裁剪车间为缝纫车间提供半成品，经缝纫车间加工最终形成产成品。甲、乙两种产品耗用的主要材料（布料）相同，所耗缝纫线和扣子等辅助材料由于金额较小，不单独核算材料成本，而是直接计入制造费用。

W 公司采用平行结转分步法计算产品成本，实际发生的生产费用在各种产品之间的分配方法是：材料费用按定额材料费用比例分配，生产工人薪酬和制造费用按实际生产工时比例分配。月末生产费用在完工产品和在产品之间分配的方法是：材料费用按定额材料费用比例分配，生产工人薪酬和制造费用按定额工时比例分配。W 公司 6 月份有关成本费用资料如下。

（1）甲、乙两种产品定额资料如表 4-51、表 4-52 所示。

表 4-51　甲产品定额资料

车间名称	单件产成品定额		本月投入	
	材料费用/元	工时/小时	材料费用/元	工时/小时
裁剪车间	60	1	150 000	1 500
缝纫车间		2		4 000
合　计	60	3	150 000	5 500

表 4-52　乙产品定额资料

车间名称	单件产成品定额		本月投入	
	材料费用/元	工时/小时	材料费用/元	工时/小时
裁剪车间	80	0.5	100 000	500
缝纫车间		1.5		2 500
合　计	80	2	100 000	3 000

（2）6 月份甲产品实际完工入库产成品 2 000 套。

（3）6 月份裁剪车间、缝纫车间实际发生的原材料费用、生产工时以及生产工人薪酬、制造费用如表 4-53、表 4-54 所示。

表 4-53　6 月份裁剪车间实际耗用的生产工时及生产费用资料

产品名称	材料费用/元	生产工时/小时	生产人员薪酬/元	制造费用/元
甲产品		1 600		
乙产品		800		
合　计	280 000	2 400	30 000	120 000

表 4-54　6 月份缝纫车间实际耗用的生产工时及生产费用资料

产品名称	材料费用/元	生产工时/小时	生产人员薪酬/元	制造费用/元
甲产品		4 200		
乙产品		2 800		
合　计		7 000	140 000	350 000

（4）裁剪车间和缝纫车间甲产品的期初在产品成本如表 4-55 所示。

表 4-55　月初在产品成本资料

项　目	车间	直接材料		定额工时	直接人工	制造费用	合　计
		定额	实际				
月初在产品成本	裁剪车间	30 000	30 000	2 000	18 500	60 000	108 500
	缝纫车间			800	7 200	15 600	22 800

任务要求如下。

（1）将裁剪车间和缝纫车间6月份实际发生材料费用、生产工人薪酬和制造费用在甲、乙两种产品之间进行分配。

（2）编制完成裁剪车间和缝纫车间的甲产品成本计算单（如表4-56、表4-57所示）。

（3）编制甲产品成本汇总计算表（如表4-58所示）。

表4-56　裁剪车间甲产品成本计算单

车间名称：裁剪车间

项　目	直接材料		定额工时/小时	直接人工	制造费用	合　计
	定额	实际				
月初在产品成本						
本月发生费用						
生产费用合计						
分配率						
产成品成本份额						
月末广义在产品成本						

表4-57　缝纫车间甲产品成本计算单

车间名称：缝纫车间

项　目	直接材料		定额工时/小时	直接人工	制造费用	合　计
	定额	实际				
月初在产品成本						
本月发生费用						
生产费用合计						
分配率						
产成品成本份额						
月末广义在产品成本						

表4-58　甲产品成本汇总计算表

生产车间	产成品数量/套	直接材料	直接人工	制造费用	合　计
裁剪车间					
缝纫车间					
完工产品总成本					
完工产品单位成本					

任务分析

完成以上任务，首先要划清不同产品的费用界限，需要借助于前面所学习的各项生产费用在不同产品之间的分配方法。同时，还要划清完工产品和在产品的费用界限，并采用适当的方法在完工产品和在产品之间分配费用。在任务资料中，尽管涉及的是两种产品，但企业能不能按产品品种作为成本计算对象，计算产品成本呢？当产品的生产涉及多个生产步骤时，企业的成本计算该如何进行？要解决以上问题，顺利完成工作任务，必须熟悉一种新的产品成本计算方法——分步法。

知识导航

一、分步法概述

企业为了加强成本管理，不仅要按照产品品种归集生产费用，计算产品成本，而且还要求按照产品的生产步骤来归集生产费用，计算各步骤产品成本，为企业提供反映各种产品及其各生产步骤成本计划执行情况的资料。分步法正是适应这一管理要求的一种基本成本计算方法。

（一）分步法及其特点

1．分步法的含义及分类

产品成本计算的分步法是指以产品的品种及其所经过的生产步骤作为成本核算对象，来归集生产费用，计算产品成本的一种方法。

在实际工作中，采用分步法时，根据企业对各生产步骤成本管理的要求不同，以及出于简化核算工作的考虑，各生产步骤成本的计算和结转，有逐步结转和平行结转两种方法。因此，产品成本计算的分步法，也就分为逐步结转分步法和平行结转分步法两种。

逐步结转分步法是按生产步骤逐步计算并结转半成品成本，直到最后步骤计算出产品成本的方法。逐步结转分步法在成本管理上要求提供半成品成本资料，因此，又称为计算半成品成本的分步法。

平行结转分步法是将各生产步骤应计入相同产成品成本的份额平行汇总，以求得产成品成本的方法。平行结转分步法在成本管理上不要求提供半成品成本资料，因此，又称为不计算半成品成本的分步法。

2．分步法的特点

（1）以产品的品种及其所经过的生产步骤作为成本计算对象。

在采用分步法时，成本核算对象是产品品种及其所经过的生产步骤，但逐步结转分步法和平行结转分步法在成本核算对象上有所区别。

逐步结转分步法是计算半成品成本的分步法，其成本核算对象是产成品及其所经生产步骤的半成品。各生产步骤需要计算半成品成本，直到最后步骤计算出最终产成品的成本。

平行结转分步法是不计算半成品成本的分步法，其成本核算对象是产成品及其所经过的生产步骤。各生产步骤只归集本步骤发生的生产费用，只计算和结转最终产成品在本步骤的成本份额，不计算半成品成本。

采用分步法计算产品成本时，产品成本计算单要按生产步骤和产品品种设置。如果企业只生产一种产品，成本计算对象就是该种产成品及其所经过的生产步骤；如果企业生产多种产品，成本计算对象就是各种产品及其所经过的各生产步骤。这里所说的生产步骤是指成本计算上的步骤，是按企业成本管理的要求来划分的，它与产品实际生产步骤（加工步骤）可能一致，也可能不完全一致。例如，为了简化核算，对成本管理上没有必要分步计算成本的生产步骤，可以与其他生产步骤合并计算成本。但当一个生产单位的规模比较大，其内部包含几个生产步骤，而企业成本管理上又要求在生产单位内部再分生产步骤计算成本时，成本核算对象中的生产步骤就不应该是生产单位，而应该是生产单位内部的生产步骤。

在分步法下，各步骤发生的生产费用，如果能直接计入某种成本计算对象的，则要直接计入；如果不能直接计入成本计算对象的，就先按生产步骤归集，月末再按一定标准分配计入。

（2）成本计算按月进行。由于分步法主要用于大量大批多步骤生产的企业，这类企业产品的投产与完工总是不间断的，为了分期核算成本以确定各会计期间的经营成果，就需要按月定期计算产品成本。因此，分步法的成本计算期与会计报告期是一致的，与产品的生产周期无法一致，成本计算只能定期按月进行。

（3）通常需要在完工产品和月末在产品之间分配生产费用。在大量大批多步骤生产中，由于产品往往都是跨月陆续完工，月末经常存在在产品，因此，需要采用适当的方法把各步骤的生产费用在完工产品和月末在产品之间进行分配。

（二）分步法的适用范围

分步法主要适用于大量大批的多步骤生产企业，如纺织、造纸和机械制造业等。在这些企业中，产品生产可以划分为若干生产步骤，如纺织企业的生产可以分为纺纱、织布、印染等步骤，机械制造企业的生产可以分为铸造、加工和装配等步骤。在这些企业，为了加强各生产步骤的成本管理，不仅要求按产品的品种计算完工产品成本，而且要求按生产步骤汇集生产费用，计算各步骤的生产成本，以便考核完工产品及其所经过的生产步骤的成本计划的执行情况。当然，由于分步法有逐步结转分步法和平行结转分步法之分，其在适用范围上会有所不同。

（1）逐步结转分步法的适用范围。逐步结转分步法主要适用于半成品对外销售和需要考核半成品成本的大量大批连续式多步骤生产的企业。在这种类型的企业中，各步骤生产的半成品既可移转给下一步骤继续加工，又可以作为商品对外销售（如纺织厂的棉纱）。还有的企业生产的半成品虽不对外销售，但为企业内部几种产品共同耗用，因此，在这些企业计算成本时，除了要计算各种产成品的成本外，还必须计算各生产步骤的半成品成本。

（2） 平行结转分步法的适用范围。平行结转分步法主要适用于成本管理上不要求计算半成品成本的企业，特别是半成品不对外销售的大量、大批装配式多步骤生产企业。在这些企业中，半成品从原材料投入生产到产品制成，先是由各生产步骤对各种原材料平行地进行加工，使之成为各种零件或部件（半成品）；然后，在最后步骤装配成各种完工产品。如果这些企业各生产步骤的半成品种类较多，且半成品一般不对外销售，采用平行结转分步法，可以简化和加速成本计算工作。在某些连续式多步骤生产的企业，如果各生产步骤所产半成品仅供本企业下一步骤继续加工，也可以采用平行结转分步法。

二、逐步结转分步法

（一）逐步结转分步法的成本计算程序

采用逐步结转分步法，应按生产步骤分产品品种开设产品成本计算单，并按成本项目归集本步骤的生产费用。除第一步骤以外的各步骤生产产品发生的费用，包括各步骤本身发生的费用和耗用上步骤半成品费用两部分。具体来说，就是先计算第一步骤所产半成品成本，并将其转入第二步骤；然后将第二步骤本身发生的费用加上第一步骤转入的半成品成本，计算出第二步骤所产半成品成本，并将其转入第三步骤……这样，按生产步骤逐步计算并结转半成品成本以后，在最后步骤计算出完工产品成本。如果各步骤完工的半成品通过半成品库收发，还应在半成品库和有关生产步骤之间，随着半成品实物的收入和发出，结转半成品成本。

上述核算过程表明，逐步结转分步法实际上就是品种法的多次连续运用。逐步结转分步法的成本计算程序如图 4-1 所示。

第一步骤甲产品成本计算单

月初在产品成本	5 000	月末在产品成本	4 000
本月直接材料费用	30 000	本月完工转入第二步骤的半成品成本	
本月加工费用	50 000		81 000

第二步骤甲产品成本计算单

月初在产品成本	4 000	月末在产品成本	4 500
本月本步骤发生费用	60 000	本月完工转入第三步骤的半成品成本	
本月上步骤转入半成品成本	81 000		140 500

第三步骤甲产品成本计算单

月初在产品成本	2 000	月末在产品成本	5 500
本月本步骤发生费用	47 000	本月完工产品成本	
本月上步骤转入半成品成本	140 500		184 000

图 4-1　逐步结转分步法的成本计算程序示意图

（二）逐步结转分步法的实际应用

采用逐步结转分步法时，按照半成品成本在下一生产步骤产品成本计算单中反映方法的不同，分为综合结转方法和分项结转法两种。

1. 综合结转法

（1）综合结转法的含义及应用

综合结转法是将各步骤所生产的半成品成本，以“直接材料”或“半成品”项目综合转入下一步骤的产品成本计算单中的方法。即下一步骤耗用上一步骤的半成品成本，是以其合计数综合计入下一步骤产品成本计算单中的“直接材料”或“半成品”项目中去，而不是以“直接材料”、“直接人工”、“制造费用”等原始的成本项目转入下一步骤的产品成本计算单的相应项目之中。

综合结转法可以按照半成品的实际成本结转，也可以按照半成品的计划成本（或定额成本）结转。按实际成本结转，对所耗上一步骤半成品成本，应根据所耗半成品的数量乘以实际单位成本计算。当半成品通过半成品库收发时，由于各月入库半成品的单位成本不同，因而，应采用先进先出法或加权平均法等方法计算所耗上步骤的半成品成本；如果半成品不通过半成品库收发，而是直接从上一步骤转入下一步骤加工，则下一步骤所耗上一步骤的半成品成本直接按上一步骤本月完工的半成品成本数额转入。在按计划成本综合结转半成品成本时，对半成品的日常收发均按照计划单位成本核算；在半成品实际成本计算出来以后，在计算半成品的成本差异率，调整所耗半成品的成本差异。

【例 4-4】鑫盛工厂大量生产甲产品，顺序经过三个生产步骤，分设三个车间进行加工。该企业采用逐步结转分步法计算产品成本，原材料在生产开始时一次性投入，其他费用陆续发生。各步骤完工的半成品不通过半成品库收发，全部转到下一步骤继续加工，第一车间生产的产品为 A 半成品，完工后交第二车间继续加工；第二车间将 A 半成品进一步加工为 B 半成品，完工后交第三车间继续加工；第三车间的完工产品为甲产品。半成品成本按实际成本综合结转，各步骤产品成本采用约当产量法计算，在产品完工程度为 50%。甲产品本月产量和有关费用资料如表 4-59、表 4-60 所示。

表 4-59　产品产量记录

2011 年 9 月　　单位：件

项　目	第一车间	第二车间	第三车间
月初在产品	160	20	140
本月投入	440		
上步转入		500	400
本月完工	500	400	480
月末在产品	100	120	60

表 4-60　费用资料

2011 年 9 月　　单位：元

项　目	车　间	直接材料	半成品	直接人工	制造费用	合　计
月初在产品成本	一车间	16 000		800	2 400	19 200
	二车间		2 800	500	700	4 000
	三车间		36 400	1 400	2 800	40 600
本月发生费用	一车间	44 000		4 700	14 100	62 800
	二车间			22 500	31 500	54 000
	三车间			8 800	17 600	26 400

根据以上资料，采用综合结转分步法计算产品成本，并编制产品成本计算单，如表 4-61、表 4-62、表 4-63 所示。

表 4-61　一车间产品成本计算单

产品名称：A 半成品　　2011 年 9 月　　产量：500 件

项　　目	直接材料	直接人工	制造费用	合　　计
月初在产品成本	16 000	800	2 400	19 200
本月发生费用	44 000	4 700	14 100	62 800
生产费用合计	60 000	5 500	16 500	82 000
完工半成品成本	50 000	5 000	15 000	70 000
半成品单位成本	100	10	30	140
月末在产品成本	10 000	500	1 500	12 000

表 4-61 有关计算如下：

直接材料费用分配率＝60 000÷（500＋100×100%）＝100

直接人工费用分配率＝5 500÷（500＋100×50%）＝10

制造费用分配率＝16 500÷（500＋100×50%）＝30

表 4-62　二车间产品成本计算单

产品名称：B 半成品　　2011 年 9 月　　产量：400 件

项　　目	A 半成品	直接人工	制造费用	合　　计
月初在产品成本	2 800	500	700	4 000
本月发生费用	70 000	22 500	31 500	124 000
生产费用合计	72 800	23 000	32 200	128 000
完工半成品成本	56 000	20 000	28 000	104 000
半成品单位成本	140	50	70	260
月末在产品成本	16 800	3 000	4 200	24 000

表 4-62 有关计算如下：

半成品费用分配率＝72 800÷（400＋120×100%）＝140

直接人工费用分配率＝23 000÷（400＋120×50%）＝50

制造费用分配率＝32 200÷（400＋120×50%）＝70

表 4-63　三车间产品成本计算单

产品名称：甲产品　　2011 年 9 月　　产量：480 件

项　　目	B 半成品	直接人工	制造费用	合　　计
月初在产品成本	36 400	1 400	2 800	40 600
本月发生费用	104 000	8 800	17 600	130 400
生产费用合计	140 400	10 200	20 400	171 000
完工产品成本	124 800	9 600	19 200	153 600
产品单位成本	260	20	40	320
月末在产品成本	15 600	600	1 200	17 400

表 4-63 有关计算如下：

半成品费用分配率＝140 400÷（480＋60×100%）＝260

直接人工费用分配率＝10 200÷（480＋60×50%）＝20

制造费用分配率＝20 400÷（480＋60×50%）＝40

根据完工产品交库单和成本计算结果，编制结转完工入库甲产品实际成本的会计分录如下。

借：库存商品——甲产品　　153 600

　贷：生产成本——基本生产成本——甲产品　　153 600

（2）综合结转法的成本还原

采用综合结转分步法，各步骤所耗上一步骤的半成品成本是通过“半成品”或“原材料”项目综合反映的，进行半成品成本结转时比较简便，而且可以提供各步骤所耗半成品的综合指标，但不能提供按原始成本项目反映的成本资料。这样 ，成本计算的步骤越多，最后一个步骤产品成本计算单中“半成品”项目的成本在产品总成本中所占的比重越大，故而不能据以了解产品成本的结构。因此，为了能够从整体角度分析和考核企业产品成本构成，必须对产品成本中的“半成品”项目进行“还原”，以反映产品成本的原始构成情况。

成本还原是将完工产品成本构成中的“半成品”成本项目的成本，还原为按“直接材料”、“直接人工”、“制造费用”等原始成本项目反映的成本，从而反映产品成本的原始构成情况。成本还原是按照与生产工艺相反的顺序进行的。即从最后一步骤开始，将其所耗的上一步骤自制半成品的综合成本，按照上一生产步骤所产半成品的成本构成，分解还原为按原始成本项目反映的成本，如此从后往前逐步分解还原，直到第一步骤，使产成品成本中半成品成本还原成为原始成本项目为止；然后再将各步骤还原后的成本项目金额加以汇总，即可求出按原始成本项目反映的完工产品成本资料。其计算公式为：

$$成本还原率=\frac{本月产成品所耗上一步骤半成品的综合成本}{上步骤本月完工半成品成本}$$

还原的上步骤各成本项目金额=上步骤本月完工半成品各成本项目金额×成本还原率

实际工作中，可以通过编制“产品成本还原计算表”进行成本还原的计算。

【例4-5】仍以例 4-4 的资料为例，鑫盛工厂完工入库甲产品 480 件，经过计算，实际总成本为 153 600 元，其中“B 半成品”项目为 124 800 元，“直接人工”项目为 9 600 元，“制造费用”项目为 19 200 元。甲产品实际总成本中的“B 半成品”项目的成本 124 800 元需要进行成本还原。二车间本月所产半成品总成本为 104 000 元，则编制产品成本还原计算表如表 4-64 所示。

表 4-64　产品成本还原计算表

产品名称：甲产品　　2011 年 9 月　　产量：480 件

项　目	还原分配率	B 半成品	A 半成品	直接材料	直接人工	制造费用	合　计
还原前产品总成本		124 800			9 600	19 200	153 600
本月所产 B 半成品成本			56 000		20 000	28 000	104 000

续表

项 目	还原分配率	B半成品	A半成品	直接材料	直接人工	制造费用	合 计
B半成品成本还原	1.2	−124 800	67 200		24 000	33 600	0
本月所产A半成品成本				50 000	5 000	15 000	70 000
A半成品成本还原	0.96		−67 200	48 000	4 800	14 400	0
还原后产品总成本				48 000	38 400	67 200	153 600
还原后产品单位成本				100	80	140	320

注：B 半成品成本还原率=124 800÷104 000=1.2；

A 半成品成本还原率=67 200÷70 000=0.96。

值得注意的是，本月完工产品中所耗的半成品也可能包括上个月结存的半成品，按照以上方法进行成本还原，没有考虑以前月份所产半成品成本结构对本月产成品所耗半产品结构的影响。因此，在各月半成品成本结构变动较大的情况下，对还原结果的正确性会有一定的影响。

采用综合结转法可以反映企业各生产步骤耗用原材料、自制半成品和加工费用的水平及自制半成品和完工产品的成本，有利于各生产步骤成本的管理、控制、分析和考核，便于分清各自生产经营的效果和责任。但该方法必须通过成本还原才能反映产品成本的原始构成，增加了成本核算的工作量。该方法主要适用于管理上要求反映各步骤完工半成品成本的企业。

2. 分项结转法

分项结转法是将各步骤所生产的半成品成本，按照成本项目分项转入下一生产步骤成本计算单的相应成本项目中去的方法。如果半成品通过半成品库收发，则在自制半成品明细账中，也要按照成本项目分别登记。

【例4-6】假设例 4-4 中鑫盛工厂的半成品成本按实际成本分项结转，产量资料及其他资料不变，本月有关费用资料如表 4-65 所示。

表 4-65 费用资料

2011 年 9 月　　单位:元

项 目	车 间	直接材料	直接人工	制造费用	合 计
月初在产品成本	一车间	16 000	800	2 400	19 200
	二车间	2 000	700	1 300	4 000
	三车间	14 000	9 800	16 800	40 600
本月发生费用	一车间	44 000	4 700	14 100	62 800
	二车间		22 500	31 500	54 000
	三车间		8 800	17 600	26 400

根据以上资料，采用分项结转分步法计算产品成本，并编制产品成本计算单，如表 4-66、表 4-67、表 4-68 所示。

表 4-66　一车间产品成本计算单

产品名称：A 半成品　　　　2011 年 9 月　　　　产量：500 件

项　目	直接材料	直接人工	制造费用	合　计
月初在产品成本	16 000	800	2 400	19 200
本月发生费用	44 000	4 700	14 100	62 800
生产费用合计	60 000	5 500	16 500	82 000
完工半成品成本	50 000	5 000	15 000	70 000
半成品单位成本	100	10	30	140
月末在产品成本	10 000	500	1 500	12 000

表 4-67　二车间产品成本计算单

产品名称：B 半成品　　　　2011 年 9 月　　　　产量：400 件

项　目	直接材料	直接人工	制造费用	合　计
月初在产品成本	2 800	500	700	4 000
本月加工费用		22 500	31 500	54 000
本月耗用上步骤半成品	50 000	5 000	15 000	70 000
生产费用合计	52 800	28 000	47 200	128 000
完工半成品成本	40 616	24 348	41 044	106 008
半成品单位成本	101.54	60.87	102.61	265.02
月末在产品成本	12 184	3 652	6 156	21 992

表 4-67 有关计算如下：

半成品费用分配率＝52 800÷（400＋120×100%）＝101.54

直接人工费用分配率＝28 000÷（400＋120×50%）＝60.87

制造费用分配率＝47 200÷（400＋120×50%）＝102.61

表 4-68　三车间产品成本计算单

产品名称：甲产品　　　　2011 年 9 月　　　　产量：480 件

项　目	直接材料	直接人工	制造费用	合　计
月初在产品成本	14 000	9 800	16 800	40 600
本月加工费用		8 800	17 600	26 400
本月耗用上步骤半成品	40 616	24 348	41 044	106 008
生产费用合计	54 616	42 948	75 444	173 008
完工产品成本	48 547.2	40 420.8	71 006.4	159 974.4
产品单位成本	101.14	84.21	147.93	333.28
月末在产品成本	6 068.8	2 527.2	4 437.6	13 033.6

表 4-68 有关计算如下：

半成品费用分配率＝54 616÷（480＋60×100%）＝101.14

直接人工费用分配率＝42 948÷（480＋60×50%）＝84.21

制造费用分配率＝75 444÷（480＋60×50%）＝147.93

根据完工产品交库单和成本计算结果，编制结转完工入库甲产品实际成本的会计分录如下：

借：库存商品——甲产品　　159 974.4

　　贷：生产成本——基本生产成本——甲产品　　159 974.4

采用分项结转法可以直接反映完工产品各成本项目的原始结构，便于从整个区域角度考核和分析产品成本计划的执行情况，不需要进行成本还原。但这种方法的成本结转工作较为复杂，而且在各生产步骤完工产品成本中反映不出所耗费的上一生产步骤半成品费用和本步骤的加工费用，不利于对完工产品成本进行综合分析。因此，这种方法主要适用于管理上不要求分别反映各生产步骤完工产品所耗费的半成品费用，而要求按原始成本项目反映各步骤半成品成本的企业。

综上所述，在逐步结转分步法下，无论是综合结转法还是分项结转法，半成品的成本结转同实物转移都是一致的。两者的主要区别在于，半成品成本在下一生产步骤成本计算单中反映的方式不同，前者是通过“半成品”项目综合反映，后者是按原始成本项目分项反映。

三、平行结转分步法

（一）平行结转分步法的成本计算程序

采用平行结转分步法，首先，按产品的生产步骤和产品品种开设产品成本计算单，按成本项目归集本步骤发生的生产费用，但上一步骤的半成品成本不随半成品实物转入下一步骤。其次，将各生产步骤归集的生产费用在完工产品与月末广义在产品之间进行分配，以确定应计入完工产品成本的生产费用“份额”。最后，将各步骤应计入完工产品成本的“份额”汇总，就可以计算出最终产成品的成本。平行结转分步法的成本计算程序如图 4-2 所示。

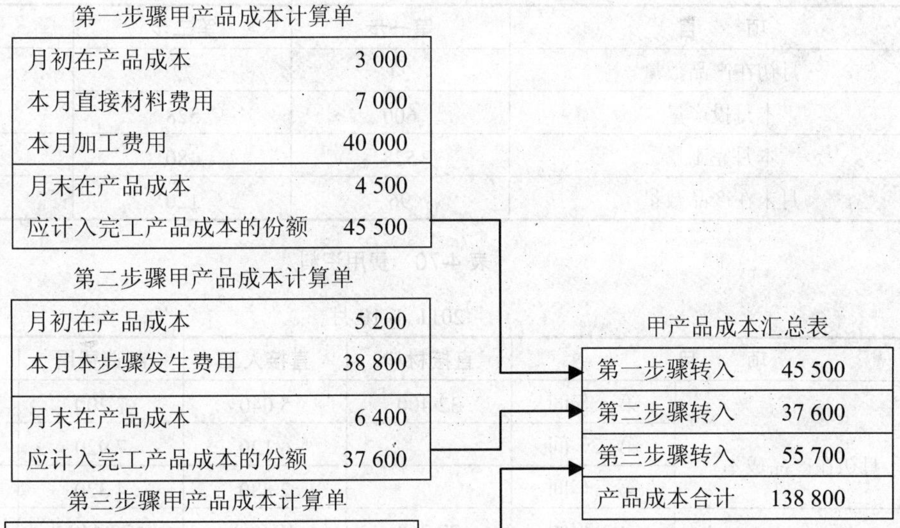

图 4-2　平行结转分步法的成本计算程序示意图

（二）平行结转分步法的实际运用

平行结转分步法的运用主要是确定各步骤应计入完工产品成本的“份额”，常用方法是约当产量法和定额比例法。

1. 按约当产量法确定各步骤应计入产品成本的“份额”

在平行结转分步法下，采用约当产量法分配应计入完工产品成本的“份额”和广义的在产品成本时，其相关计算公式为：

$$各成本项目费用分配率=\frac{各成本项目月初结存费用+各项目本月发生费用}{完工产品数量+广义在产品约当产量}$$

某步骤广义在产品约当产量＝该步骤月末在产品数量×该步骤在产品完工程度＋以后各步骤在产品数量

应计入完工产品各成本项目的“份额”＝完工产品数量×各成本项目费用分配率

广义在产品应负担的费用＝广义在产品约当产量×各成本项目费用分配率

【例4-7】华宇公司生产丙产品，依次经过第一、第二、第三车间加工，各步骤加工的半成品不经过半成品库收发，直接在各步骤间结转。公司加工的半成品全部用于丙产品的生产，不对外销售。因此，为简化成本核算，该企业的成本核算采用平行结转分步法。原材料在生产开始时一次性投入，加工成本随各步骤产品加工进度陆续均匀发生，各车间采用约当产量法分配生产费用。丙产品本月产量和有关费用资料如表4-69、表4-70所示。

表4-69 产品产量记录

2011年10月　　单位：台

项　目	第一步	第二步	第三步
月初在产品数量	24	72	120
本月投产量	600	528	480
本月完工量	528	480	552
月末在产品数量	96	120	48

表4-70 费用资料

2011年10月　　单位：元

项　目		直接材料	直接人工	制造费用	成本合计
月初在产品成本	第一车间	32 400	5 040	7 200	44 640
	第二车间		6 120	7 920	14 040
	第三车间		2 880	4 320	7 200
本月生产费用	第一车间	77 760	18 000	20 448	116 208
	第二车间		21 600	21 780	43 380
	第三车间		28 224	30 240	58 464

（1）根据以上资料，采用约当产量法分配登记完工产品应负担的成本份额和月末在产品应负担的成本，并登记各车间产品成本计算单如表4-71～表4-73所示。

表 4-71 第一车间产品成本计算单

产品名称：丙产品　　2011 年 9 月　　产量：552 件

项　目	直接材料	直接人工	制造费用	合　计
月初在产品成本	32 400	5 040	7 200	44 640
本月发生费用	77 760	18 000	20 448	116 208
生产费用合计	110 160	23 040	27 648	160 848
完工产品数量	552	552	552	
广义在产品约当产量	264	216	216	
本步骤约当总产量	816	768	768	
分配率	135	30	36	
产成品成本份额	74 520	16 560	19 872	110 952
月末广义在产品成本	35 640	6 480	7 776	49 896

$$直接材料费用分配率=\frac{110\,160}{552+(96+120+48)}=135$$

应计入完工产品的直接材料“份额”＝552×135＝74 520（元）

广义在产品应负担的直接材料费用＝（96＋120＋48）×135＝35 640（元）

$$直接人工费用分配率=\frac{23\,040}{552+(96\times50\%+120+48)}=30$$

应计入完工产品的直接人工“份额”＝552×30＝16 560（元）

广义在产品应负担的直接人工费用＝（96×50%＋120＋48）×30＝6 480（元）

$$制造费用分配率=\frac{27\,648}{552+(96\times50\%+120+48)}=36$$

应计入完工产品的制造费用“份额”＝552×36＝19 872（元）

广义在产品应负担的制造费用＝（96×50%＋120＋48）×36＝7 776（元）

表 4-72 第二车间产品成本计算单

产品名称：丙产品　　2011 年 9 月　　产量：552 件

项　目	直接材料	直接人工	制造费用	合　计
月初在产品成本		6 120	7 920	14 040
本月发生费用		21 600	21 780	43 380
生产费用合计		27 720	29 700	57 420
完工产品数量		552	552	
广义在产品约当产量		108	108	
本步骤约当总产量		660	660	
分配率		42	45	
产成品成本份额		23 184	24 840	48 024
月末广义在产品成本		4 536	4 860	9396

$$直接人工费用分配率=\frac{27\,720}{552+(120\times50\%+48)}=42$$

应计入完工产品的直接人工“份额”＝552×42＝23 184（元）

广义在产品应负担的直接人工费用＝（120×50%＋48）×42＝4 536（元）

$$制造费用分配率=\frac{29\ 700}{552+(120\times50\%+48)}=45$$

应计入完工产品的制造费用“份额”＝552×45＝19 872（元）

广义在产品应负担的制造费用＝（20×50%＋48）×45＝4 860（元）

表 4-73　第三车间产品成本计算单

产品名称：丙产品　　2011 年 9 月　　产量：552 件

项　目	直接材料	直接人工	制造费用	合　计
月初在产品成本		2 880	4 320	7 200
本月发生费用		28 224	30 240	58 464
生产费用合计		31 104	34 560	65 664
完工产品数量		552	552	
广义在产品约当产量		24	24	
本步骤约当总产量		576	576	
分配率		54	60	
产成品成本份额		29 808	33 120	62 928
月末广义在产品成本		1 296	1 440	2 736

$$直接人工费用分配率=\frac{31\ 104}{552+48\times50\%}=54$$

应计入完工产品的直接人工“份额”＝552×54＝29 808（元）

广义在产品应负担的直接人工费用＝（48×50%）×54＝1 296（元）

$$制造费用分配率=\frac{34\ 560}{552+48\times50\%}=60$$

应计入完工产品的制造费用“份额”＝552×60＝33 120（元）

广义在产品应负担的制造费用＝（48×50%）×60＝1 440（元）

（2）将第一、第二、第三车间计算出的应转入完工产品成本的“份额”进行汇总，确定完工产品的总成本和单位成本，编制产品成本汇总计算表如表 4-74 所示。

表 4-74　产品成本汇总计算表

产品名称：丙产品　　2011 年 9 月　　产量：552 件

生产车间	直接材料	直接人工	制造费用	合　计
第一车间	74 520	16 560	19 872	110 952
第二车间		23 184	24 840	48 024
第三车间		29 808	33 120	62 928
完工产品总成本	74 520	69 552	77 832	221 904
完工产品单位成本	135	126	141	402

根据产品成本汇总计算表，编制并结转完工丙产品成本入库的会计分录如下。

借：库存商品——丙产品　　221 904

贷：生产成本——第一车间　　110 952

——第二车间　　48 024

——第三车间　　62 928

2. 按定额比例法确定各步骤应计入产品成本的“份额”

在平行结转分步法中，用定额比例法分配应计入完工产品成本的生产费用“份额”和广义在产品成本时，其计算公式为：

$$材料费用分配率=\frac{期初结存材料费用+本期发生材料费用}{完工产品定额材料成本+广义在产品定额材料成本}$$

应计入完工产品成本的材料费用份额＝完工产品定额材料成本×材料费用分配率

广义在产品应负担的材料费用＝广义在产品定额材料成本×材料费用分配率

$$其他费用分配率=\frac{期初结存其他费用+本期发生其他费用}{完工产品定额工时+广义在产品定额工时}$$

应计入完工产品成本的其他费用“份额”＝完工产品定额工时×其他费用分配率

广义在产品应负担的其他费用＝广义在产品定额工时×其他费用分配率

【例 4-8】大宇工厂生产丁产品，经过两个步骤加工，分别由第一车间和第二车间连续加工完成，第一车间为第二车间提供半成品，第二车间加工产成品丁产品。由于半成品不对外出售，管理上也不需要计算半成品成本，因此采用平行结转分步法计算丁产品成本。原材料于生产开始时一次性投入，完工丁产品与月末在产品之间分配费用采用定额比例法，其中，材料费用按定额材料费用比例分配，其他费用按定额工时比例分配。该企业 2011 年 10 月共完工丁产品 350 件，各车间月初广义在产品结存费用和本月发生费用，以及丁产品有关定额资料如表 4-75、表 4-76 所示。

表 4-75　月初结存费用及本月生产费用资料

成本项目	月初结存费用/元		本月生产费用/元	
	第一车间	第二车间	第一车间	第二车间
直接材料	33 012		25 200	
直接人工	18 300	4 400	12 000	14 800
制造费用	24 400	3 800	17 600	25 000
合　计	75 712	8 200	54 800	39 800

表 4-76　丁产品定额资料

车　间	月初在产品		本月投入		本月完工产品	
	定额材料/元	定额工时/h	定额材料/元	定额工时/h	定额材料/元	定额工时/h
第一车间	28 600	46 000	30 200	54 000	34 800	60 000
第二车间		14 000		34 000		44 000
合　计	28 600	60 000	30 200	88 000	34 800	104 000

（1）根据以上资料，计算分配应计入完工产品成本的“份额”与广义在产品成本，并登记第一车间、第二车间产品成本计算单，如表 4-77、表 4-78 所示。

表 4-77　第一车间产品成本计算单

产品名称：丁产品　　　　2011 年 10 月　　　　产量：350 件

项　目	直接材料	直接人工	制造费用	合　计
月初在产品成本	33 012	18 300	24 400	75 712
本月发生费用	25 200	12 000	17 600	54 800
生产费用合计	58 212	30 300	42 000	130 512
分配率	0.99	0.303	0.42	
产成品成本份额	34 452	18 180	25 200	77 832
月末广义在产品成本	23 760	12 120	16 800	52 680

月末在产品定额材料成本＝28 600＋30 200－34 800＝24 000（元）

月末在产品定额工时＝46 000＋54 000－60 000＝40 000（小时）

$$\text{直接材料费用分配率}=\frac{58\,212}{34\,800+24\,000}+0.99$$

$$\text{直接人工费用分配率}=\frac{30\,300}{60\,000+40\,000}=0.303$$

$$\text{制造费用分配率}=\frac{42\,000}{60\,000+40\,000}=0.42$$

表 4-78　第二车间产品成本计算单

产品名称：丁产品　　　　2011 年 10 月　　　　产量：350 件

项　目	直接材料	直接人工	制造费用	合　计
月初在产品成本		4 400	3 800	8 200
本月发生费用		14 800	25 000	39 800
生产费用合计		19 200	28 800	48 000
分配率		0.4	0.6	
产成品成本份额		17 600	26 400	44 000
月末广义在产品成本		1 600	2 400	4 000

月末在产品定额工时＝14 000＋34 000－44 000＝4 000（小时）

$$\text{直接人工费用分配率}=\frac{19\,200}{44\,000+4\,000}=0.4$$

$$\text{制造费用分配率}=\frac{28\,800}{44\,000+4\,000}=0.6$$

（2）根据第一车间、第二车间产品成本计算单，平行结转完工产品的成本，编制丁产品成本汇总计算表如表 4-79 所示。

表 4-79　产品成本汇总计算表

产品名称：丁产品　　2011 年 10 月　　产量：350 件

生产车间	直接材料	直接人工	制造费用	合　计
第一车间	34 452	18 180	25 200	77 832
第二车间		17 600	26 400	44 000
完工产品总成本	34 452	35 780	51 600	121 832
完工产品单位成本	98.43	102.23	147.43	348.09

（3）结转完工入库产品成本

根据产品入库单和表 4-79 等资料编制产品验收入库的会计分录如下。

借：借：库存商品——丁产品　　121 832

　　贷：生产成本——第一车间　　77 832

　　　　　　　　——第二车间　　44 000

任务实施

1. 任务实施方式

（1）小组共同讨论企业应采用的成本计算方法的特点。

（2）课堂完成裁剪车间和缝纫车间的甲产品成本计算单（如表 4-56、表 4-57 所示）的编制，一些计算可以由小组成员协作完成，以提高任务完成效率。

（3）根据成本计算结果，编制甲产品成本汇总计算表（如表 4-58 所示），并编制会计分录。

2. 任务实施中应注意的问题

（1）注意填表过程中的产品数量不要计算合计。

（2）注意不同成本项目的在产品约当产量计算上的差别。

任务 4.4　运用分类法计算产品成本

任务导入

建达公司生产甲、乙、丙三种联产品，本月实际产量为：甲产品 7 000 公斤，乙产品 5 000 公斤，丙产品 3 000 公斤。各种产品的市场售价为：甲产品 30 元，乙产品 42 元，丙产品 24 元。联产品分离前的联合成本为 278 400 元（本例为简化成本计算，不分成本项目计算）。

任务要求如下。

（1）根据资料，假设采用实物量分配法计算甲、乙、丙产品的成本，完成表 4-80。

（2）根据资料，假设确定甲产品为标准产品，系数定为 1，采用系数分配法计算甲、乙、丙产品的成本，完成表 4-81。

表 4-80 联产品成本计算表（实物计量分配法）

品　名	实际产量	分配率	各产品总成本	各产品单位成本
甲产品				
乙产品				
丙产品				
合　计				

表 4-81 联产品成本计算表（系数分配法）

品　名	实际产量	系　数	标准产量	分配率	各产品总成本	各产品单位成本
甲产品						
乙产品						
丙产品						
合　计						

任务分析

在实际工作中，由于企业的生产规模、管理基础、管理水平等千差万别，在一些企业，生产产品的品种、规格繁多，有的企业生产的产品在企业生产中的作用和地位各异，若以产品品种、规格作为成本计算对象来归集生产费用，计算产品成本，必然会使得成本计算工作过于繁重。因此，需要在产品成本计算基本方法的基础上采用其他辅助的成本计算方法，即分类法，使之成为成本计算基本方法的有益补充。

知识导航

一、分类法概述

（一）分类法的特点及适用范围

1. 分类法的概念及特点

产品成本计算的分类法，是指先按照产品的类别归集生产费用，计算各类完工产品成本的总成本，然后采用一定标准分配计算类内各种产品成本的一种成本计算方法。

分类法的特点主要体现在成本计算对象、成本计算期和生产费用的分配三个方面。

（1）分类法以产品的类别作为成本计算对象。首先，根据产品的结构、所用原材料和工艺过程的不同，将产品划分为若干类，按照产品的类别设立产品成本明细账，归集产费用，计算各类产品成本；其次，选择合理的分配标准，在类内各产品之间分配费用，计算类内各种产品的成本。

（2）分类法的成本计算期由产品成本计算的基本方法决定。分类法是成本计算的一种辅助方法，往往需要与成本计算的基本方法结合使用，因此，分类法的成本计算期由产品成本计算的基本方法决定。

（3）月末通常需要在完工产品和月末在产品之间分配生产费用。

2. 分类法的适用范围

分类法的运用与产品的生产类型没有直接关系，主要适用于生产的产品品种和规格较多，又可以按一定标准分类的大量生产的车间或企业。例如灯泡厂生产的不同规格的灯泡，食品厂生产的不同种类的面包等，都可以采用分类法计算各种产品成本。另外，分类法还适用于联产品、副产品和等级产品生产的企业以及除主要产品以外生产的零星产品的成本计算。

(二) 分类法的成本计算程序

1. 产品归类

根据产品结构、所用原材料及工艺过程的不同，将产品划分为不同的类别，按照产品类别设置生产成本明细账（或产品成本计算单），归集生产费用。

分类的恰当与否直接关系到各种或各规格产品成本计算的准确性。分类的标准视具体情况而定，类距不宜过大，应以原材料和工艺相近为依据；类距也不宜过小，以免使成本核算工作复杂化。因此，分类法首先要解决分类的问题，进而科学、合理地确定成本计算对象。

2. 计算各类完工产品总成本

根据生产特点和管理要求，采用品种法、分批法、分步法等基本方法计算出各类产品总成本。

3. 计算类内各种产品成本

选择合理的分配标准，在每类产品的各种产品之间分配费用，计算每类产品内各种产品的成本。

同一类别内各种规格的产品的成本，要采用适当的标准进行分配。分配的标准通常有材料定额消耗量、定额工时、定额费用，以及产品的售价、重量或体积等。类内产品成本分配标准选择是否合适，直接决定产品成本计算的准确性，因此，在选择分配标准时，应考虑所选分配标准与产品成本之间是否密切相关，分配标准的资料是否容易获取，分配计算是否简便易行等。

在实际工作中，企业分配类内各完工产品成本的常用方法有定额比例法和系数法。

（1）定额比例法

在一些定额管理基础好，各种定额资料完整、准确、稳定的企业中，可按类内各种产品的定额成本或定额消耗量比例计算分配各种产品成本，这种按定额比例确定类内产品成本的方法称为定额比例法。其计算公式为：

$$\text{某类产品某项费用分配率}=\frac{\text{该类产品该项费用总额}}{\text{该类内各种产品该项费用的定额成本（或定额消耗量）之和}}$$

$$\text{类内某种产品某项费用实际成本}=\text{类内该产品该项费用的定额成本（或定额消耗量）}\times\text{该类产品该项费用分配率}$$

（2）系数法

系数法是将某类产品内部各种产品分配费用的标准折算成相对固定的系数，按照系数比例来分配同类产品内部各种产品成本的方法。具体做法是：首先，确定标准产品，即在同类产品中选择一种产量较大、生产稳定、规格适中的产品作为标准产品，将其系数定为

“1”；其次，确定其他产品的折算系数，即将其他产品的分配标准与标准产品的分配标准相比，计算得出的比率就是类内其他产品的分配系数；再次，将类内所有产品折算为总系数（标准产量），即将各种产品的产量乘以各自的分配系数，计算出各种产品的标准产量；最后，再将该类完工产品总成本按照各种产品的标准产量进行分配，计算每种产品的的总成本和单位成本。其相关计算公式为：

$$类内某种产品系数=\frac{类内该产品的分配标准}{类内标准产品的分配标准}$$

$$某种产品总系数=该种产品实际产量\times该种产品系数$$

$$类内全部产品总系数=\sum（类内各种产品总系数）$$

$$某类产品某项费用分配率=\frac{该类产品该项费用总额}{该类内全部产品总系数}$$

$$类内某种产品应分配的某项费用=该种产品总系数\times该类产品某项费用分配率$$

二、分类法的成本计算实例

（一）定额比例法应用举例

【例 4-9】某企业的产品规格较多，采用分类法计算产品成本。A 类产品包括甲、乙、丙三种产品，类内各种产品之间采用定额比例法进行成本分配。2011 年 10 月，A 类产品总成本为 87 360 元，其中，直接材料 45 360 元，直接人工 18 900 元，制造费用 23 100 元。产量和定额如表 4-82、表 4-83 所示。

表 4-82　A 类产品产量及消耗定额记录

品　名	产量/件	原材料消耗定额/kg	单位产品工时定额/h
甲	400	30	21
乙	600	25	15
丙	300	18	12

表 4-83　A 类产品成本计算表

项　目	产量	材料消耗定额	材料定额消耗量	直接材料	工时定额	定额工时	直接人工	制造费用	合 计
	①	②	③	④	⑤	⑥	⑦	⑧	⑨
分配率				1.4			0.9	1.1	
甲产品	400	30	12 000	16 800	21	8 400	7 560	9 240	33 600
乙产品	600	25	15 000	21 000	15	9 000	8 100	9 900	39 000
丙产品	300	18	5 400	7 560	12	3 600	3 240	3 960	14 760
合计			32 400	45 360		21 000	18 900	23 100	87 360

注：③=①×②，④=③×1.4，⑥=①×⑤，⑦=⑥×0.9，⑧=⑥×1.1，⑨=④+⑦+⑧。

（二）系数法应用举例

【例 4-10】以例 4-9 有关资料为例说明系数法的应用。该企业对直接材料的分配按材料消耗定额确定系数，对直接人工和制造费用按工时定额确定系数。以乙产品作为标准产品，编制 A 类产品系数计算表如表 4-84 所示。

表 4-84　A 类产品系数计算表

品　名	单位产品		材料消耗定额系数	工时定额系数
	材料消耗定额	工时定额		
甲产品	30	21	1.2	1.4
乙产品	25	15	1	1
丙产品	18	12	0.72	0.8

根据上述资料，采用系数分配法分配计算类内各种产品成本，如表 4-85 所示。

表 4-85　A 类各种产品成本计算表

项　目	产量	材料消耗定额系数	材料定额消耗总系数	直接材料	工时定额系数	定额工时总系数	直接人工	制造费用	合　计
	①	②	③	④	⑤	⑥	⑦	⑧	⑨
分配率				35			13.5	16.5	
甲产品	400	1.2	480	16 800	1.4	560	7 560	9 240	33 600
乙产品	600	1	600	21 000	1	600	8 100	9 900	39 000
丙产品	300	0.72	216	7 560	0.8	240	3 240	3 960	14 760
合计			1 296	45 360		1 400	18 900	23 100	87 360

注：③=①×②，④=③×35，⑥=①×⑤，⑦=⑥×13.5，⑧=⑥×16.5，⑨=④+⑦+⑧。

三、运用分类法计算联产品、副产品、等级产品成本

（一）联产品的成本计算

1. 联产品的含义

联产品是指使用相同的原料，经过同一个生产过程，生产出两种或两种以上的具有同等地位的主要产品。如炼油企业以原油为原料，经过一定的生产工艺过程，加工生产出汽油、煤油和柴油等联产品；制糖厂以甜菜为原料生产出红糖、白糖、冰糖等联产品。尽管联产品在性质和用途上有所不同，但都属于企业生产的主要目的，具有同等地位。

联产品是在企业投入相同的原料并经过同一生产过程取得的，各种联产品的产出，有的是到生产过程终了时才分离出来，有的则是在生产过程中的某个步骤分离出来的；有的产品分离后不需要进一步加工，有的则需要进一步加工。而联产品被分离出来的这个时点称为分离点。分离点前发生的成本称为联合成本，也叫共同成本或综合成本；分离后联产品有的可直接销售，有的需要进一步加工后再销售。我们将分离后对联产品进一步加工而发生的成本称为可归属成本。

联产品从原料投入到产品销售要经过三个阶段：分离前、分离时和分离后。分离前在联合生产过程发生的费用汇总后确定联合成本。联产品分离时的分离点或分裂点是最关键的，它是联合生产过程的结束。在分离点就必须采用可行的分配办法，将联合成本分配于各联产品。分离后，不需进一步加工即可销售或结转的联产品，其成本就是分配的联产品成本。分离后如需进一步加工的，其所发生的成本称为可归属成本。联产品生产成本发生情况如图 4-3 所示。

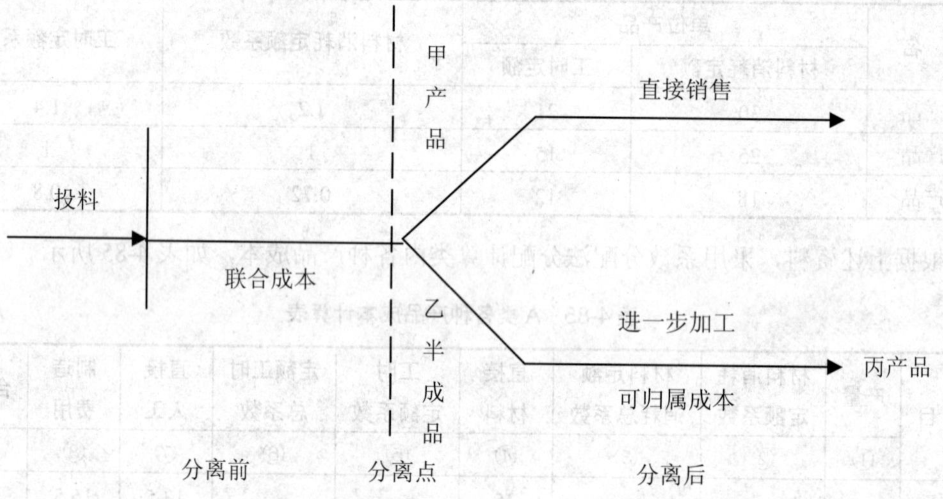

图 4-3 联产品生产成本发生示意图

2. 联产品成本计算的步骤

由图 4-3 可以看出，联产品从原料投入到产品完工要经过三个阶段：分离前、分离时和分离后，因此，联产品的成本计算主要分为三个步骤。

（1）分离前联合成本的计算。在分离前，将生产过程相同、所耗材料相同的各种联产品归为一类，采用分类法将在联合生产过程发生的费用汇总后确定联合成本。

（2）分离点联合成本的分配。分离点代表着联合生产过程的结束。在分离点就必须采用可行的分配办法，将联合成本在各联产品之间进行分配，以便确定各种联产品的成本。

（3）分离后需要进一步加工产品成本的计算。分离后不需进一步加工即可销售或结转的联产品，其成本就是分配的联产品成本；分离后需要进一步加工的联产品，将其负担的联合成本与继续加工所发生的可归属成本相加，即可计算出该产品的最终成本。

3. 联产品联合成本的分配方法

联产品成本计算主要是将联合成本在各种联产品之间进行分配。联合成本的分配方法主要有系数分配法、实物量比例分配法、售价比例分配法。

（1）系数分配法。系数分配法是指按事先确定的系数将联产品的实际产量折合成标准产量，然后按照各联产品的标准产量比例来分配联合成本的一种方法。这种方法虽然计算过程比较复杂，但因其分配结果比较准确，故而在实际中应用较广。

【例 4-11】某企业使用同一种原材料，在同一个生产过程中，生产出 A、B、C 三种主要产品，共发生联合成本。现确定以 B 产品为标准产品，以产品单位售价为标准确定系数。

联产品的产量及单位售价资料如表 4-86 所示。

表 4-86　联产品产量、单位售价和系数计算表

品　名	产量/件	单位售价/元	系　数
A 产品	900	50	1.25
B 产品	2 600	40	1
C 产品	1 500	28	0.7

根据以上资料，进行联合成本的分配如表 4-87 所示。

表 4-87　联产品成本计算表（系数分配法）

单位：元

品　名	实际产量/件	系数	标准产量	分配率	应分配的联合成本
A 产品	900	1.25	1 125		18 000
B 产品	2 600	1	2 600		41 600
C 产品	1 500	0.7	1 050		16 800
合　计	5 000		4 775	16	76 400

（2）实物量比例分配法。实物量比例分配法是将联合成本按照各种联产品的实物量（如重量、体积、长度等）比例计算分配各种产品成本的方法。其计算公式为：

$$联合成本分配率=\frac{联合成本}{各种联产品实物量之和}$$

【例 4-12】仍以例 4-11 的资料为例，采用实物量比例分配法，各种联产品成本计算如表 4-88 所示。

表 4-88　联产品成本计算表（实物量比例分配法）

单位：元

品　名	实际产量/件	分配比例	应分配的联合成本
A 产品	900	18%	13 752
B 产品	2 600	52%	39 728
C 产品	1 500	30%	22 920
合　计	5 100	100%	76 400

（3）售价比例分配法

售价比例分配法是指按照各种联产品的销售价格比例计算分配联合成本的一种方法。这种方法认为，既然联产品是经过相同的生产过程产出的，那么，从销售中获得的收益就应该在各种联产品之间按比例分配，即售价较高的联产品成比例地负担较高的联合成本；而售价较低的联产品相应地负担较低的联合成本，其计算结果是各种联产品的毛利率相同。

【例4-13】仍以例 4-11 的资料为例，采用售价比例分配法，各种联产品成本计算如表 4-89 所示。

表 4-89　联产品成本计算表（售价比例分配法）

单位：元

品　名	实际产量/件	单位售价	销售价格	分配率	应分配的联合成本
A 产品	900	50	45 000		18 000
B 产品	2 600	40	104 000		41 600
C 产品	1 500	28	42 000		16 800
合　计	5 000		191 000	0.4	76 400

（二）副产品的成本计算

1. 副产品的含义

副产品是指企业采用同种原材料，经过相同的生产过程，在生产出主要产品的同时，附带着生产出来的非主要产品。例如，肥皂厂在生产主产品肥皂时，附带生产出副产品甘油；面粉厂在生产主产品面粉时，附带生产出副产品麸皮等。

联产品和副产品是对产品的两种分类，它们之间既有联系又有区别，具体表现在它们都是采用相同的原材料，经过相同的生产过程生产出来的产品，但两者的价值和地位不同。一般说来，联产品都是主要产品，价值较高，地位同等，是企业生产的目的；而副产品只是依附于主产品生产出来的非主要产品，价值较低，处于次要地位，副产品不是企业的生产目的。但两者的划分也不是一成不变的，在一定条件下可以相互转化，即副产品也能转为主要产品从而成为联产品；反之，原来的联产品也可能因为生产目标的改变而成为副产品。例如，企业的经营方向是转变为多渠道、全面发展，就有可能把企业的所有产品都看成主要产品，此时，原来的副产品就有可能转化为联产品。

2. 副产品的成本计算

由于副产品是在主要产品生产过程中附带产生的，它的生产费用与主要产品的生产费用很难区分，因此，在主、副产品分离前只能将副产品和主要产品作为同类产品，采用分类法计算主、副产品的联合成本。

主、副产品在分离点分配联合成本时，一般先采用简便的计算方法确定副产品的成本，然后从联合成本中扣除，进而计算出主要产品的成本。副产品成本的计算，视不同情况通常有以下几种方法。

（1）不需要进一步加工副产品的成本计算

对于不需要进一步加工的副产品，如果其价值较低，为了简化核算，可不计算副产品应负担的联合成本，即所有的联合成本都由主产品负担。如果其价值较大，则应以其销售价格作为计价依据，扣除因销售这些副产品而发生的销售费用、销售税金和按正常利润率计算的销售利润后的余额，作为副产品应负担的联合成本。副产品成本可视价值大小，从联合成本的“直接材料”成本项目中直接扣除，也可按各成本项目费用占总成本的比重从各成本项目费用中分别扣除。

【例 4-14】某企业在同一生产过程中生产 A 主要产品的同时，附带生产出 B 副产品。假定本月完工产品的联合成本为 16 000 元，其中，直接材料 8 000 元，直接人工 4 800 元，制造费用 3 200 元。假定 B 副产品不需要进一步加工，B 副产品的产量为 1 000 千克，售价每千克 2 元，每千克销售费用 0.35 元，销售税金 0.20 元，每千克利润 0.40 元，副产品成本按比例从各成本项目中扣除。根据以上资料，编制主、副产品成本计算表如表 4-90 所示。

表 4-90　主、副产品成本计算表

项　目	直接材料	直接人工	制造费用	合　计
联合成本	8 000	4 800	3 200	16 000
费用比重	50%	30%	20%	100%
B 副产品成本	525	315	210	1 050
A 主产品成本	7 475	4 485	2 990	14 950

注：B 副产品成本=1 000×（2－0.35－0.20－0.40）=1 050（元）

根据表 4-90，编制会计分录如下。

借：库存商品——A 产品　　14 950
　　　　　　——B 产品　　1 050
　贷：生产成本——基本生产成本　　16 000

（2）需要进一步加工副产品的成本计算

对于需要进一步加工的副产品，如果其价值较低，一般可不负担联合成本，只负担可归属成本；如果其价值较大，则需要同时负担联合成本和可归属成本，从而保证主要产品成本计算的正确性。

【例 4-15】仍采用例 4-14 的资料，假设 B 副产品需要进一步加工成 C 产品才能出售，加工过程中发生材料费 350 元，人工费 560 元，制造费用 440 元，计算副产品成本，见表 4-91。

表 4-91　C 产品成本计算表

项　目	直接材料	直接人工	制造费用	合　计
分配的联合成本	525	315	210	1 050
加工费用（可归属成本）	350	520	440	1 310
C 产品总成本	875	835	650	2 360

根据以上结果，编制会计分录如下。

借：库存商品——A 产品　　14 950
　　生产成本——基本生产成本——C 产品　　1 050
　贷：生产成本——基本生产成本——A 产品　　16 000
借：库存商品——C 产品　　2 360
　贷：生产成本——基本生产成本——C 产品　　2 360

（三）等级产品的成本计算

等级产品是指使用同一种原材料，经过同一生产过程生产出来的品种相同而质量或等级不同的产品。等级品一般可分为一等品、二等品、三等品。不同等级的产品在质量上的差别，通常是在设计允许的范围之内，这些差别不影响产品的正常使用，所以等级产品不同于废品，等级产品都是合格产品。

一般来说等级产品是由于两种原因造成的。一种是由于目前生产技术水平低、原材料质量不同、工艺技术要求不同等客观原因形成了等级产品；另一种是由于操作工人操作不当或技术不熟练等主观上的原因造成了等级产品。由于等级产品产生的原因不同，等级产品的成本计算应根据不同情况采用不同的方法。

1. 实物量比例法

实物量比例法是指按各等级产品实物量的比例来分配该产品的实际总成本，据以计算各等级产品总成本和单位成本的方法。

如果不同质量等级的产品，是由于违规操作或者技术不熟练等主观原因所造成的，那么它们应负担相同的成本。也就是说，等级低的产品应该和等级高的产品单位成本相同，这样就可以将总成本按实物数量的比例分配到每一等级产品中。

【例 4-16】某公司生产 H 产品，2012 年 3 月份，发生总成本 472 000 元，其中，直接材料 354 000 元，直接人工 70 800 元，制造费用 47 200 元。因为生产工人操作不当，产生等级产品，其中一等品 3 000 件，二等品 1 200 件，三等品 800 件。按实物量比例法计算各等级产品的成本如表 4-92 所示。

表 4-92　等级产品成本计算表

2012 年 3 月　　单位：元

产品等级	产量/件	分配比例	直接材料	直接人工	制造费用	合　计
一等品	3 000	60%	212 400	42 480	28 320	283 200
二等品	1 200	24%	84 960	16 992	11 328	113 280
三等品	800	16%	56 640	11 328	7 552	75 520
合计	5 000	100%	354 000	70 800	47 200	472 000

2. 售价系数分配法

售价系数分配法是指以各等级产品的售价为依据确定各等级产品的系数，再按各等级产品实际产量乘以确定的系数计算出的标准产量的比例分配该产品的实际总成本，进而计算出各等级产品总成本和单位成本的方法。

如果不同质量等级的产品，是由于目前生产技术水平、工艺技术条件和原材料质量等客观原因所造成的，那么不同的等级产品应负担不同的成本，一般是按单位售价制定系数，按系数的比例来分配各等级产品的总成本。

【例 4-17】仍以例 4-16 的资料为例，假如产生等级产品是由于原材料质量造成的，其中，一等品单位售价 20 元，二等品单位售价 15 元，三等品单位售价 12 元。以售价为标准确定系数，并将一等品确定为标准产品，各等级产品成本计算如表 4-93 所示。

表 4-93　等级产品成本计算表

2012 年 3 月

产品等级	产量/件	单位售价	系　数	标准产量	直接材料	直接人工	制造费用	合　计
分配率					75	15	10	100
一等品	3 000	20	1	3 000	225 000	45 000	30 000	300 000
二等品	1 200	18	0.9	1 080	81 000	16 200	10 800	108 000
三等品	800	16	0.8	640	48 000	9 600	6 400	64 000
合　计	5 000			4 720	354 000	70 800	47 200	472 000

任务实施

1. 任务实施方式

（1）小组共同讨论联产品的成本计算方法。

（2）课堂完成联产品成本计算表（如表 4-80、表 4-81 所示）的编制，一些计算可以由小组成员协作完成，以提高任务完成效率。

2. 任务实施中应注意的问题

（1）注意填表过程中的产品数量不要计算合计。

（2）注意系数的计算。

任务 4.5　运用定额法计算产品成本

任务导入

【资料】某企业生产的丙产品月初在产品定额成本为 80 000 元，其中，直接材料费 40 000 元，直接人工费 15 000 元，制造费用 25 000 元；月初在产品脱离定额的差异 805 元，其中，直接材料-2 500 元，直接人工费 1 305 元，制造费用 2 000 元。本月乙产品单位产品直接材料定额成本由 1 000 元调整为 975 元。本月投入原材料定额成本为 380 250 元，本月按计划单位价格和实际消耗量计算的原材料费用为 387 500 元，材料成本差异率为 1.2%。本月实际人工费用为 298 680 元，人工费用定额为 296 250 元。本月实际制造费用为 487 600 元，制造费用定额为 493 750 元。

本月完工丙产品 400 件，单位产品定额成本为 2 975 元，其中，直接材料费 975 元，直接人工费 750 元，制造费用 1 250 元。

任务要求：采用定额法计算乙产品实际成本。

（1）编制处理本月发生材料费用，分配材料成本差异、分配人工费用、分配结转制造费用的会计分录。

（2）按定额成本比例在完工产品和月末在产品之间分配脱离定额的差异。

（3）计算并结转完工产品实际成本（材料成本差异和定额变动差异全部由完工产品成本负担）。

（4）完成表 4-94 丙产品成本计算单的编制。

表 4-94　产品成本计算单

产品名称：丙产品　产量：400 件　　　　20××年 8 月　　　　　　　　　　　　单位：元

摘要		行次	直接材料	直接人工	制造费用	合计
月初在产品成本	定额成本	1				
	脱离定额差异	2				
月初在产品定额变动	定额成本调整	3				
	定额变动差异	4				
本月发生生产费用	定额成本	5				
	脱离定额差异	6				
	材料成本差异	7				
生产费用合计	定额成本	8				
	脱离定额差异	9				
	材料成本差异	10				
	定额变动差异	11				
差异分配率		12				
完工产品成本	定额成本	13				
	脱离定额差异	14				
	材料成本差异	15				
	定额变动差异	16				
	实际成本	17				
月末在产品成本	定额成本	18				
	脱离定额差异	19				

任务分析

前面学习过的各种产品成本计算方法，无论是品种法、分批法、分步法，还是分类法，都是按产品生产的实际消耗计价核算的，无法直接在费用发生时反映产品的实际成本脱离定额的差异及其产生的原因，只有到月末通过实际资料与定额资料的对比分析，才能得以反映，因而不利于及时有效地加强对企业产品成本的定额管理。为了及时揭示产品实际成本脱离定额成本的差异，加强成本定额管理，有效进行成本控制，在定额资料比较健全、准确的企业，可以考虑采用定额法计算产品成本。

要完成以上任务，首先要了解定额法的特点、适用范围和成本计算程序。

知识导航

一、定额法及其特点

（一）定额法的含义及适用范围

定额法是以产品的定额成本为基础，加、减脱离定额差异和定额变动差异计算产品实际成本的一种方法。这种方法是为了加强成本管理，进行成本控制而采用的一种成本计算与成本管理相结合的方法。

定额法与生产类型没有直接联系。采用定额法计算产品成本，其核算成本的基本原理是：产品的实际成本是由定额成本、脱离定额差异和定额变动差异三个因素组成。计算产品实际成本的基本公式为：

产品实际成本＝产品定额成本±脱离定额差异±定额变动差异

定额法最早应用于大批量生产的机械制造企业，后来逐渐扩展到具备条件的其他工业企业。可见，定额法与生产类型没有直接关系。无论何种生产类型，只要同时具备下列两个条件的企业，都可采用定额法计算产品成本：一是企业的定额管理制度比较健全，定额管理工作基础较好；二是产品的生产已经定型，消耗定额比较准确、稳定。一般而言，进行大量大批生产产品的企业比较容易具备上述条件。

（二）定额法的特点

（1）以事先制定的产品定额成本，作为成本控制的目标和成本核算的基础。定额成本是计算产品实际成本的基础，也是揭示脱离定额差异、考核和分析定额管理成果的依据。

（2）在生产耗费发生时，就能将符合定额的费用和发生的差异分开核算，及时揭示产品实际成本脱离定额的差异，使实际成本核算与成本管理紧密结合，随时提供成本管理所需的各项资料。

（3）采用定额法计算产品成本时，产品实际成本按定额成本和各种差异分别反映，因而便于分析成本产生差异的原因，也为成本计算和各种分配提供了方便。

（4）定额法的运用与企业产品的生产类型没有直接关系，必须与成本核算的基本方法结合运用。

二、定额法的成本计算程序

（一）制定定额成本

定额成本就是根据各种有关的现行定额计算的成本。产品的定额成本与计划成本既有相同之处，又有不同之处。其相同之处就是，两者都是以产品生产耗费的消耗定额和计划价格确定的目标成本。两者不同之处在于，计算计划成本所依据的消耗定额在计划期（一般为一年）内的平均消耗定额，在计划期内通常是不变的；而计算定额成本所依据的消耗定额是现行的定额，随着生产技术的进步和劳动生产率的提高，定额成本必须不断修订，因此，定额成本在计划期内是变动的。

采用定额法，必须先制定单位产品的消耗定额、费用定额，并据以制定单位产品的定额成本。定额成本包括零部件定额成本和产品定额成本，一般由企业的计划、技术、会计等部门共同制定。如果产品的零部件不多，一般先计算零件定额成本，然后再汇总计算部件和产成品的定额成本。如果产品的零部件较多，为了简化成本计算工作，也可以不计算零件定额成本，而根据所有零件原材料消耗定额、工序计划和工时消耗定额的零件定额卡，以及原材料计划单价、计划的工资率和其他费用率，计算部件定额成本，然后汇总计算产成品定额成本；或者根据零部件的定额卡直接计算产成品的定额成本。

制定产品的原材料、工时等各项消耗定额是采用定额法必须具备的条件，在此基础上，计算定额成本各项目，其计算公式为：

原材料费用定额＝原材料消耗定额×原材料计划单价

直接人工费用定额＝产品生产工时定额×计划小时工资率

制造费用定额＝产品生产工时定额×计划小时费用率

以上各项费用定额的合计数，就是单位产品的定额成本。

制定产品定额成本通常是通过编制“定额成本计算表”的方式进行的。

【例 4-18】某企业为及时、有效地加强企业产品的定额管理，采用定额法计算产品成本。该企业生产的丁产品由 A、B 两个零部件组装而成，为简化产品定额成本计算，根据零部件消耗定额直接制定产品定额成本，其“产品消耗定额计算表”与“产品定额成本计算表”如表 4-95、表 4-96 所示。

表 4-95　产品消耗定额计算表

产品名称：丁产品　　2012 年 3 月

工序	耗用零件名称	原材料定额				各工序的工时定额/小时
		消耗材料名称	消耗定额/千克	计划单价/元	金额/元	
1	A 零件	D 材料	10	40	400	18
2	B 零件	E 材料	8	100	800	16
3	装配				80	6
合计					1 280	40

表 4-96　产成品定额成本计算表

产品名称：丁产品　　2012 年 3 月　　单位：元

直接材料定额成本	工时消耗定额	直接人工		制造费用		产品定额成本合计
		计划小时工资率	定额成本	计划小时费用率	定额成本	
1 280	40	25	1 000	18	720	3 000

（二）核算脱离定额差异

脱离定额的差异是指在生产过程中发生的实际费用与定额费用之间的差额。企业想要及时分析差异产生的原因，明确责任，并及时采取措施进行处理，关键是要核算出脱离定额差异的数额。

1. 原材料脱离定额差异的计算

原材料脱离定额的差异包括耗用量差异（量差）和材料价格差异（价差）。材料耗用量差异是指产品实际耗用材料的数量与定额耗用量之间的差异，计算公式为：

原材料脱离定额的差异＝（材料实际消耗量－材料定额消耗量）×材料计划单价

原材料脱离定额差异的计算方法，一般有限额法、切割核算法和盘存法等。

采用定额法计算成本，为了分析和考核产品成本，原材料消耗的日常核算通常按计划成本进行，即原材料的定额成本和脱离定额差异都是按原材料的计划成本计算的，原材料脱离定额的差异是数量差异（量差）；因此，在月末计算产品的实际原材料实际成本时，还必须乘以原材料差异率，计算所耗原材料的价格差异（价差）。其计算公式为：

某产品应分配的材料成本差异＝（该产品材料定额成本±材料脱离定额差异）×材料成本差异率

【例4-19】某企业2011年6月份生产A产品所耗原材料定额成本为30 000元，材料脱离定额差异为节约1 650元，材料成本差异率为2%，则A产品应分配的材料成本差异为：

（30 000－1650）×2%＝567（元）

在实际工作中，原材料成本差异的分配计算，应该通过材料成本差异分配表或发料凭证汇总表进行。

2. 直接人工费用脱离定额差异的计算

直接人工费用脱离定额差异要分别计件工资和计时工资加以计算。在计件工资形式下，直接人工费用脱离定额差异与原材料脱离定额差异的核算方法类似。凡符合定额的人工费用，直接反映在产量记录中，脱离定额的差异，应通过填制工资补付单等差异凭证予以反映。在计时工资形式下，人工费用脱离定额的差异只有等到月末确定本月实际人工费用总额和产品生产总工时以后，才能计算。其计算公式为：

某产品定额直接人工费用＝该产品实际产量的定额生产工时×计划小时工资率

某产品实际直接人工费用＝该产品实际产量的实际生产工时×实际小时工资率

某产品直接人工脱离定额差异＝产品实际直接人工费用－产品定额直接人工费用

其中：

$$计划小时工资率=\frac{某车间计划产量的定额直接人工费用}{该车间计划产量的定额生产工时}$$

$$实际小时工资率=\frac{某车间实际直接人工费用}{该车间实际生产工时}$$

3. 制造费用脱离定额差异的计算

制造费用一般属于间接计入费用，因此不能在日常生产过程中按产品及时揭示制造费用脱离定额的差异，只能按期制定制造费用预算对其加以控制。因此，企业应定期将制造费用的预算数与实际发生数进行比较计算其脱离定额的差异，其计算与计时工资制下直接人工费用脱离定额差异的计算类似。其计算公式如下：

$$某产品定额制造费用＝该产品定额生产工时×计划小时制造费用率$$
$$某产品实际制造费用＝该产品实际生产工时×实际小时制造费用率$$
$$某产品制造费用脱离定额差异＝该产品实际制造费用－该产品定额制造费用$$

其中：

$$计划小时制造费用率＝\frac{某车间计划制造费用总额}{该车间计划产量的定额生产总工时}$$

$$实际小时制造费用率＝\frac{某车间实际制造费用总额}{该车间实际生产总工时}$$

（三）核算定额变动差异

定额变动差异是指，由于修订消耗定额或生产耗费的计划价格而产生的新旧定额之间的差额。定额变动差异是定额本身变动的结果，与生产中费用支出的节约或浪费无关。

定额成本一般在月初、季初或年初定期进行修订，但在定额变动的月份，月初在产品的定额成本并未修订，它仍然是按照旧的定额计算的。为了将按旧定额计算的月初在产品定额成本和按新定额计算本月投入产品定额成本置于统一基础上，需要按新定额计算月初在产品的定额变动差异，用以调整月初在产品的定额成本。相关计算公式为：

$$定额变动系数＝\frac{按新定额计算的单位产品定额费用}{按旧定额计算的单位产品定额费用}$$

$$月初在产品定额变动差异＝按旧定额计算的月初在产品成本×（1－定额变动系数）$$

（四）计算产品实际成本

由于生产费用的日常核算是按定额成本和各种差异分别进行的，在定额法下，产品成本的日常核算是将定额成本与各种成本差异分别核算的，因而完工产品与月末在产品的费用分配，应按定额成本和各种成本差异分别进行：首先，计算完工产品和月末产品的定额成本；其次，分配计算完工产品和月末在产品的各种成本差异。具体地说，月末，企业应将月初结转和本月发生的脱离定额的差异、材料成本差异和定额变动差异分别汇总，按照企业确定的成本计算方法，在本月完工产品和月末在产品之间进行分配。为了简化成本核算，材料成本差异和定额变动差异可以全部由本月完工产品成本负担，月末在产品只分摊脱离定额的差异。

企业以本月完工产品的定额成本为基础，加上或减去各项成本差异，即可计算出本月完工产品的实际总成本。

采用定额法的优点是，能够及时反映和监督各项费用脱离定额（或计划）的差异，加强成本控制，有利于提高成本的定额管理和计划管理工作的水平；便于进行产品成本的定期分析，有利于进一步挖掘降低成本的潜力。定额法的缺点是：由于要制定定额成本，单独计算脱离定额的差异，在定额变动时还要修订定额成本并计算定额变动差异，因而计算的工作量比较大。

任务实施

1. 任务实施方式

（1）小组共同讨论本月发生材料费用、分配材料成本差异、分配人工费用、分配结转制造费用的会计分录。

（2）课堂完成表 4-94 丙产品成本计算单的编制。一些计算可以由小组成员协作完成，以提高任务完成效率。

2. 任务实施中应注意的问题

（1）注意脱离定额差异和定额变动差异的计算。

（2）注意脱离定额差异的分配方法。

模块小结

工业企业的生产特点是指生产工艺技术过程的特点和生产组织的特点。企业的生产按工艺过程的特点，可分为单步骤生产和多步骤生产。企业的生产按生产组织的特点，可分为大量生产、成批生产和单件生产。企业生产特点和成本管理要求会对成本计算产生影响。

工业企业各种成本计算方法的区别在于，如何确定成本计算对象、如何确定成本计算期、生产费用在完工产品和期末在产品之间是否分配及如何分配这三方面，其中主要区别在于成本计算对象的不同。各企业应根据本单位成本计算对象的特点设计成本计算方法。因此，基本的成本计算方法是以成本计算对象命名的，包括品种法、分批法和分步法。在实际工作中，除了上述三种成本计算的基本方法外，还有两种辅助方法，即分类法和定额法。

（1）品种法是指以产品的品种作为成本核算对象，来归集费用并计算产品成本的一种方法。它适用于大量大批单步骤生产的企业及不要求分步计算产品成本的多步骤生产企业。

品种法的特点表现在三个方面：①以产品品种作为成本计算对象；②按月计算产品成本；③有月末在产品的需要在完工产品和月末在产品之间分配费用。

品种法的成本计算程序：①设置产品成本明细账，②分配各项要素费用，③计算各种完工产品成本和在产品成本，④汇总并结转完工产品成本。

（2）分批法是指以产品的批别作为成本核算对象，归集生产费用，计算产品成本的一种方法。该方法通常适用于单件小批生产的企业。

分批法的特点：①以产品批别作为成本核算对象；②成本计算期与生产周期一致；③一般不需要在完工产品和月末在产品间分配生产费用。

分批法的成本计算程序：①按产品批别设产品成本计算单，②按产品批别归集和分配本月发生的各种费用，③计算完工产品成本。

在投产批数较多，而月末未完工产品批数也较多的企业，可以考虑采用一种简化的分批法。简化分批法又称为累计间接费用分配法，是不分批计算在产品成本的分批法，该方法将每月发生的人工费用和制造费用等间接费用，不是按月在各批产品之间进行分配，而是先通过基本生产成本二级账累计起来，待产品完工时再根据累计间接费用分配率，计算各批完工产品成本的方法。

（3）分步法是指以产品的品种及其所经过的生产步骤作为成本核算对象，来归集生产费用，计算产品成本的一种方法。分步法主要适用于大量大批的多步骤生产企业，分步法按各生产步骤成本的计算和结转方式的不同，可分为逐步结转分步法和平行结转分步法两种。

①逐步结转分步法是按生产步骤逐步计算并结转半成品成本，直到最后步骤计算出产品成本的方法。其在成本管理上要求提供半成品成本资料，因此，又称为计算半成品成本的分步法。采用逐步结转分步法时，按照半成品成本在下一生产步骤产品成本计算单中反映方法的不同，分为综合结转方法和分项结转法两种。其中，综合结转需要进行成本还原。

②平行结转分步法是将各生产步骤应计入相同产成品成本的份额平行汇总，以求得产成品成本的方法。因其在成本管理上不要求提供半成品成本资料，所以，又称为不计算半成品成本的分步法。

（4）分类法是指，先按照产品的类别归集生产费用，计算各类完工产品成本的总成本，然后采用一定标准分配计算类内各种产品成本的一种成本计算方法。分类法的运用与产品的生产类型没有直接关系，主要适用于生产的产品品种和规格较多，又可以按一定标准分类的大量生产的车间或企业；分类法还适用于联产品、副产品和等级产品生产的企业以及除主要产品以外生产的零星产品的成本计算。

（5）定额法是以产品的定额成本为基础，加、减脱离定额差异和定额变动差异计算产品实际成本的一种方法。定额法与生产类型没有直接联系。采用定额法计算产品成本，其核算成本的基本原理是：产品的实际成本是由定额成本、脱离定额差异和定额变动差异三个因素组成。定额法适用于定额管理制度比较健全，定额管理工作基础较好，产品生产已经定型，消耗定额比较准确、稳定的企业。

能力训练

【职业判断能力训练】

一、单项选择题

1．下列各种成本计算方法中不属于成本计算基本方法的是（　　）。

A．品种法　　B．分步法　　C．定额法　　D．分批法

2．成本计算最基本的方法是（　　）。

A．品种法　　B．分步法　　C．分类法　　D．分批法

3．品种法的成本计算对象是（　　）。

A．产品品种　　B．产品的批别或订单

C．产品生产工序　　D．各种产品的类别

4．品种法适用的生产组织类型是（　　）。

A．大量大批生产　　B．大量成批生产

C．大量小批生产　　D．单件小批生产

5．品种法的成本计算期与（　）是不一致的，一般是按月进行。

A．会计核算期　B．生产周期　C．会计分期　D．生产日期

6．分批法适用的生产类型是（　）。

A．大量大批生产　B．小批单件生产

C．大量小批生产　D．单件成批生产

7．分批法的成本计算对象是（　）。

A．产品品种　B．产品批别　C．产品类别　D．产品的生产步骤

8．分批法的成本核算对象是（　）。

A．产品订单　B．产品批别　C．生产计划　D．产品品种

9．采用简化的分批法，在各批产品完工以前，产品成本明细账（　）。

A．只登记生产工时和人工费用　B．只登记人工费用和材料费用

C．只登记生产工时和间接费用　D．只登记生产工时和直接费用

10．分批法一般是按客户的订单来组织生产的，所以也叫（　）。

A．订单法　B．系数法　C．分类法　D．定额法

11．简化的分批法与分批法的区别主要表现在（　）。

A．不分批计算在产品成本　B．不分批计算完工产品成本

C．不进行间接费用的分配　D．不分批核算原材料费用

12．分步法适用于（　）。

A.大量大批多步骤生产　B.单件生产

C.小批生产　D.大量大批单步骤生产

13．需要进行成本还原的分步法是（　）。

A．平行结转分步法　B．分项结转分步法

C．综合结转分步法　D．逐步结转分步法

14．企业将各生产步骤所耗用的半成品成本全部计入各该步骤产品成本明细账的“自制半成品”成本项目，这种结转方式是（　）。

A．综合结转法　B．平行结转分步法

C．逐步结转分步法　D．分项结转法

15．成本还原对象是（　）。

A．产成品成本　B．最后步骤产成品成本

C．各步骤半成品成本　D．产成品成本中所耗上步骤半成品成本

16．成本还原应从（　）生产步骤开始。

A．第一个　B．最后一个　C．任意一个　D．中间一个

17．下列方法中需要运用广义在产品参与生产费用分配的是（　）。

A．综合结转分步法　B．平行结转分步法

C．逐步结转分步法　D．分项结转分步法

18．在采用平行结转分步法时，完工产品是指（　）。

A．企业最后完工的产品　B．广义的产成品

C．第一步骤的半成品　D．各步骤所耗上一步骤的半成品

19．下列方法中属于不计算半成品成本的分步法是（　　）。

A．逐步结转分步法　　B．综合结转法

C．平行结转分步法　　D．分项结转法

20．采用逐步结转分步法，其在完工产品与在产品之间分配费用，是指在（　　）之间的费用分配。

A．完工产品与月末在产品

B．完工半成品与月末加工中的在产品

C．完工产品与广义在产品

D．前面步骤完工半成品与加工中的在产品，最后步骤的完工产品与加工中的在产品

21．分项结转分步法的缺点是（　　）。

A．需要进行成本还原　　B．不能提供原始项目的成本资料

C．成本结转工作比较复杂　　D．不便于加强各生产步骤的成本管理

22．在平行结转分步法下，其完工产品与在产品之间的分配，是指（　　）之间的分配。

A．各步骤完工的半成品与月末在产品

B．完工产品与月末广义在产品

C．完工产品与狭义在产品

D．各步骤完工的半成品与广义的在产品

23．分类法是以（　　）为成本计算对象的一种产品成本计算方法。

A．产品品种　　B．生产批别　　C．产品类别　　D．生产步骤

24．分类法的产品成本明细账按（　　）设置。

A．产品品种　　B．产品批别　　C．生产步骤　　D．产品类别

25．采用系数分配法分配联产品的联合成本，应将各种联产品的实际产量按事先确定的系数折算为（　　）。

A．约当产量　　B．标准产量　　C．计划产量　　D．投入产量

26．各种联产品在相同的生产过程中所发生的成本称为（　　）。

A．总成本　　B．联合成本　　C．实际成本　　D．可归属成本

27．由于修改定额而产生的新旧定额之间的差额称为（　　）。

A．定额差异　　B．材料成本差异

C．定额变动差异　　D．脱离定额差异

二、多项选择题

1．工业企业的生产按照生产组织形式，可分为（　　）。

A．单步骤生产　　B．多步骤生产

C．大量生产　　D．成批生产

E．单件生产

2．确定采用哪种成本计算方法，应该考虑的因素有（　　）。

A．管理要求　　B．生产组织特点

C．企业的组织机构　　D．工艺过程特点

E．成本会计机构的设置

3．产品成本计算品种法的适用范围是（　　）。

A.大量大批的单步骤生产　　B.要求分步骤计算成本的多步骤生产

C.按订单组织的生产　　D.封闭式车间进行的产品生产

E.不要求分步骤计算成本的多步骤生产

4．产品成本计算的基本方法有（　　）。

A．品种法　　B．分批法　　C．分步法

D．分类法　　E．定额法

5．产品成本计算的辅助方法有（　　）。

A．品种法　　B．分批法　　C．分步法

D．分类法　　E．定额法

6．下列企业中，适合采用品种法计算产品成本的有（　　）。

A．采掘企业　　B．汽车制造企业

C．供水企业　　D．供电企业　　E．制衣企业

7．品种法适用于（　　）。

A．小批单件单步骤生产

B．大量大批单步骤生产

C．管理上要求分步骤计算产品成本的大量大批多步骤生产

D．管理上不要求分步骤计算产品成本的小批单件多步骤生产

E．管理上不要求分步骤计算产品成本的大量大批多步骤生产

8．分批法成本计算的特点有（　）。

A．以生产批次作为成本计算对象　　B．产品成本计算期不固定

C．产品成本计算期固定　　D．按月计算产品成本

E．一般不需要进行完工产品和在产品的成本分配

9．分批法适用于（　　）

A．小批生产　　B．大批生产　　C．单件生产

D．单步骤生产　　E．管理上不要求分步计算成本的多步骤生产

10．采用简化的分批法，"基本生产成本"二级账中登记（　　）。

A．直接费用　　B．间接费用　　C．全部生产费用

D．期间费用　　E．生产工时

11．采用简化的分批法，各月（　　）。

A．只计算完工产品成本　　B．只对完工产品分配间接费用

C．不分批计算在产品成本　　D．不在完工产品之间分配间接费用

E．只在月末在产品之间分配间接费用

12．采用分批法计算产品成本时，如果批内产品跨月陆续完工的情况不多，完工产品数量占全部批量的比重很小，先完工的产品可以按（　　）从产品成本明细账转出。

A．按计划单位成本计价　　B．按定额单位成本计价

C．按产品的销售单价　　D．按实际单位成本计价

E. 按近期相同产品的实际单位成本计价

13. 下列各项中，符合采用简化分批法条件的有（　　）。

A. 月末未完工产品的批数较少

B. 月末未完工产品的批数较多

C. 各个月份的间接费用的水平相差不多

D. 各个月份的直接费用的水平相差不多

E. 各月投产的批数较少

14. 半成品的计算和结转，可以采用（　　）方式。

A. 综合结转　　B. 逐步结转　　C. 平行结转

D. 分项结转　　E. 以上方式均可采用

15. 采用综合结转分步法结转半成品成本时，可以按（　　）结转至下一生产步骤。

A. 计划成本　　B. 定额成本　　C. 实际成本

D. 标准成本　　E. 名义成本

16. 平行结转分步法下的在产品包括（　　）。

A. 正在本步骤加工中的在产品

B. 本步骤完工后转入半成品仓库的半成品

C. 从外部购入的半成品

D. 最后步骤完工入库的完工产品

E. 从半成品仓库转入以后各步骤进一步加工但尚未最终完成的在产品。

17. 采用综合结转分步法，根据需要而进行成本还原时，所计算的成本还原率可能会（　　）。

A. 大于 1　　B. 小于 1　　C. 等于 1　　D. 等于 0　　E. 小于 0

18. 采用逐步结转分步法，按照结转的半成品成本在下一步骤产品成本明细账中反映方法不同，可分为（　　）。

A. 综合结转法　B. 分项结转法　C. 按实际成本结转

D. 按计划成本结转　　E. 单项结转法

19. 采用综合结转分步法结转半成品时，可以按（　　）结转至下一生产步骤。

A. 计划成本　　B. 定额成本　　C. 实际成本

D. 标准成本　　E. 名义成本

20. 采用分项结转分步法结转半成品成本的优点是（　　）。

A. 不需要进行成本还原

B. 能够真实反映产品成本结构

C. 成本核算手续简便

D. 便于各生产步骤完工产品的成本分析

E. 便于从整个企业的角度考核和分析产品成本计划的执行情况

21. 平行结转分步法适用于（　　）企业。

A. 产品种类多，计算和结转半成品成本工作量大

B. 管理上不要求提供各步骤半成品成本资料

C. 管理上不要求提供按原始成本项目反映库存商品成本资料

D．管理上要求全面反映各步骤生产耗费水平

E．管理上要求提供各步骤半成品成本

22．平行结转分步法的适用情况（　　）。

A．管理上要求提供各步骤半成品资料

B．半成品不对外销售

C．管理上不要求提供各步骤半成品资料

D．半成品对外销售

E．半成品种类较多，逐步结转半成品成本工作量较大

23．原材料脱离定额差异的核算方法一般有（　　）。

A．限额法　　B．切割法　　C．交互分配法

D．盘存法　　E．分步法

24．定额法的特点主要有（　　）。

A．事先确定产品的定额成本

B．划分生产费用的定额成本与脱离定额的差异

C．产品实际成本按定额成本与各种差异分别反映

D．必须与其他基本方法结合使用

E．在各种企业均可使用

25．下列对联产品和副产品关系的阐述中，说法正确的是（　　）。

A．它们都是用相同的原材料，经过相同的生产过程生产出来的产品

B．联产品的价值一般较大，副产品的价值一般较小

C．两者都是企业生产的目的

D．联产品是主要产品，副产品是非主要产品

E．两者对企业经济影响相同

三、判断题

1．品种法不需要在各种产品之间分配费用，也不需要在完工产品和月末在产品之间分配费用，所以也称简单法。（　　）

2．品种法一般适用于计算大量大批多步骤生产的产品成本。（　　）

3．只要产品批数多，就应该采用简化的分批法计算产品成本。（　　）

4．如果一个订单的批量较大，对方要求分期交货，则可以分为几批组织生产。（　　）

5．采用简化的分批法，必须设立“基本生产成本”二级账户。（　　）

6．采用分批法，由于成本计算期与生产周期一致，因此，在任何情况下，月末不存在完工产品与在产品之间分配费用的问题。（　　）

7．采用简化的分批法，在各月间接费用水平相差悬殊的情况下，会影响成本计算的正确性。（　　）

8．采用简化的分批法时，某批完工产品应负担的间接费用应该等于该批完工产品当月耗用的工时数乘以全部产品累计间接费用分配率。（　　）

9．产品成本计算的分步法与实际的生产步骤不一定完全一致。（　　）

10．成本还原的对象是还原前完工产品成本中的半成品的综合成本。（　　）

11．成本还原要从最后一个步骤开始进行还原。（ ）

12．平行结转分步法是计算半成品成本的分步法。（ ）

13．不论综合结转还是分项结转，半成品成本都是随着半成品实物的转移而转移的。（ ）

14．采用逐步结转分步法，半成品成本的结转与半成品实物的转移是一致的，因而有利于半成品的实物管理和在产品的资金管理。（ ）

15．在平行结转分步法下，参与生产费用分配的在产品是指广义的在产品。（ ）

16．采用综合结转分步法，能够直接提供按原始成本项目反映的完工产品成本资料，不必进行成本还原。 （ ）

17．多步骤生产不能采用品种法。（ ）

18．在采用综合结转分步法下，根据需要而进行成本还原时，计算的成本还原率可能大于1，也可能小于1。（ ）

19．采用平行结转分步法，能够直接提供按原始成本项目反映的完工产品成本资料，不必进行成本还原。（ ）

20．分类法适用于各种类型的工业企业。（ ）

21．分类法的适用与否与产品的生产类型没有直接关系。（ ）

22．分类法是以产品类别为成本计算对象，归集生产费用，计算产品成本。（ ）

23．是否选用定额法计算产品成本与产品的生产类型无直接关系。（ ）

24．产品成本计算的定额法是指以产品的批别作为成本计算对象归集生产费用，计算产品成本的一种成本计算方法。（ ）

25．采用定额法计算产品成本的主要目的是加强成本管理。（ ）

26．联产品是指随主要产品附带生产出来的非主要产品。（ ）

【应用能力训练】

实训一：分批法的运用

【资料】某企业生产甲、乙两种产品，生产组织属于小批生产，采用分批法计算成本。

（1）9月份的产品批号有两个。0901批号：甲产品10件，本月投产，本月完工6件。0902批号：乙产品10件，本月投产，本月完工2件。

（2）9月份各批号生产费用资料如表4-97所示。

表4-97 生产费用分配表

批 号	原材料	工资及福利费	制造费用
0901	6 720	4 700	5 600
0902	6 900	4 575	2 970

0901批号甲产品完工数量较大，原材料在生产开始时一次投入，其他费用在完工产品与在产品之间采用约当产量比例法分配，在产品完工程度为50%。

0902批号乙产品完工数量较少，完工产品按计划成本结转。每件产品的单位计划成本：

原材料费用 690 元，工资及福利费用 525 元，制造费用 360 元。

【要求】根据上述资料，采用分批法，完成两个车间的成本计算单（如表 4-98、表 4-99 所示。）的填列，计算各批产品的完工成本和月末在产品成本。

表 4-98　甲产品成本计算单

产品批号：0901　　产品批量：10 件　　投产日期：9 月

产品名称：甲产品　　完工日期：9 月　　完工数量：6 件　　单位：元

项　　目	直接材料	直接人工	制造费用	合　　计
本月生产费用				
完工产品成本				
完工产品单位成本				
月末在产品成本				

表 4-99　乙产品成本计算单

产品批号：0902　　产品批量：10 件　　投产日期：9 月

产品名称：乙产品　　完工日期：9 月　　完工数量：2 件　　单位：元

项　　目	直接材料	直接人工	制造费用	合　　计
本月生产费用				
单件计划成本				
完工产品成本				
月末在产品成本				

实训二：简化分批法的运用

【资料】某工业企业生产组织属于小批生产，产品批数多，而且月末有许多批号未完工，因而采用简化的分批法计算产品成本。

（1）6 月份生产批号：

1030 号：甲产品 5 件，5 月投产，6 月 20 日全部完工。

1031 号：乙产品 10 件，5 月投产，6 月完工 6 件。

1032 号：丙产品 5 件，5 月末投产，尚未完工。

1033 号：丁产品 6 件，6 月初投产，尚未完工。

（2）各批号 6 月末累计原材料费用（原材料在生产开始时一次投入）和工时：

1030 号：原材料费用 18 000 元，工时 9 020 小时。

1031 号：原材料费用 24 000 元，工时 21 500 小时。

1032 号：原材料费用 15 800 元，工时 8 300 小时。

1033 号：原材料费用 11 080 元，工时 8 220 元小时。

（3）6 月末，该厂全部产品累计原材料费用 68 880 元，工时 47 040 小时，工资及福利费 18 816 元，制造费用 28 224 元。

（4）6 月末，完工产品工时 23 020 元，其中乙产品 14 000 小时。

【要求】

（1）根据上列资料，登记“基本生产成本”二级账户和各批产品成本计算单（如表 4-100~表 4-104 所示）。

（2）计算和登记累计间接费用分配率。

（3）计算各批完工产品成本。

表 4-100　基本生产成本二级账户

摘　　要	直接材料	生产工时	直接人工	制造费用	合　　计
生产费用累计					
累计间接费用分配率					
完工产品成本转出					
月末在产品成本					

表 4-101　产品成本计算单

产品批号：1030　　产品批量：5 件　　投产日期：5 月

产品名称：甲产品　　完工日期：6 月　　完工数量：5 件　　单位：元

项　　目	直接材料	生产工时	直接人工	制造费用	合　　计
生产费用累计					
完工产品成本					
完工产品单位成本					

表 4-102　产品成本计算单

产品批号：1031　　产品批量：10 件　　投产日期：5 月

产品名称：乙产品　　完工日期：6 月　　完工数量：6 件　　单位：元

项　　目	直接材料	生产工时	直接人工	制造费用	合　　计
生产费用累计					
完工产品成本					
完工产品单位成本					
余额					

表 4-103 产品成本计算单

产品批号：1032　　产品批量：5 件　　投产日期：5 月

产品名称：丙产品　　完工日期：　　完工数量：　　单位：元

项　　目	直接材料	生产工时	直接人工	制造费用	合　　计
生产费用累计					

表 4-104　产品成本计算单

产品批号：1033　　产品批量：6 件　　投产日期：6 月

产品名称：丁产品　　完工日期：　　完工数量：　　单位：元

项　目	直接材料	生产工时	直接人工	制造费用	合　计
本月生产费用					

实训三：进行成本还原

【资料】企业某月的甲产品成本资料如表 4-105 所示，该企业采用逐步结转分步法中的综合结转法结转半成品成本。

表 4-105　甲产品成本资料

产量：100 件

项　目	半 成 品	原 材 料	工资及福利费	制造费用	合　计
还原前产成品成本	396 000		56 700	40 500	493 200
本月所产半成品成本		383 000	78 000	39 000	500 000

【要求】根据以上资料列式计算还原分配率和还原后产品各项目成本及总成本，并编制产品成本还原计算表（如表 4-106 所示）。

表 4-106　甲产品成本还原计算表

项　目	还原分配率	半 成 品	原 材 料	工资及福利费	制造费用	合　计
还原前产品成本						
本月完工半成品成本						
产品成本中半成品成本还原						
还原后产品总成本						
产成品单位成本						

实训四：综合结转分步法的运用

【资料】某企业生产 B 产品经过两个车间加工，第一车间生产完工的 A 半成品直接进入第二车间继续加工，二车间完工产品为 B 产品，两个车间月末在产品按定额成本计算，有关生产费用资料如表 4-107 所示。

表 4-107　生产费用资料

项　目		直接材料	直接人工	制造费用	合　计
第一车间	月初在产品成本	900	300	400	1 600
	本月费用	3 100	700	1 100	4 900
	月末在产品成本	600	200	300	1 100

续表

项目		直接材料	直接人工	制造费用	合计
第二车间	月初在产品成本	2 000	500	1 000	3 500
	本月费用		1 400	1 500	
	月末在产品成本	750	200	500	1 450

【要求】(1) 采用综合结转分步法编制第一、二车间成本计算单（如表 4-108、表 4-109 所示），并做相应的账务处理。

(2) 进行成本还原，编制成本还原计算表（如表 4-110 所示）。

表 4-108　第一车间产品成本计算单

产品：A 半成品　　　　年　月　　　　单位：元

项目	直接材料	直接人工	制造费用	合计
月初在产品成本				
本月费用				
生产费用合计				
完工产品成本				
月末在产品成本				

表 4-109　第二车间产品成本计算单

产品：B 产品　　　　年　月　　　　单位：元

项目	直接材料	直接人工	制造费用	合计
月初在产品成本				
本月费用				
生产费用合计				
完工产品成本				
月末在产品成本				

表 4-110　产品成本还原计算表

项目	还原分配率	A 半成品	直接材料	直接人工	制造费用	合计
还原前产品成本						
本月完工半成品成本						
产品成本中半成品成本还原						
还原后产品总成本						
产成品单位成本						

实训五：平行结转分步法的运用

【资料】某企业生产丙产品经过两个车间加工，原材料在生产开始时一次性投入，月末各车间在产品完工程度为 50%，生产产品的数量资料和生产费用资料如表 4-111、表 4-112 所示。

表 4-111　生产数量资料

单位：件

项　目	第一车间	第二车间
月初在产品	50	200
本月投入或上步骤转入	550	500
本月完工或转入下步	500	550
月末在产品	100	150

表 4-112　生产费用资料

单位：元

项　目		第一车间	第二车间
月初	直接材料	175 000	
	直接人工	93 000	100 000
	制造费用	45 000	75 000
本月	直接材料	305 000	
	直接人工	132 000	200 000
	制造费用	105 000	150 000

【要求】采用平行结转分步法计算丙产品成本，填制各车间成本计算单（如表 4-113、表 4-114 所示）和产品成本计算汇总表（如表 4-115 所示）。

表 4-113　第一车间产品成本计算单

产品：丙产品　　　　年　月　　　　单位：元

项　目	直接材料	直接人工	制造费用	合　计
月初在产品成本				
本月费用				
生产费用合计				
在产品约当产量				
最终产成品数量				
生产总量				
单位成本份额				
产成品成本份额				
广义在产品成本				

表 4-114　第二车间产品成本计算单

产品：丙产品　　　　年　月　　　　单位：元

项　目	直接材料	直接人工	制造费用	合　计
月初在产品成本				
本月费用				

续表

项　　目	直接材料	直接人工	制造费用	合　　计
生产费用合计				
在产品约当产量				
最终产成品数量				
生产总量				
单位成本份额				
产成品成本份额				
广义在产品成本				

表 4-115　产成品成本汇总计算表

产品：丙产品　　　　　　　　　　年　　月　　　　　　　　　　单位：元

项　　目	直接材料	直接人工	制造费用	合　　计
第一车间转入				
第二车间转入				
产品总成本				
产品单位成本				

模块 5

成本报表的编制和分析

学习目标

1. 知识目标

◆ 了解成本报表的种类、编制要求；

◆ 掌握各种成本报表的编制方法；

◆ 掌握成本分析的方法。

2. 技能目标

◆ 会编制产品生产成本表、主要产品单位成本表及各种费用明细表；

◆ 能够运用成本分析方法进行成本分析。

引导案例

环宇公司是一家机械制造企业，该公司会计部门的小张负责成本核算岗位工作。由于公司成立时间不长，各项业务刚刚起步，没有以前年度的资料可供参考，对同行业先进水平信息也不了解，小张只能依据产品成本计算单和产品生产成本明细账的记录来编制成本报表。经过几个月后，小张觉得这样编制出来的成本报表缺乏可比性。尽管他每月都按时编制了成本报表，公司主管生产的副总还是经常抱怨，报表提供的信息不足以帮助管理者改进生产管理，没有达到降低成本的目的，希望会计部门帮助进行进一步的成本分析，以便企业更好地加强成本管理工作。而小张认为，成本会计的主要工作就是按月进行成本核算和计量，直到最后编制出各种成本报表，当期的工作就算告一段落了。

那么，成本报表的编制要求与对外报表有什么不同？作为成本会计人员，小张除了进行成本核算外，该不该承担成本分析工作呢？

任务 5.1　编制成本报表

任务导入

鑫盛公司生产 A、B、C 三种产品，其中 A、B 两种产品为企业的主要产品。有关产量、成本的资料如表 5-1 所示 。

表 5-1　各产品产量、单位成本资料

产品名称	全年计划产量/台	全年实际产量/台	12 月份实际产量/台	上年实际平均单位成本/元	本年计划单位成本/元	12 月份实际单位成本/元	全年累计实际平均单位成本/元
可比产品							
其中：A	1 600	1 640	150	425	420	430	428
B	1 400	1 280	130	651	640	645	642
不可比产品							
其中：C	300	320	40		260	268	270

任务要求：（1）讨论：对于 A 产品和 B 产品这两种可比产品，应如何编制成本报表？对于不可比产品 C 产品，应如何编制成本报表？

（2）编制按产品品种反映的产品生产成本表（如表 5-2 所示）。

表 5-2　产品生产成本表（按产品种类反映）

产品名称	计量单位	实际产量		单位成本				本月总成本			本年累计总成本		
		本月	本年累计	上年实际平均	本年计划	本月实际	本年累计实际平均	按上年实际平均单位成本计算	按本年计划平均单位成本计算	本月实际	按上年实际平均单位成本计算	按本年计划单位成本计算	本年实际
		①	②	③	④	⑤	⑥	⑦	⑧	⑨	⑩	⑪	⑫
可比产品合计													
其中：A													
B													
不可比产品													
其中：C													
全部产品成本													
补充资料：可比产品成本降低额：													
可比产品成本降低率：													

任务分析

成本报表是会计报表体系的重要组成部分，编制成本报表是成本会计工作的一项重要内容。虽然按照企业会计准则的要求，企业不再对外编报成本费用报表，但这并不意味着企业内部不需要成本报表。成本报表能够综合反映企业报告期内产品的生产耗费和成本水平，企业利用成本报表，可以分析和考核企业成本计划的执行情况，促使企业采取措施，努力降低成本，节约费用支出，从而提高企业的经济效益。要正确编制成本报表，需要明确成本报表的种类和编制方法。

知识导航

一、成本报表概述

（一）成本报表的概念和种类

成本报表是根据有关产品成本和期间费用的核算资料及其他有关资料编制的，用来反映企业在一定时期内产品成本和期间费用水平及其构成情况的报告文件。编制和分析成本报表，是成本会计工作的重要内容之一。

成本报表是内部报表。成本报表主要向企业的各级管理部门及企业内部提供成本信息，例如，企业一定时期内的产品成本水平及费用支出情况、成本计划或预算的执行情况等。因此，成本报表的种类、项目、格式和编制方法等，国家不做统一规定，由企业自行确定。主管企业的上级机构为了对本系统所属企业的成本管理工作进行指导，或者为了给国民经济管理提供所需的成本、费用数据，也可以要求企业将成本报表作为会计报表的附表上报。在这种情况下，企业成本报表的种类、项目、格式和编制方法，也可以由企业上级主管机构会同企业共同制定。

成本报表可以按不同的标准分类。

1. 按成本报表反映的内容分类

成本报表按反映的内容一般可分为反映企业产品成本情况的报表和反映企业费用支出的报表。

（1）反映企业产品成本情况的报表。主要反映企业为生产一定种类和一定数量产品的生产费用水平及构成情况，并与计划数、上年实际数、历史最好水平或同行业同类产品先进水平进行比较，反映产品成本的变动情况和变动趋势。属于此类成本报表的有产品生产成本表、主要产品单位成本表等。

（2）反映企业费用支出的报表。主要反映企业在一定时期内各种费用总额及其构成情况的报表，并与计划数（或预算数）、上年实际数等进行对比，反映费用支出的变动情况和变动趋势。属于此类成本报表的有制造费用明细表、各种期间费用明细表等。

2. 按成本报表编制的时间分类

成本报表按编制的时间，分为定期成本报表和不定期成本报表两类。定期成本报表通常按会计分期要求编制，分为月度成本报表、季度成本报表、半年度成本报表、年度成本报表。为了加强对成本的日常管理，对于成本耗费的主要指标，也可以按旬、按周或按日编报形成不定期的成本报表，以便及时提供信息给有关部门负责人和相关岗位人员，促使其及时采取有针对性的措施，解决生产经营中的问题，充分发挥成本核算的作用。

（二）成本报表的编制要求

一般来说，企业的成本报表主要是服务于企业内部经营管理的报表，为了充分发挥成本报表的作用，满足企业成本管理的需要，成本报表的编制必须做到数字准确、内容完整、编报及时。

（1）数字准确。即成本报表提供的各项指标数字必须真实可靠。这就要求在编制成本报表前，要做好结账和对账工作，做到账证相符、账账相符、账实相符，不得以计划数、定额数代替实际数。

（2）内容完整。成本报表作为内部报表，报表的种类应齐全，既要反映企业成本的全貌，又要反映成本管理的某个方面。

（3）编报及时。即企业必须及时编制和报送成本报表，按规定时间送到使用者手中，以充分发挥成本报表在指导企业生产经营活动中的作用。如果报表编制不及时，就会使其失去有用性，影响使用者的决策。

二、成本报表的编制方法

（一）产品生产成本表的编制

1. 产品生产成本表的结构

产品生产成本表是反映企业在会计期间内生产产品所发生的生产费用总额和全部产品生产总成本的会计报表，它可按成本项目和产品种类反映。

（1）按成本项目反映的产品生产成本表的内容和结构

按成本项目反映的产品生产成本表是按成本项目汇总反映企业在报告期内发生的全部生产成本以及产品生产成本合计额的报表。该表可分为生产费用和产品生产成本两部分。其中，生产费用部分反映报告期内发生的各项生产费用及其合计数；产品生产成本部分是在生产费用合计基础上，加上在产品、自制半成品期初余额，减去在产品、自制半成品期末余额，计算出产品生产成本合计数。各项费用和成本，还可以按上年实际数、本年计划数、本月实际数、本年累计实际数分栏反映。

按照成本项目反映的产品生产成本表的具体格式如表 5-3 所示。

表 5-3　产品生产成本表（按成本项目反映）

项　　目	上年实际	本年计划	本月实际	本年累计实际
直接材料费用	1 379 040	1 401 160	124 848	1 431 286
直接人工费用	930 200	913 000	77 220	920 310
制造费用	734 280	720 800	64 312	703 684
生产费用合计	3 043 520	3 034 960	266 380	3 055 280
加：在产品、自制半成品期初余额	183 038	177 300	14 310	171 288
减：在产品、自制半成品期末余额	171 288	162 440	14 732	197 120
产品生产成本合计	3 055 270	3 049 820	265 958	3 069 448

（2）按产品种类反映的产品生产成本表的内容和结构

按产品种类反映的产品生产成本表是按产品种类汇总反映企业在报告期内生产的全部产品的单位成本和总成本的报表。在该表中，将企业全部产品分为可比产品和不可比产品两大类。可比产品是指上年或近年曾正常生产，本年度或计划年度仍继续生产，并有成本资料可进行前后期对比的产品；不可比产品是指本年度第一次生产或在上年度试制而尚未正常生产，并无成本资料可进行前后期对比的产品。该表主要反映可比产品和不可比产品的实际产量、单位成本、本月总成本和本年累计总成本的情况，揭示按不同的单位成本计算的产品成本情况。对于可比产品，如果企业规定有本年成本比上年成本的降低额或降低率的计划指标，还应根据该表资料计算成本的实际降低额或降低率，作为该表的补充资料填列在表的下端。其格式如表 5-4 所示。

表 5-4　产品生产成本表（按产品种类反映）

产品名称	计量单位	实际产量		单位成本				本月总成本			本年累计总成本		
		本月	本年累计	上年实际平均	本年计划	本月实际	本年累计实际平均	按上年实际平均单位成本计算	按本年计划平均单位成本计算	本月实际	按上年实际平均单位成本计算	按本年计划单位成本计算	本年实际
可比产品合计													
其中：甲													
乙													
不可比产品合计													
其中：丙													
丁													
全部产品成本													

补充资料：可比产品成本降低额：

可比产品成本降低率：

2．产品生产成本表的编制方法

（1）按成本项目反映的产品生产成本表的编制方法

在按成本项目反映的产品生产成本表中，上年实际数应根据上年 12 月份本表的本年累计实际数填列；本年计划数应根据成本计划有关资料填列；本年累计实际数应根据本月实际数，加上上月本表的本年累计实际数填列。现结合实例将表 5-3 中本月实际数的填列方法进行说明。

【例 5-1】鑫盛公司 2011 年 12 月份的产品生产成本表（按成本项目反映）如表 5-3 所示。表中按成本项目反映的各项生产费用数，应根据各种产品成本明细账所记本月生产费用合计数，按照成本项目分别汇总填列。2011 年 12 月份，鑫盛公司生产甲、乙、丙三种产品，有关成本费用资料如表 5-5 所示。

表 5-5　2011 年 12 月份各产品生产费用资料

品　名	直接材料	直接人工	制造费用	合　计
甲产品	45 220	24 640	16 432	86 292
乙产品	37 120	19 308	12 570	68 998
丙产品	42 508	33 272	35 310	111 090
合　计	124 848	77 220	64 312	266 380

鑫盛公司甲、乙、丙三种产品成本明细账所记 12 月份的月初、月末在产品成本资料如表 5-6 所示。

表 5-6　2011 年 12 月份月初、月末在产品成本资料

品　名	甲产品	乙产品	丙产品	合　计
月初在产品成本	4 630	6 434	3 246	14 310
月末在产品成本	3 730	4 930	6 072	14 732

根据上述资料，可汇总填列表 5-3 中“本月实际”栏目中的直接材料、直接人工费用、制造费用、在产品和自制半成品的期初余额和期末余额，并计算填列产品成本合计数，得出本月产品生产成本合计数为 265 958 元。

（2）按产品种类反映的产品生产成本表的编制方法

按产品种类反映的产品生产成本表，对于主要产品，应按产品品种反映实际产量、单位成本、本月总成本和本年累计总成本；对于非主要产品，则可以按照产品类别汇总反映本月总成本和本年累计总成本；对于可比产品，还应反映上年成本资料。

按产品种类反映的产品生产成本表各项目的填列方法如下。

①实际产量栏。本月实际产量，根据各产品成本明细账反映的当月完工产品数量填列；本年累计实际产量应根据本月实际产量，加上上月本表的本年累计实际产量计算填列。

②单位成本栏。上年实际平均单位成本，应根据上年度 12 月份本表所列全年累计实际总成本除以累计实际产量计算后填列；本年计划单位成本，应根据本年度成本计划填列；本月实际单位成本，应根据表中本月实际总成本除以本月实际产量计算填列；本年实际单位成本，应根据表中本年累计总成本除以本年累计总产量计算填列。

（3）本月总成本栏。按上年实际平均单位成本计算的本月总成本，根据本月实际产量乘以上年度平均单位成本计算填列；按本年计划单位成本计算的本月总成本，根据本月实际产量乘以本年计划单位成本计算填列；本月实际总成本，应根据产品成本明细账记录或本月产品成本汇总表填列。

（4）本年累计总成本栏。按上年实际单位成本计算的本年累计总成本，根据本年累计产量乘以上年实际平均单位成本计算填列；按本年计划单位成本计算的本年累计总成本，根据本年累计产量乘以本年计划单位成本计算填列；本年累计实际总成本，根据产品成本明细账记录或各月产品成本汇总表加总后填列。如果本企业还有不合格产品，应单独列示，并注明“不合格品”字样，不应与合格品合并填列。

对于可比产品，如果本企业或上级机构规定有本年成本比上年成本的降低额和降低率的计划指标，还应根据该表资料计算成本的实际降低额和降低率，作为该报表的补充资料在表的下端反映。

可比产品成本降低额和降低率的计算公式如下：

$$\text{可比产品成本降低额}=\left(\begin{array}{l}\text{可比产品按上年实际平均单位}\\\text{成本计算的本年累计总成本}\end{array}\right)-\text{本年累计实际总成本}$$

$$\text{可比产品成本降低率}=\frac{\text{可比产品成本降低额}}{\text{可比产品按上年实际平均单位成本计算的本年累计总成本}}\times 100\%$$

上述公式计算结果，正数表示降低，负数表示上升。

【例 5-2】鑫盛公司 2011 年 12 月份所生产的甲、乙、丙三种产品都是主要产品，且均为可比产品，根据提供的产量资料（如表 5-7 所示）和单位成本资料（如表 5-8 所示），编制按产品种类反映的产品生产成本表。

表 5-7　产量资料

2011 年 12 月　　单位：件

项　目	甲产品	乙产品	丙产品
本月产量	1 000	1 200	400
本年累计产量	10 400	13 600	6 000

表 5-8　单位成本资料

2011 年 12 月　　单位：元

项　目	甲产品	乙产品	丙产品
上年实际平均单位成本	95	87	156
本年计划单位成本	94	86	155
本月实际单位成本	96.5	85.6	166.85
本年累计平均单位成本	96	85	152.5

根据以上资料，编制按产品种类反映的产品生产成本表，如表 5-9 所示。

表 5-9　产品生产成本表（按产品种类反映）

编制单位：鑫盛公司　　　　2011 年 12 月　　　　单位：元

产品名称	计量单位	实际产量		单位成本				本月总成本			本年累计总成本		
		本月	本年累计	上年实际平均	本年计划	本月实际	本年累计实际平均	按上年实际平均单位成本计算	按本年计划平均单位成本计算	本月实际	按上年实际平均单位成本计算	按本年计划单位成本计算	本年实际
		①	②	③	④	⑤	⑥	⑦	⑧	⑨	⑩	⑪	⑫
可比产品								261 800	259 200	265 958	3 107 200	3 077 200	3 069 448
其中：甲	件	1 000	10 400	95	94	96.5	96	95 000	94 000	96 500	988 000	977 600	998 400
乙	件	1 200	13 600	87	86	85.6	85	104 400	103 200	102 720	1 183 200	1 169 600	1 156 000
丙	件	400	6 000	156	155	166.85	152.5	62 400	62 000	66 738	936 000	930 000	915 048
不可比产品													
全部产品成本								261 800	259 200	265 958	3 107 200	3 077 200	3 069 448

补充资料：可比产品成本降低额＝3 107 200－3 069 448＝37 752（元）

可比产品成本降低率＝37 752÷3 107 200×100%＝1.215%

如果本年可比产品成本与上年相比，没有降低，而是升高，则可比产品成本降低额和降低率要用“－”表示。

需要注意的是，按产品种类反映的产品生产成本表中的本月实际总成本的合计数和本年累计实际总成本的合计数，应与按成本项目反映的产品生产成本报表中本月实际的产品生产成本合计数和本年累计实际的产品生产成本合计数分别核对相符（如前两例的表 5-3 和表 5-9 中，均为 265 958 元和 3 069 448 元）。但是，按产品种类反映的产品生产成本表中，按上年实际平均单位成本计算的本年累计总成本（3 107 200 元）和按计划单位成本计算的本年累计总成本（3 077 200 元），与按成本项目反映的产品生产成本报表中的上年实际产品生产成本合计数（3 055 270 元）和本年计划产品生产成本合计数（3 049 820 元）一般不相同。这是因为，按产品种类反映的产品生产成本表是根据本年产品的实际产量和实际品种比重条件下的产品成本资料编制的，而在按成本项目反映的产品生产成本报表中，上年实际产品生产成本合计数是上年的实际产量、实际品种比重条件下的实际总成本；本年计划产品生产成本合计数，是本年的计划产量、计划品种比重条件下的计划总成本。正是由于产量和品种比重的不同，才导致以上差别。

（二）主要产品单位成本表的编制

1. 主要产品单位成本表的内容和结构

主要产品单位成本表一般是反映企业在报告期内生产的各种主要产品单位成本构成情

况的报表。该表应按主要产品分别编制，它是对产品生产成本表的补充说明。所谓主要产品是指企业经常生产，在企业全部产品中所占比重比较大，能概括反映企业生产经营面貌的那些产品。

主要产品单位成本表一般分为产量、单位成本和主要技术经济指标三部分。

（1）产量部分反映报告期的计划产量和实际产量，以及本年累计的计划产量和实际产量，此外，还反映产品的销售单价。

（2）单位成本部分按照成本项目分别反映历史先进、上年实际平均、本年计划、本月实际和本年累计实际平均的单位成本。

（3）技术经济指标部分主要反映原料、主要材料、燃料和动力的消耗数量。

利用主要产品单位成本表所提供的资料，可以考核各种主要产品单位成本计划的执行结果，分析各成本项目和消耗定额的变化及原因，并有利于在生产同种产品的企业之间进行对比，找出差距，努力降低成本。

主要产品单位成本表的内容和格式如表5-10所示。

表5-10 主要产品单位成本表

编制单位：鑫盛公司　　　　20××年12月　　　　单位：元

产品名称		甲产品	本月计划产量		960
规格			本月实际产量		1 000
计量单位		件	本年累计计划产量		10 000
销售单价		150元	本年累计实际产量		10 400
成本项目	历史先进水平	上年实际平均	本年计划	本月实际	本年累计实际平均
直接材料	51	54	53	54.5	54
直接人工	25	26	26	27	27
制造费用	14	15	15	15	15
产品生产成本	90	95	94	96.5	96
主要技术经济指标	耗用量	耗用量	耗用量	耗用量	耗用量
主要材料/千克	8.5	10.8	10.6	10	9
生产工时/小时	8.6	10.1	10	9.2	9

2. 主要产品单位成本表的编制方法

主要产品单位成本表应按主要产品分别编制。其编制的主要依据包括有关产品的“产品成本明细账”资料、成本计划、历年有关成本资料、上年度本表有关资料及产品产量、材料和工时的消耗量等资料。

以表5-10为例，说明主要产品单位成本表各项目的填列方法。

（1）销售单价。应根据产品定价单记录填列。

（2）产量。“本月计划产量”和“本年累计计划产量”项目应分别根据本月和本年产品产量计划资料填列。“本月实际产量”和“本年累计实际产量”项目应根据统计提供的产品产量资料或产品入库单填列。

（3）单位成本。表中反映各成本项目的单位成本。其中，“历史先进水平”栏各项目反映本企业历史上该种产品成本最低年度的实际平均单位成本，根据有关年份成本资料填列；“上年实际平均”栏各项目反映上年实际平均单位成本，根据上年度本表的“本年累计实际平均”单位成本的资料填列；“本年计划”栏各项目反映本年计划单位成本，根据年度成本计划资料填列；“本月实际”栏各项目反映本月实际单位成本，根据本月产品成本明细账等有关资料填列；“本年累计实际平均”栏各项目反映本年年初至本月月末该种产品的平均实际单位成本，根据年初至本月月末的已完工产品成本明细账等有关资料，采用加权平均计算后填列。

（4）主要技术经济指标。反映主要产品每一单位产量所消耗的主要原材料、燃料、工时等的数量。

主要产品单位成本表中按成本项目反映的“上年实际平均”、“本年计划”、“本月实际”、“本年累计实际平均”的单位成本合计，应与产品生产成本表中的各该产品单位成本金额分别相等。

以例 5-2 资料中鑫盛公司所产的主要产品甲产品为例，编制该企业 2011 年 12 月份甲产品的单位成本表，如表 5-10 所示。

（三）各种费用明细表的编制

各种费用是指企业在生产经营过程中，各个车间、部门为进行产品生产、组织和管理生产经营活动所发生的制造费用、产品销售费用、管理费用和财务费用。前者属于产品成本的组成部分，后三种属于期间费用。编制上述四种费用报表的作用在于反映各该费用计划的执行情况，分析各种费用变动的原因以及对产品成本和当期损益的影响。以下以制造费用明细表为例进行介绍。

1. 制造费用明细表的编制

（1）制造费用明细表的结构

制造费用明细表，是反映企业在报告期内发生的制造费用及其构成情况的报表。该表一般按制造费用项目分别反映制造费用的本年计划数、上年同期实际数、本月实际数、本年累计实际数。该表反映的制造费用，可以根据企业实际情况反映企业发生的全部制造费用，或只填列基本生产车间的制造费用。制造费用明细表的结构和内容如表 5-11 所示。

表 5-11 制造费用明细表

费用项目	本年计划数	上年同期实际数	本月实际数	本年累计实际数
工资及福利费	156 200	15 580	12 400	156 140
折旧费	106 400	10 700	10 300	108 260
修理费	56 200	5 620	4 800	57 400
办公费	62 000	6 100	5 600	62 800
水电费	91 800	9 200	8 400	102 000
机物料消耗	56 400	5 560	4 320	58 000
劳动保护费	75 200	7 620	7 300	78 600
停工损失		1 060		12 200
其他	116 600	11 988	11 192	68 284
合计	720 800	734 28	64 312	703 684

（2）制造费用明细表的编制

以表 5-11 为例，说明主要产品单位成本表的填列方法。

①“本年计划数”栏的各项数字，根据制造费用预算中的有关项目数据填列。

②“上年同期实际数” 栏的各项数字，根据上年本表的数据填列。如果表内所列费用项目和上年度的费用项目的名称或内容上不一致，应对上年的各项数据按照本年规定的项目进行调整。

③“本月实际数” 栏的各项数字，根据制造费用明细账中的本月发生数填列。

④“本年累计实际数”栏的各项数字，填列自年初至编报月末止的累计实际数，根据制造费用明细账的记录计算填列，或根据本月实际数加上上期本表的本年累计实际数填列。

需要注意的是，制造费用明细表中的“本年累计实际数”的合计数与产品生产成本表（按成本项目反映）的制造费用“本年累计实际数”相符。

利用制造费用明细表，可以分析和考核制造费用计划的执行结果，可以分析各项制造费用的构成情况及增减变动的原因。

2. 其他费用报表的编制

企业其他费用报表主要是指期间费用明细表，期间费用明细表是反映企业在一定会计期间各项期间费用的发生额及其构成情况的报表，包括管理费用明细表、销售费用明细表和财务费用明细表。期间费用明细表通常按月编制。

各种期间费用明细表一般按照其费用项目，分别反映该费用项目的上年实际数（或上年同期实际数）、本年（月）计划数、本月实际数和本年累计实际数。利用各种期间费用明细表，可以分析该项期间的构成及其增减变动情况，考核各项期间费用计划的执行情况。

（1）管理费用明细表

管理费用明细表中管理费用项目分别反映各该费用的本年计划数、上年同期实际数、本月实际数和本年累计实际数。其中，本年计划数应根据公司（总厂）或企业行政管理部门的管理费用计划填列；上年同期实际数应根据上年同期管理费用明细表的累积实际数填列；本月实际数应根据“管理费用”明细账的本月合计数填列；本年累计实际数应根据管理费用明细账的本月末的累计数填列。

（2）销售费用明细表

销售费用明细表中按销售费用项目分别反映各该费用的本年计划数、上年同期实际数、本月实际数和本年累计实际数。其中，本年计划数应根据本年销售费用计划填列；上年同期实际数应根据上年同期销售费用明细表的累计实际数填列；本月实际数应根据“销售费用”明细账的本月合计数填列；本年累计实际数应根据“销售费用”明细账的本月末累计数填列。

（3）财务费用明细表

财务费用明细表中按财务费用项目分别反映各该费用的本年计划数、上年同期实际数、本月实际数和本年累计实际数。其中，本年计划数应根据本年财务费用计划填列；上年同期实际数应根据上年同期财务费用明细表的累计实际数填列；本月实际数应根据“财务费用”明细账的本月合计数填列；本年累计实际数应根据“财务费用”明细账的本月末累计数填列。

以上各期间费用明细表的格式与制造费用明细表类似，因此，不再赘述。

任务实施

根据以上知识导航和任务要求，完成规定任务。

1. 任务实施方式

小组讨论与个人操作相结合。

（1）讨论：对于A产品和B产品这两种可比产品，应如何编制成本报表？对于不可比产品C产品，应如何编制成本报表？

（2）个人操作：编制产品生产成本表。

2. 任务完成成果展示

（1）按产品品种反映的产品生产成本表（如表5-2所示）。

（2）可比产品成本降低额和可比产品成本降低率指标的计算结果。

任务5.2 进行成本分析

任务导入

2011年5月，安达公司生产的丙产品成本构成中，原材料费用定额为50 000元，实际为58 320元，有关资料如表5-12所示。

表5-12 A产品材料消耗情况表

项　目	定额数	实际数
产品产量/件	500	540
单位产品材料消耗量/千克	20	18
材料单价	5	6
材料费用总额	50 000	58 320

材料费用的实际数超出定额数8 320元，形成这一差异的因素有三个，即产品产量、单位产品材料消耗量和材料单价。公司会计小王和小张分别运用连环替代法来确定各因素变化对这一差异的影响程度，但由于两人对影响因素的替代顺序选择不同，使得计算分析的结果存在差异。以下是两人的计算过程及结果。

（1）小王分析过程及结果

分析对象：58 320－50 000＝8 320（元）

定额指标：500×20×5＝50 000（元）

第一次替代：500×20×6＝60 000（元）

60 000－50 000＝10 000（元）

由于材料单价提高而使材料费用增加10 000元。

第二次替代：500×18×6＝54 000（元）

54 000－60 000＝-6 000（元），

由于单位产品材料消耗量降低而使材料费用减少了 6 000 元。

第三次替代：540×18×6＝58 320（元）

58 320－54 000＝4 320（元）

由于产品产量增加而使材料费用增加了 4 320 元。

材料费用差额变动合计＝10 000＋（-6 000）＋4 320＝8 320（元）

（2）小张分析过程及结果

分析对象：58 320－50 000＝8 320（元）

定额指标：500×20×5＝50 000（元）

第一次替代：500×18×5＝45 000（元）

45 000－50 000＝-5 000（元）

由于单位产品材料消耗量降低而使材料费用减少了 5 000 元。

第二次替代：500×18×6＝54 000（元）

54 000－45 000＝9 000（元）

由于材料单价提高而使材料费用增加了 9 000 元。

第三次替代：540×18×6＝58 320（元）

58 320－54 000＝4 320（元）

由于产品产量增加而使材料费用增加了 4 320 元。

材料费用差额变动合计＝-5 000＋9 000＋4 320＝8 320（元）

由于两个人分析的结果不同，公司无法确定影响企业材料费用增加的各因素具体影响数额，就无法判断经济责任。

任务要求：试分析讨论该公司对产品材料费用变动的原因分析和影响数额计算是否正确？为什么？说说你的分析或计算思路。

任务分析

成本报表是提供企业成本信息的书面文件，如果孤立地看成本报表中的数字、指标，则不能说明成本管理工作的好坏；但如果通过一定的技术方法，将报表中所提供的数据进行加工、提炼、分析、对比，就能掌握它们之间的相互联系，而且能广泛深入地说明许多问题。例如，利用成本核算资料和其他有关资料，揭示成本计划完成情况，查明成本升降的原因，从而，达到成本管理的目的。因此，我们首先要明确成本分析的主要方法，并会运用这些方法，结合成本报表提供的资料，进行成本分析。

知识导航

一、成本分析的方法

（一）成本分析的意义

成本分析是利用成本核算和成本计划的相关资料，采用一系列专门方法揭示费用预算和成本计划的完成情况，计算各因素变动对费用预算和成本计划完成的影响程度，查明成本变动的原因及成本管理中存在的问题，寻求降低成本途径的一种管理活动。

成本分析是成本管理的重要组成部分，具体说来，成本分析具有如下重要作用：

（1）有利于考核成本计划的执行情况；

（2）便于揭示成本管理中存在的问题和差距；

（3）有利于企业认识成本变动规律，提高成本管理水平；

（4）能够为编制成本预算和进行经营决策提供依据；

（5）有利于落实成本管理责任制。

（二）成本分析的方法

成本分析的具体方法是完成成本分析目标的重要手段。常用的成本分析具体方法有：比较分析法、比率分析法、因素分析法等。

1. 比较分析法

比较分析法是把两个经济内容相同、时间或空间地点不同的经济指标进行对比，从数量上确定差异的方法。成本报表中有关成本指标数量上的差异，反映了成本管理工作的成绩或差距，运用比较分析法，就在于揭示这种差距，分析产生差异的原因，以便研究解决问题的途径和方法，提高成本管理的水平。

比较分析法是日常分析工作中最常用的一种方法，制造企业各种成本报表的分析通常采用这种方法，实际工作中经常采用的几种对比形式如下。

（1）将成本的实际数与成本的计划数、预算数或定额数对比，分析成本计划或定额的完成情况。

（2）将本期实际数与前期（上期、上年同期或历史最好水平）的实际成本指标进行对比，了解企业成本指标的变动情况和变动趋势，寻求提高成本管理的途径。

（3）将本企业实际成本数与国内外同行业先进水平进行对比，明确差距，推动企业改善经营管理，加强成本控制。

比较分析法是一种绝对数的比较分析，只适用于同类型企业、同质指标进行对比分析。采用对比分析法时，应注意进行对比的成本指标，在经济内容、计算方法、计算期间和影响指标形成的客观条件等方面的可比性。如果相比的指标之间有不可比因素，应先按可比的口径进行调整，然后再进行对比。

2. 比率分析法

比率分析法是通过计算有关指标之间的相对数，即比率，进行分析评价的一种方法。它的基本特点是：先把对比分析的数值变成相对数，再观察其相互之间的关系。常用的比率法有以下三种。

（1）相关比率分析法

相关比率分析法是通过计算两个性质不完全相同而又相关的指标的比率进行分析的一种方法。通常计算的相关比率指标有：

$$产值成本率=\frac{成本}{产值}\times 100\%$$

$$销售收入成本率=\frac{成本}{销售收入}\times 100\%$$

$$成本利润率=\frac{利润}{成本}\times 100\%$$

（2）构成比率分析法

构成比率分析法是计算某项指标的各个组成部分占总体的比重，即部分与总体的比率，进行数量分析一种方法。

$$产品成本的构成比率=\frac{直接材料（或直接人工、制造费用）数额}{产品成本总额}\times 100\%$$

$$期间费用构成比率=\frac{管理费用（或销售费用、财务费用）数额}{期间费用总额}\times 100\%$$

$$制造费用的构成比率=\frac{制造费用中某费用项目数额}{制造费用总额}\times 100\%$$

（3）动态比率分析法

动态比率分析法是指对某项经济指标不同时期数值进行对比，求出比率，分析其增减速度和发展趋势的一种分析方法。由于计算时采用的基期数值不同，动态比率分析法又分为定基比率和环比比率两种形式。

$$定基比率=比较期数值/固定基期数值\times 100\%$$

$$环比比率=比较期数值/前一期数值\times 100\%$$

比率分析法的主要优点在于，通过比率计算，可以把某些不可比的企业变成可比的企业，便于外部或内部决策者选择投资方案时进行比较分析。但比率法也存在不足之处：①比率的数字只反映比值，不能说明其绝对额的变动；②比率分析法与比较分析法一样，无法说明指标变动的具体原因。成本分析的目标，一方面是发现问题，更重要的还是查明原因。

3. 因素分析法

因素分析法是将企业综合经济技术指标分解为各个原始因素，并确定各个因素变动对该项经济指标的影响方向和影响程度的方法。

任何一个综合性的经济指标的变化，往往是由于许多因素变动综合影响的结果，这些因素相互联系地按照同一方向或相反的方向对经济指标的变动起着作用，一个企业成本、费用的高低也是受多种因素共同影响的，在通过采用因素分析法进行成本分析中，不仅可以揭示实际数与基数之间的差异，还可以反映出产生差异的各个因素及其各自的影响程度。

因素分析法在具体运用时，有两种具体方法，即连环替代法以及连环替代法的简化形式——差额计算法。

（1）连环替代法

连环替代法又称连锁替代法，它是将综合性经济指标分解为各个因素后，以组成该指标的各个因素的实际数，按顺序替换比较的标准（如计划数、前期实际数等）来计算各个因素变动对该指标的影响程度的方法。运用连环替代法进行分析计算，应当遵循以下计算顺序。

①分解指标因素，并确定因素的排列顺序。将影响某项经济指标完成情况的因素，按其内在依存关系，分解其构成因素，并按一定的顺序排列这些因素。采用连环替代法，改变因素的排列顺序，计算结果会有所不同。为了便于比较和分析，应当确定因素的排列顺序，而且替代顺序一经确定不应随意变更。在实际工作中，一般将反映数量的因素排列在前，反映质量的因素排列在后；反映实物量和劳动量的因素排列在前，反映价值量的因素排列在后。例如，影响产品单位产品成本中直接材料费用的因素有单位产品材料消耗量和单位材料价格两个因素，一般将材料消耗量这一因素排列在前面。又如，影响产品材料消耗总额的因素有产品产量、单位产品材料消耗量和材料单价三个因素，一般按产品产量、单位产品材料消耗量、单位材料价格的顺序排列各因素。

②逐次替代因素。按照确定的排列顺序，逐次顺序替代，每次将其中一个因素由基期数替换成分析期数，其他因素暂时不变。每个因素替换为分析期数后不再返回为基期数。后面因素的替换均是在前面因素已经替换成分析期数的基础上进行的。如此类推，有几个因素需要替换几次，逐一地替换。

③确定影响结果。每个因素替换以后，均会得出一个综合指标的结果，将每个因素替换以后的结果与替换以前的结果相减，即可得出该替换因素变动对综合指标的影响数额。

④汇总影响结果。将已计算出来的各因素的影响额汇总相加与综合指标变动的总差异比较，确定其计算的正确性。

【例 5-3】某企业基本生产车间生产甲产品，本月生产甲产品的实际材料费用为 95 200 元，计划材料费用为 90 000 元，甲产品耗用材料的有关资料如表 5-13 所示。

表 5-13　甲产品材料消耗情况表

项　目	计划数	实际数
产品产量/件	100	120
单位产品材料消耗量/千克	20	17
材料单价	9	10.5
材料费用总额	18 000	21 420

根据上述资料，用连环替代法分析如下。

分析对象：21 420－18 000＝3 420（元）

因素分析：材料费用=产品产量×单位产品材料消耗量×材料单价

计划材料费用＝100×20×9＝18 000（元）　①

第一次替代：120×20×9＝21 600（元）　②

②－①得：21 600－18 000＝3 600（元），为产量变动的影响

第二次替代：120×17×9＝18 360（元）　③

③－②得：18 360－21 600＝-3 240（元），为单位消耗量变动的影响

第三次替代：120×17×10.5＝21 420（元）　④

④－③得：21 420－18 360＝3 060（元），为材料单价变动的影响

各因素变动影响合计＝3 600－3 240＋3 060＝3 420（元）

通过以上计算可知，甲产品材料费用超支 3 420 元的原因是：由于甲产品产量增加 20 件，使材料费用增加 3 600 元；由于单位产品材料消耗量下降 3 千克，使材料费用减少 3 240 元；由于材料单价提高了 1.5 元，使材料费用增加了 3 060 元。三个因素共同影响，使得材料费用增加了 3 420 元。

连环替代法主要是根据因素之间的内在依存关系，依次测定各因素变动对经济指标差异影响的一种分析方法。其主要作用在于分析计算综合经济指标变动的原因及其各因素的影响程度。但该方法也有一定的局限性，在运用这种方法测定某一因素对综合指标的影响时，是以假定其他因素不变为条件，故计算结果具有一定的假设性。

（2）差额计算法

差额计算法实际上是连环替代法的简化形式。它是利用各因素本期实际数与标准数（本期计划数或前期实际数）的差额，直接计算各因素变动对经济指标影响程度的方法。

【例 5-4】根据例 5-3 的资料，运用差额计算法，分析计算过程如下：

分析对象：21 420－18 000＝3 420（元）

因素分析：材料费用＝产品产量×单位产品材料消耗量×材料单价

产品产量变动对材料费用的影响：（120－100）×20×9＝3 600（元）

材料消耗量变动对材料费用的影响：120×（17－20）×9＝-3 240（元）

材料单价变动对材料费用的影响：120×17×（10.5－9）＝3 060（元）

三个因素共同作用，使材料费用总额增加了 3 420 元，与连环替代法的结果完全相同。

二、产品生产成本表分析

利用前面介绍的成本分析方法，对产品生产成本表的分析，主要分析全部产品成本计划完成情况，可以从产品类别和成本项目构成两个方面进行分析，从而全面了解企业产品生产耗费水平和成本升降的结果。

（一）按产品类别进行分析

按产品类别分析企业产品成本计划完成情况，可以确定实际成本脱离计划成本的差异，并分析差异产生的原因，以便从产品结构上挖掘降低产品总成本的潜力。

由于企业全部产品包括可比产品和不可比产品两大部分。通常先对全部产品成本计划完成情况进行总体评价，进而再分析可比产品成本降低计划的完成情况。

1．对全部产品成本计划的完成情况进行总括评价

对全部影响产品成本计划完成情况分析，即通过对按产品种类反映的产品生产成本表的分析，了解产品实际成本与计划成本的差异，从而分析成本计划和可比产品成本降低计划的执行结果。因此，对产品生产成本表的分析，一般可以从两个方面进行：一是本期实际成本与计划成本的对比分析；二是本期实际成本与上年实际成本的对比分析。对产品成本计划完成情况进行分析，其分析的方法是：

$$成本升降额=\sum(实际产量\times实际单位成本)-\sum(实际产量\times计划单位成本)$$

$$成本升降率=\frac{成本升降额}{\sum(实际产量\times计划单位成本)}\times100\%$$

$$产品总成本计划完成率=\frac{\sum(实际产量\times实际单位成本)}{\sum(实际产量\times计划单位成本)}\times100\%$$

根据例 5-2 鑫盛公司 2011 年的成本报表的资料（如表 5-9 所示），按上述方法编制产品生产成本分析表如 5-14 所示。

表 5-14　本年累计全部产品成本计划完成情况分析表

品　名	计划总成本	实际总成本	实际比计划升降额	实际比计划升降率（%）
甲	977 600	998 400	20 800	2.13
乙	1 169 600	1 156 000	-13 600	-1.16
丙	930 000	915 048	-14 952	-1.61
合计	3 077 200	3 069 448	-7 752	-2.52

成本升降额＝3 069 448－3 077 200＝-7 752（元）

成本升降率＝-7 752/3 077 220×100%＝-2.52%

产品总成本计划完成率＝3 069 448/3 077 200＝99.7%

以上计算结果表明，产品成本实际比计划降低了 7 752 元，降低率为 2.52%；从产品类别看，乙产品和丙产品成本降低了，而甲产品成本出现超支。显然，还需要进一步分析和查明甲产品成本超支的原因。

2. 可比产品成本降低计划的完成情况分析

可比产品成本分析的目的，在于揭示可比产品成本降低任务的完成情况，查明影响可比产品成本升降的因素及其影响程度，进一步弄清成本升降的原因。以下分别加以说明。

（1）可比产品成本降低任务完成情况的分析。

由于成本计划中规定了可比产品本年成本比上年成本降低的任务，即计划降低额和计划降低率，因此，可比产品成本分析，首先要计算出实际完成的成本降低额和降低率，以便与计划降低额和降低率进行比较，从而了解可比产品成本降低任务的完成情况。计划降低额和降低率、实际降低额和降低率计算公式如下：

$$计划降低额=\begin{pmatrix}全部可比产品的计划产量按\\上年实际平均单位成本计算的总成本\end{pmatrix}-\begin{pmatrix}全部可比产品的计划产量按\\计划单位成本计算的总成本\end{pmatrix}$$

$$计划降低率=\frac{计划降低额}{全年可比产品的计划产量按上年实际平均单位成本计算的总成本}\times100\%$$

$$实际降低率=\begin{pmatrix}全部可比产品的实际产量按\\上年实际平均单位成本计算的总成本\end{pmatrix}-\begin{pmatrix}全部可比产品的实际产量按\\本年实际单位成本计算的总成本\end{pmatrix}$$

$$实际降低率=\frac{实际降低额}{全年可比产品的实际产量按上年实际平均单位成本计算的总成本}\times100\%$$

根据以上公式，编制鑫盛公司 20××年 12 月可比产品成本降低计划表，如表 5-15 所示。

表 5-15　可比产品成本降低计划表

编制单位：鑫盛公司　　　　20××年 12 月　　　　单位：元

可比产品	全年计划产量/件	单位成本/元		总成本/元		计划降低指标	
		上年实际平均	本年计划	按上年实际平均单位成本计算	按本年计划单位成本计算	降低额/元	降低率/%
甲	10 000	95	94	950 000	940 000	10 000	1.05
乙	13 000	87	86	1 131 000	1 118 000	13 000	1.15
丙	5 500	156	155	858 000	852 500	5 500	0.64
合　计				2 939 000	2 910 500	28 500	0.97

可比产品成本计划降低额＝2 939 000－2 910 500＝28 500（元）

可比产品成本计划降低率＝28 500÷2 939 000＝0.97%

可比产品成本降低计划的完成情况，根据表 5-8 的产品生产成本表，编制可比产品成本降低计划完成情况分析表如表 5-16 所示。

表 5-16　可比产品成本降低计划完成情况分析表

可比产品名称	总　成　本		计划完成情况	
	按上年实际平均单位成本计算总成本	本年实际	升　降　额	升　降　率（%）
甲	988 000	998 400	-10 400	-1.05
乙	1 183 200	1 156 000	27 200	2.30
丙	936 000	915 048	20 952	2.24
合　　计	3 107 200	3 069 448	37 752	1.21

可比产品成本实际降低额＝3 107 200－3 069 448＝37 752（元）

可比产品成本实际降低率＝37 752＋3 107 200＝1.215%

分析可比产品成本降低计划的完成情况，应确定分析的对象，即将可比产品成本实际降低额、降低率与计划降低额、降低率进行比较，确定实际脱离计划的差异。

实际脱离计划的差异：

降低额差异＝37 752－28 500＝9 252（元）

降低率差异＝1.215%－0.97%＝0.245%

从以上计算中可以看出，可比产品成本降低计划超额完成，实际比计划多降低成本 9 252 元。

（2）影响可比产品成本降低任务完成的因素分析

影响可比产品成本降低计划完成情况的因素有三个，即产品产量、产品品种的构成、产品单位成本。

① 产品产量变动的影响。成本降低计划是根据各种产品的计划产量制定的，实际降低额和降低率是根据实际产量计算的。因此，产量的增减变动，必然会影响到可比产品降低计划的完成情况。但是，产量变动影响有其特殊性，假定产品品种结构和产品单位成本不

变，单纯的产量变动，只影响成本降低额，不影响成本降低率。

可比产品成本计划降低额 28 500 元，是按计划产量、计划品种构成和计划单位成本确定的。

在计划品种构成比例和计划单位成本不变的条件下，单纯的产量变动会使成本降低额发生同比例变动，但不影响成本降低率。因此，在上述假定成立的条件下，鑫盛公司的实际产品总成本为 3 107 200 元，计划成本降低率为 0.97%，可以推算出该企业按实际产量、计划品种构成和计划单位成本计算的成本降低额为 30 140 元（3 107 200×0.97%）。

产品产量变动对成本降低额的影响＝30 140－28 500＝1 640（元）

由此可知，产品产量变动对成本降低率没有影响。

②产品品种构成变动的影响。当产品品种构成发生变动时，会影响可比产品成本降低额和降低率升高或降低，在分析中通过单独计算产品成本构成变动的影响，揭示企业产品成本降低的具体途径。

按实际产量、品种比重和计划单位成本计算的成本降低额为：

3 107 220－3 077 200＝30 020（元）

产品品种变动对成本降低额的影响＝30 02030 140＝-120（元）

产品品种变动对成本降低率的影响＝-120/3 107 200×100%＝-0.004%

③产品单位成本变动的影响。成本计划降低额是本年度计划成本比上年度实际成本的降低数，而实际降低额是本年度实际成本比上年度实际成本的降低数。因此，当本年度可比产品实际单位成本比计划单位成本降低或升高时，必然会引起成本降低额和降低率的变动。产品单位成本的降低意味着生产中各种生产费用耗费的节约。

按实际产量、品种比重和实际单位成本计算的成本降低额（即实际降低额）为 37 752 元。

产品单位成本变动对成本降低额的影响＝37 752－30 020＝7 732（元）

产品单位成本变动对成本降低率的影响＝7 732/3 107 220×100%＝0.249%

以上因素的影响程度如表 5-17 所示。

表 5-17 各因素影响程度汇总表

影响因素	对成本降低额的影响	对成本降低率的影响
产品产量变动	1 640	0
产品品种构成变动	-120	-0.004%
产品单位成本变动	7 732	0.249%
合　计	9 252	0.245%

由此可见，该企业完成了可比产品成本降低计划。从各因素的影响程度汇总来看，其中，产品产量变动、产品单位成本的变动有助于成本降低；而产品品种构成变动则导致成本降低额有所减少，说明企业多生产了成本降低程度小或者成本有所提高的产品品种，少生产了成本降低幅度大或成本提高少的产品品种，应进一步联系生产计划执行情况和产品销售情况进行评价。

由此可见，影响可比产品成本降低额变动的因素有三个，即产品产量变动、产品单位成本变动、产品品种构成变动。影响可比产品成本降低率变动的因素有两个，即产品单位成本变动、产品品种构成变动。

（二）按成本项目构成进行分析

分析按成本项目反映的产品生产成本表，一般可采用比较分析法、构成比率分析法和相关比率分析法进行分析。

1. 进行比较分析

按成本项目构成分析全部产品成本计划的完成情况，可以确定全部产品成本实际脱离计划的差异，并能找出差异是由于哪些成本项目的变动引起的，以便根据成本项目分析产品成本升降的原因，进而寻找降低产品成本的途径。

根据鑫盛公司 2011 年的成本报表的资料（如表 5-3 所示），产品生产成本合计数中的本年累计实际数既高于上年实际数，也高于本年计划数；生产费用合计数中的本年累计实际数也均高于上年实际数和本年计划数；月初、月末在产品余额变动也是如此。可见，该年度产品总成本呈上升趋势，其成本上升的原因应该是多方面的，需要经过进一步的分析来确定。

2. 进行构成比率分析

以上分析，只是简单地进行绝对数值的比较，需要进一步分析，还要依据表中列示的各项生产费用，进行费用构成比率分析。

以本年累计实际构成比率为例，根据表 5-3，计算如下：

$$直接材料费用比率=\frac{1\,431\,286}{3\,055\,280}\times100\%=46.85\%$$

$$直接人工费用比率=\frac{920\,310}{3\,055\,280}\times100\%=30.12\%$$

$$制造费用构成比率=\frac{703\,684}{3\,055\,280}\times100\%=23.03\%$$

同理，再分别计算本月实际构成比率、本年计划构成比率和上年实际构成比率，进而将本年累计实际构成比率与本年实际、本月实际、本年计划和上年实际之间进行对比，确定各项目构成比重是有所提高还是降低。

3. 进行相关比率分析

利用表 5-3 中的产品成本的合计数，可以与企业同期产值、销售收入或利润相比，计算出各相关指标的比率，如产值成本率、销售收入成本率、成本利润率等。

假定鑫盛公司相关的利润总额资料为：上年实际 488 845 元，本年计划 533 718 元，本月实际 50 532 元，本年累计实际 521 806 元。则计算的成本利润率为：

$$上年实际成本利润率=\frac{488\,845}{3\,055\,280}\times100\%=16\%$$

$$本年计划成本利润率=\frac{533\,718}{3\,049\,820}\times100\%=17.5\%$$

$$本月实际成本利润率=\frac{50\,532}{265\,958}\times100\%=19\%$$

$$本年累计实际成本利润率=\frac{521\,806}{3\,069\,448}\times100\%=17\%$$

从以上计算结果可以看到，该企业本年累计成本利润率虽然高于上年实际，但与本年计划相比，还略有差距，差 0.5%。本月实际成本利润率高于本年累计的成本利润率，说明企业经济效益趋势是好的，本年未能完成计划的原因有待进一步查明，以便改进成本管理。

三、主要产品单位成本表的分析

（一）主要产品单位成本计划完成情况分析

主要产品单位成本表分析的主要依据是主要产品单位成本表、成本计划和各项消耗定额资料，以及反映各项技术经济指标的业务技术资料等。分析的程序一般是先检查各种产品单位成本实际比计划、多种单位成本实际比上年实际、多种单位成本实际比历史最好水平的升降情况；然后，按成本项目分析其增减变动，查明造成单位成本升降的具体原因。

以表 5-10 所示的鑫盛公司甲产品单位成本表为例，运用比较分析法说明单位成本变动情况的分析。甲产品的本年累计实际平均单位成本（96 元）和本月实际成本（96.5 元）不仅高于本年计划数（94 元），而且高于上年实际平均单位成本（95 元）和历史先进水平（90 元），可见，企业出现了成本超支现象。为此，对甲产品成本计划完成情况进行分析，编制甲产品单位成本分析表，如表 5-18 所示。

表 5-18 产品单位成本分析表

品　名	甲产品	计量单位	件	产品产量	计划	960
					实际	1 000
成本项目	单位成本		降低或超支		各项目超支对单位成本的影响/%	
	计划	实际	金额	%		
直接材料	53	54	1	1.89	1.06	
直接人工	26	27	1	3.85	1.06	
制造费用	15	15	0	0	0	
合　计	94	96	2	2.13	2.13	

从表 5-17 中可以看出，甲产品实际单位成本比计划上升了 2 元，超支率 2.13%，主要原因是单位产品直接材料费用和直接人工费用各超支了 1 元，超支率分别为 1.89%和 3.85%。

企业还应结合近几年的甲产品单位成本资料，对甲产品的成本趋势进行进一步分析。

（二）影响主要产品单位成本变动的因素分析

1. 直接材料费用的分析

影响直接材料费用的因素有两个，即量差和价差。量差就是单位产品直接材料的实际消耗量和定额消耗量之间的差异，它与材料消耗定额的执行情况有关；价差是指直接材料的实际单价和计划单价之间的差异，它与材料采购计划的执行情况有关。因此，对直接材料费用的分析就是要从产品的生产上和材料的采购上寻求降低直接材料成本的途径。下面以鑫盛公司为例，运用因素分析法，分析直接材料成本变动的原因。

【例 5-5】鑫盛公司单位甲产品的直接材料成本资料如表 5-19 所示。

表 5-19　直接材料成本资料表

项　目	材料消耗量/千克	材料单价/元	直接材料费用/元
本年计划	10.6	5	53
本年实际	9	6	54
差　异	-1.6	+1	+1

材料消耗量变动的影响：（9－10.6）×5＝-8（元）

材料单价变动的影响：9×（6－5）＝9（元）

两个因素影响程度合计：-8＋9＝+1（元）

从以上计算结果中可以看出，A 产品的直接材料费用虽然只超支 1 元，差异不是很大，但分析结果表明，由于材料消耗量节约（由 10.6 千克降为 9 千克）使材料费用降低 8 元，由于材料价格的提高（由 5 元升为 6 元）使得材料费用超支 9 元，两者相抵，净超支 1 元；由此可见，该种产品材料消耗的节约掩盖了绝大部分材料价格提高所引起的材料费用超支。材料消耗节约只要不是人为偷工减料的结果，一般都是生产车间改进生产工艺、加强成本管理的成果。对于材料价格的提高，主要看是由于市场价格上涨等客观原因引起的，还是由于材料采购人员不尽职尽责，致使材料买价偏高或材料运杂费用增加的结果。

2. 直接人工费用的分析

在前述主要产品单位成本表（如表 5-10 所示）中，甲产品单位成本中的直接人工费用、本年累计实际平均数与本月实际人工费用均为 27 元，高于本年计划、上年实际平均数（26 元）和历史先进水平（25 元），说明直接人工费用呈上升趋势。该企业如果实行的是计件工资制度，若这些变动是由于计价变动引起的，则应查明计件单价变动的原因。如果实行的是计时工资制度，则单位成本中的直接人工费用是根据单位产品所耗工时数和小时工资率分配计入的，这样就可以比照直接材料费用分析时所采用的差额分析法进行分析，计算产品所耗工时数变动（量差）和小时工资费用变动（价差）对直接人工费用变动的影响。

仍以鑫盛公司甲产品直接人工成本资料为例，分析直接人工项目变动情况及其影响因素。

【例 5-6】假定鑫盛公司实行计时工资制度，甲产品每件所耗工时数和每小时工资费用的计划数和实际数如表 5-20 所示。

表 5-20　直接人工成本资料表

项　目	单位产品所耗工时 / 小时	小时工资费用 / 元	直接人工费用 / 元
本年计划	10	2.6	26
本年实际	9	3	27
差　异	-1	＋0.4	＋1

单位产品所耗工时变动的影响：（9－10）×2.6＝－2.6（元）

小时工资费用变动的影响：9×（3－2.6）＝3.6（元）

两因素影响程度合计：－2.6＋3.6＝＋1（元）

以上计算分析结果表明，甲产品直接人工费用超支 1 元，主要是由于每小时工资费用超支所致，而工时消耗减少则节约了工资费用，进而抵消了一部分由于小时工资费用升高所产生的直接人工费用的增加。在此初步结论的基础上，应进一步查明单位产品工时消耗节约和小时工资费用超支的原因。

单位产品所耗工时的节约，一般是生产工人提高了劳动的熟练程度，从而提高了劳动生产率的结果，但也存在偷工减料的可能。因此，在节约工时的后面，应查明是否影响了产品的质量。如果通过降低产品质量来节约工时，则是不可行的。

每小时工资费用是以生产工人工资总额除以生产工时总额计算求出的。如果工资总额控制得好，则会使每小时工资费用节约；反之，则会使每小时工资费用超支。对生产工人工资总额变动的分析，可以与前述按成本项目反映的商品产品成本报表中直接人工费用的分析结合起来进行。

3. 制造费用的分析

制造费用一般是间接计入费用，产品成本中的制造费用一般是根据生产工时等分配标准分配计入的。因此，产品单位成本中制造费用的分析，通常与计时工资制度下的直接人工费用的分析相类似，先要分析单位产品所耗工时变动和小时制造费用变动两个因素对制造费用变动的影响，然后查明这两个因素变动的具体原因。

鑫盛公司甲产品单位产品中制造费用本月实际和本年累计实际平均数与本年计划和上年实际数持平。从资料中可见，甲产品本年度单位消耗工时比计划、上年的消耗工时有较大幅度的降低，而制造费用额却是持平的，说明小时制造费用有所提高，两者相抵后产生持平的结果。因此，仍需要结合制造费用明细表中制造费用各费用项目具体变动情况进行分析，以便了解产品单位成本中制造费用变动的种种原因。

四、各项费用明细表的分析

制造费用和各项期间费用，包括销售费用、管理费用和财务费用等，其节约或超支，直接影响到企业一定时期内的成本和费用水平。因此，制造费用和各项期间费用也要作为成本分析的对象，采用比较分析法和构成比率分析法等方法认真进行分析，以了解各项费用计划的执行情况，促进成本费用的节约。

对以上各种费用，在采用比较分析法进行分析时，通常应将各项费用的本年实际与本年计划相比较，确定实际脱离计划的差异；然后，再进一步分析差异产生的原因。由于各项费用所包括的费用项目具有不同的经济性质和用途，各项费用变动的影响因素不同，因此，在确定各项费用的实际支出脱离计划差异时，不能只检查各种费用总额计划的完成情况，而应按各组成项目分别计算确定。尤其要注意的是，不能用其中一些费用项目的节约来抵补其他费用项目的超支，也不能简单地将任何超出计划的费用支出都看成不合理的。

任务实施

根据以上知识导航和任务要求，完成规定任务。

1. 任务实施方式

（1）小组讨论：每组推荐一名同学对讨论结果进行汇报。

（2）个人操作：根据小组讨论结果，采用因素分析法重新计算确定各因素对材料费用变动的影响。

2. 任务完成成果展示

计算确定的各因素对材料费用变动的影响数额。

模块小结

成本报表是内部报表，它是根据有关产品成本和期间费用的核算资料及其他有关资料编制的，用来反映企业在一定时期内产品成本和期间费用水平及其构成情况的报告文件。企业经常编制的成本报表主要有产品生产成本表、主要产品单位成本表、制造费用明细表、销售费用明细表、管理费用明细表和财务费用明细表等。

产品生产成本表是反映企业在会计期间内生产产品所发生的生产费用总额和全部产品生产总成本的会计报表，可按成本项目和产品种类反映。本表分为可比产品成本与不可比产品成本两部分。可比产品是指上年或近年曾正常生产，本年度或计划年度仍继续生产，并有成本资料可进行前后期对比的产品；不可比产品是指本年度第一次生产或在上年度试制而尚未正常生产，并无成本资料可进行前后期对比的产品。

主要产品单位成本表一般是反映企业在报告期内生产的各种主要产品单位成本构成情况的报表。该表应按主要产品分别编制，它是对产品生产成本表的补充说明。

各种费用报表主要包括制造费用明细表、销售费用明细表、管理费用明细表和财务费用明细表等。

为了充分利用成本报表，达到成本管理的目的，需要进行成本分析。常用的成本分析方法有：比较分析法、比率分析法、因素分析法等。

能力训练

【职业判断能力训练】

一、单项选择题

1. 企业的成本报表是（　　）。

A. 既是对外报表，也是对内报表　　B. 对外报表

C. 由企业决定对外还是对内报送　　D. 对内报表

2. 成本报表的种类和格式等由（　　）。

A. 企业自行决定　　B. 国家统一规定

C. 上级主管部门决定　　D. 国家做原则性规定

3. 可比产品实际成本降低额是指（　　）。

A. 可比产品本年实际总成本比本年计划总成本降低的金额

B. 可比产品本年实际总成本比上年实际总成本降低的金额

C. 可比产品本年实际总成本比按上年实际平均单位成本计算的成本降低的金额

D. 可比产品本年计划总成本比按上年实际平均单位成本计算的成本降低的金额

4. 可比产品成本降低率的正确计算方法是（　　）。

A. $\dfrac{\text{可比产品成本降低额}}{\text{可比产品上年实际平均单位成本计算的本年累计总成本}} \times 100\%$

B. $\dfrac{\text{可比产品成本降低额}}{\text{可比产品本年计划单位成本计算的本年累计总成本}} \times 100\%$

C. $\dfrac{\text{可比产品成本降低额}}{\text{可比产品本年实际总成本}} \times 100\%$

D. $\dfrac{\text{可比产品成本降低额}}{\text{可比产品上年实际总成本}} \times 100\%$

5. 采用因素分析法时，各因素的顺序是（　　）。

A. 先数量指标，后质量指标；先价值量指标，后实物量指标

B. 先质量指标，后数量指标；先实物量指标，后价值量指标

C. 先数量指标，后质量指标；先实物量指标，后价值量指标

D. 先质量指标，后数量指标；先价值量指标，后实物量指标

6. 产品品种构成的变动（　　）。

A. 只影响成本降低额　　B. 对成本降低额和降低率均产生影响

C. 只影响成本降低率　　D. 对成本降低额和降低率均无影响

7. 在利用因素分析法对材料费用进行分析时，下列三个因素正确的替换顺序是（　　）。

A. 单位产品材料消耗量、产品产量、材料单价

B. 产品产量、单位产品材料消耗量、材料单价

C. 产品产量、材料单价、单位产品材料消耗量

D. 材料单价、产品产量、单位产品材料消耗量

8. 已知在某企业可比产品资料中，按上年实际平均单位成本计算的本年累计总成本是1 410 000元，本年累计总成本为1 339 500元。则可比产品成本降低率为（　　）。

A. 5.26%　　B. −5.26%　　C. 5%　　D. −5%

二、多项选择题

1. 下列属于制造企业的成本报表的是（　　）。

A. 产品生产成本表　　B. 主要产品单位成本表

C. 制造费用明细表　　D. 管理费用表

E. 制造费用分配表

2．影响可比产品成本降低额变动的因素有（　　）。

A．产品价格　　B．产品品种构成

C．产品产量　　D．产品单位成本

E．产品性能

3．影响可比产品成本降低率的主要因素有（　　）。

A．产品价格　　B．产品品种构成

C．产品产量　　D．产品单位成本

E．产品性能

4．对可比产品成本降低额和降低率都有影响的因素是（　　）。

A．产品品种构成　　B．产品价格

C．产品产量　　D．产品单位成本

E．产品性能

5．主要产品单位成本表中反映的单位成本包括（　　）。

A．本月实际单位成本　　B．历史先进水平单位成本

C．上年实际平均单位成本　　D．本年计划单位成本

E．本年累计实际平均单位成本

三、判断题

1．编制成本报表的作用主要是对外提供更详尽的会计信息，以满足投资者决策的需要。（　　）

2．成本报表只是一种定期报表。（　　）

3．制造费用明细表只反映基本生产车间的制造费用。（　　）

4．主要产品单位成本表可以按成本项目反映，也可以按产品品种反映。（　　）

5．按成本项目反映的产品生产成本报表反映不出本年实际产量和上年实际平均单位成本计算的总成本。（　　）

6．主要产品单位成本报表是按成本项目反映的商品产品成本报表的进一步补充。（　　）

7．主要产品单位成本报表主要是披露有关主要产品按成本项目反映的单位成本和有关的主要技术经济指标。（　　）

8．按产品品种反映的产品生产成本表不能提供计算有关构成比率的资料。（　　）

9．某种产品是否作为可比产品，主要看该产品上一年度是否正式生产过和是否具有上年成本资料。（　　）

10．在采用因素分析法时，数量因素和质量因素的替换顺序是先替换数量因素，后替换质量因素。（　　）

11．可比产品成本降低率就是指可比产品成本降低额与上年实际总成本之比。（　　）

12．产品产量因素变动只对可比产品成本降低额有影响，而对成本降低率没有任何影响。（　　）

13．产值成本率、成本利润率都属于相关指标比率。（　　）

【应用能力训练】

实训一：编制产品生产成本表

【资料】兴达公司生产 A、B、C 三只产品，其中，A、B 两种产品为可比产品，C 产品为不可比产品。该公司 2011 年 12 月份生产成本有关资料如表 5-21 所示。

表 5-21　产品生产成本表

2011 年 12 月　　单位：元

产品名称	计量单位	实际产量		单位成本				本月总成本			本年累计总成本		
		本月	本年累计	上年实际平均	本年计划	本月实际	本年累计实际平均	按上年实际平均单位成本计算	按本年计划平均单位成本计算	本月实际	按上年实际平均单位成本计算	按本年计划单位成本计算	本年实际
		①	②	③	④	⑤	⑥	⑦	⑧	⑨	⑩	⑪	⑫
A	件	200	2 600	270	265	272	268						
B	件	400	5 000	540	550	556	552						
可比产品合计													
C	个	100	900		180	190	195						
不可比产品合计													
全部产品成本合计													
补充资料：可比产品成本降低额：													
可比产品成本降低率：													

【要求】

（1）计算并填列上述产品生产成本表中有关各栏的数据。

（2）计算可比产品成本降低额和可比产品成本降低率（列出计算过程，百分比后保留两位小数）。

实训二：编制产品生产成本表和主要产品单位成本表

【资料】某企业生产甲、乙两种可比产品，同时生产丙、丁两种不可比产品，丙产品和丁产品均为本年度新开发投产的产品。2011 年 12 月份，企业有关情况如下。

（1）产品产量资料如表 5-22 所示。

表 5-22　各种产品产量资料

2011 年 12 月　　　　单位：个

项　目	可比产品		不可比产品	
	甲 产 品	乙 产 品	丙 产 品	丁 产 品
本月实际产量	2 000	3 000	6 000	8 000
本年累计实际产量	25 000	36 600	60 000	90 000

（2）各种产品成本资料如表 5-23 所示。

表 5-23　各种产品成本资料

2011 年 12 月　　　　单位：元

产品名称	上年实际平均单位成本	全年计划平均单位成本	总 成 本	
			本　月	本年累计
甲产品	75	70	146 000	1 800 000
乙产品	40	38	117 000	1 409 100
丙产品		25	138 000	1 386 000
丁产品		30	240 000	2 781 000

其中，甲产品的成本资料如表 5-24 所示。

表 5-24　甲产品成本资料

2011 年 12 月　　　　单位：元

项　目	直接材料	燃料及动力	直接人工	制造费用	合　计
上年实际平均单位成本	42	8	15	10	75
本年计划单位成本	40	8	13	9	70
本月总成本	84 000	16 000	27 000	19 000	146 000
本年累计总成本	1 037 500	200 000	325 000	237 500	1 800 000

【要求】根据上述资料编制企业的产品生产成本表（按产品种类反映）和甲产品的单位成本表。

参 考 文 献

[1] 中华人民共和国财政部．企业会计准则2006[M]．北京：经济科学出版社，2006.

[2] 中华人民共和国财政部．企业会计准则——应用指南[M]．北京：中国财政经济出版社，2006.

[3] 财政部会计司编写组．企业会计准则讲解[M]．北京：人民出版社，2007.

[4] 中国注册会计师协会．财务成本管理[M]．北京：中国财政经济出版社，2011.

[5] 欧阳清，万寿义．成本会计[M]．大连：东北财经大学出版社，2002.

[6] 程坚．成本会计实务[M]．北京：清华大学出版社，2004.

[7] 鲁亮升．成本会计学[M]．大连：东北财经大学出版社，2004.

[8] 贾莉莉．成本会计[M]．北京：冶金工业出版社，2008.

[9] 徐哲，解建秀．成本会计[M]．北京：电子工业出版社，2007.

[10] 李敏．成本会计习题集[M]．上海：立信会计出版社，2003.

[11] 孙革新，吴丽新．新编成本会计[M]．第三版．大连：大连理工大学出版社，2007.

[12] 丁富生，黎来芳．成本会计学[M]．北京：中国人民大学出版社，2009.

[13] 罗晓娟，成本会计[M]．北京：中国广播电视出版社，2010.

[14] 夏丽华，乔铁松．成本会计项目化教程[M]．北京：冶金工业出版社，2010.